REPERCUSSÃO GERAL
DAS QUESTÕES CONSTITUCIONAIS
Sua aplicação
pelo Supremo Tribunal Federal

HORIVAL MARQUES DE FREITAS JÚNIOR

REPERCUSSÃO GERAL DAS QUESTÕES CONSTITUCIONAIS

Sua aplicação pelo Supremo Tribunal Federal

REPERCUSSÃO GERAL DAS QUESTÕES CONSTITUCIONAIS
Sua aplicação pelo Supremo Tribunal Federal
© HORIVAL MARQUES DE FREITAS JÚNIOR

ISBN 978-85-392-0306-2

Direitos reservados desta edição por
MALHEIROS EDITORES LTDA.
Rua Paes de Araújo, 29, conjunto 171
CEP 04531-940 – São Paulo – SP
Tel.: (11) 3078-7205 – Fax: (11) 3168-5495
URL: www.malheiroseditores.com.br
e-mail: malheiroseditores@terra.com.br

Composição
PC Editorial Ltda.

Capa
Criação: Vânia Lúcia Amato
Arte: PC Editorial Ltda.

Impresso no Brasil
Printed in Brazil
08.2015

"De todos os meios de impugnação das sentenças, nenhum tem maior importância político-social do que o recurso extraordinário"

(Alfredo Buzaid, "Nova conceituação do recurso extraordinário na Constituição do Brasil". *Revista da Faculdade de Direito da Universidade do Paraná*, n. 11, p. 51, 1968.)

Ao professor José Carlos Baptista Puoli,
meus sinceros agradecimentos por todo o tempo
e dedicação despendidos ao longo dos anos de orientação.
Reputo imensurável a ampla experiência
transmitida durante o profícuo período de iniciação
nas atividades docentes.

Aos professores
Heitor Vitor Mendonça Sica,
Susana Henriques da Costa e
Rodrigo Otávio Barioni,
integrantes das bancas de qualificação e de defesa
da dissertação, pelas valiosas críticas tecidas.

À Renata,
companheira de todos os momentos,
pela paciência e compreensão.

Aos meus pais,
Horival Marques de Freitas e
Aparecida de Fátima Gonçalves de Freitas,
pelo carinho, incentivo e dedicação aos filhos.
Sem vocês, nada teria sido possível.

SUMÁRIO

INTRODUÇÃO

Considerações iniciais 13

Metodologia 17

Capítulo 1 – O SUPREMO TRIBUNAL FEDERAL NO PERÍODO REPUBLICANO:
ORIGEM, TENDÊNCIAS ATUAIS E SUA FUNÇÃO NO ÂMBITO DE JULGAMENTO
DO RECURSO EXTRAORDINÁRIO

1.1 Origem histórica 22

1.2 A crise do Supremo e as tentativas de sua solução até 1988 25

1.3 A Constituição de 1988: criação do Superior Tribunal de Justiça 28

1.4 As tentativas legais de solução após 1988 31

1.5 Jurisprudência defensiva 33

1.6 A chamada reforma do Judiciário: EC 45/2004 36

1.7 Recurso extraordinário: recurso de revisão ou recurso de cassação? 38

1.8 Funções do recurso extraordinário 40

　　1.8.1 Função nomofilática 40

　　1.8.2 Função uniformizadora 41

　　1.8.3 Função "dikelógica" 43

　　1.8.4 Função paradigmática 45

1.9 As funções do recurso extraordinário após a reforma do Judiciário: autonomia da função paradigmática 47

1.10 Tendência de abstrativização do controle de constitucionalidade no Direito brasileiro 50

1.11 Efeito vinculante e efeito "erga omnes" das decisões do STF: distinção e escalada legislativa 53

1.12 Apontamentos sobre o recurso extraordinário 60

　　1.12.1 Prequestionamento 62

8   REPERCUSSÃO GERAL DAS QUESTÕES CONSTITUCIONAIS

1.12.2 Juízo de admissibilidade: sistema bipartido 67

1.12.3 Hipóteses de cabimento do recurso extraordinário 70

1.13 Impactos do novo CPC sobre as funções do recurso extraordinário

    1.13.1 A valorização dos precedentes pelo novo CPC (arts. 926 a 928) 73

    1.13.2 A reclamação no novo CPC 75

    1.13.3 Valorização das funções nomofilática, uniformizadora e paradigmática 77

    1.13.4 Valorização da função "dikelógica" pelo novo CPC: enfrentamento da jurisprudência defensiva 79

       1.13.4.1 Fim do juízo de admissibilidade pelo Tribunal "a quo" 80

       1.13.4.2 Reclamação e agravo de inadmissão: arts. 988, inciso IV e § 4º, e 1.042, incisos II e III, do novo CPC 81

       1.13.4.3 Fungibilidade do recurso extraordinário e do recurso especial: arts. 1.032 e 1.033 do novo CPC 82

       1.13.4.4 Regularização do recurso extraordinário ou especial tempestivo: art. 1.029, § 3º, do novo CPC 83

       1.13.4.5 Necessidade de detalhada fundamentação dos acórdãos – Hipótese de cabimento de recurso especial por violação aos arts. 489, § 1º, e 1.022, parágrafo único, inciso II, do novo CPC 84

       1.13.4.6 Críticas às mudanças introduzidas pelo novo CPC quanto ao procedimento nos tribunais superiores 85

Capítulo 2 – ANTECEDENTES DA REPERCUSSÃO GERAL

2.1 No Direito estrangeiro

    2.1.1 Estados Unidos ("writ of certiorari") 87

       2.1.1.1 Jurisdição constitucional norte-americana e "writ of certiorari" 88

       2.1.1.2 Procedimento do "writ of certiorari" 90

       2.1.1.3 Critérios para concessão do certiorari" 91

    2.1.2 Argentina

       2.1.2.1 Introdução ao "recurso extraordinario federal" 94

       2.1.2.2 Outras hipóteses de cabimento, além da "questão federal": "gravedad institucional" e "sentencia arbitraria" 97

       2.1.2.3 O "certiorari" argentino 99

SUMÁRIO   9

2.1.3   Experiências similares de alguns outros ordenamentos
        estrangeiros 102
2.2   *A arguição de relevância na Constituição de 1969 (EC 1 à Cons-*
      tituição de 1967) 103
2.3   *A relevância do fundamento da controvérsia constitucional*
      como pressuposto de admissibilidade da arguição de descum-
      primento de preceito fundamental ("ADPF") – art. 1º, I, da Lei
      9.882/1999 112
2.4   *A transcendência do recurso de revista no direito processual do*
      trabalho 114

Capítulo 3 – REPERCUSSÃO GERAL

3.1   *Natureza jurídica* 118
3.2   *Exame político ou jurisdicional?* 121
3.3   *Conceitos jurídicos indeterminados* 123
3.4   *Discricionariedade judicial?* 127
3.5   *Critérios identificadores* 133
      3.5.1   *Repercussão qualitativa (relevância): primeiros elemen-*
              tos 138
              3.5.1.1   Relevância econômica 141
              3.5.1.2   Relevância jurídica "stricto sensu" 143
              3.5.1.3   Relevância política 145
              3.5.1.4   Relevância social 146
      3.5.2   *Transcendência* 148
      3.5.3   *Parâmetros indicativos da repercussão geral conforme*
              a jurisprudência do STF 150
3.6   *Repercussão geral presumida (art. 543-A, § 3º, do CPC-1973;*
      art. 1.035, § 3º, inciso I, do novo CPC)) 155
      3.6.1   *Outras presunções* 159
      3.6.2   *Situações em que há maior probabilidade de reconheci-*
              mento da repercussão geral
              3.6.2.1   Controle de constitucionalidade concentrado 162
              3.6.2.2   Divergência jurisprudencial entre as instâncias
                        inferiores 164
              3.6.2.3   Ações coletivas 165
              3.6.2.4   Declaração de inconstitucionalidade de tratado ou
                        lei federal (art. 102, III, "b", da Constituição) 167
      3.6.3   *Art. 324, § 2º, do RISTF: hipótese de presunção de ine-*
              xistência de repercussão geral 170
      3.6.4   *Presunções de repercussão geral no novo Código de*
              Processo Civil (Lei 13.105/2015) 172

10   REPERCUSSÃO GERAL DAS QUESTÕES CONSTITUCIONAIS

3.7 Critérios negativos: hipóteses em que o STF vem negando o reconhecimento de repercussão geral 173
3.8 Contrassensos da repercussão geral
   3.8.1 Repercussão geral das questões federais (STJ) 177
   3.8.2 As ações de competência originária do STF 182

Capítulo 4 – PROCEDIMENTO DA REPERCUSSÃO GERAL

4.1 Preliminar no recurso extraordinário 184
4.2 Momento para decidir sobre a repercussão geral 187
4.3 Competência exclusiva do STF 190
   4.3.1 Reserva de plenário e quórum qualificado 191
   4.3.2 Competência das Turmas do STF 193
   4.3.3 Hipóteses de decisão monocrática 194
   4.3.4 Decisão monocrática na hipótese de repercussão geral presumida do art. 323, § 2º, do RISTF 194
   4.3.5 Recurso contra a decisão monocrática (agravo interno) 196
4.4 Deliberação eletrônica 198
   4.4.1 Questionamentos sobre a deliberação eletrônica 199
4.5 Publicidade do julgamento 200
4.6 Irrecorribilidade da decisão do Plenário do STF, embargos de declaração e mandado de segurança 202
4.7 Efeitos da decisão 203
4.8 Juízo de admissibilidade pelo órgão "a quo" 203
   4.8.1 Previamente à manifestação do STF sobre a repercussão geral 204
   4.8.2 Após a manifestação do STF sobre a repercussão geral 204
   4.8.3 Recorribilidade da decisão do órgão "a quo" 205
4.9 Revisão do entendimento a respeito da repercussão geral reconhecida ou negada 206
   4.9.1 Necessidade de instituição de um procedimento específico 207
4.10 A participação do "amicus curiae" 209
4.11 Distinção do "amicus curiae" com relação ao terceiro prejudicado 213

Capítulo 5 – JULGAMENTO DE RECURSOS MÚLTIPLOS (OU REPETITIVOS) – ART. 543-B DO CPC-1973 (ARTS. 1.036 A 1.041 DO Novo CPC) ... 216

5.1 Início do procedimento: sobrestamento pelo órgão "a quo" e seleção de recursos paradigmas 218
5.2 Momento de sobrestamento dos recursos 221
5.3 Sobrestamento pelo Presidente do STF ou Ministro Relator 223
5.4 Pedido das partes 224

SUMÁRIO

5.5 *Sobrestamento de recursos em que há mais de uma controvérsia constitucional* 225

5.6 *Meios de impugnação ao sobrestamento* 226

5.7 *Medidas de urgência* 230

5.8 *Participação do "amicus curiae" no julgamento de mérito dos recursos por amostragem*

5.9 *Competência para o julgamento de mérito* 234

5.10 *Consequências das decisões do STF proferidas no julgamento por amostragem* 235

    5.10.1 Repercussão geral negada 235

    5.10.2 Repercussão geral reconhecida 237

    5.10.3 Recurso prejudicado 238

    5.10.4 Juízo de retratação pelo tribunal de origem 239

    5.10.5 Manutenção da decisão recorrida 240

5.11 *Efeito vinculante da decisão do STF no julgamento por amostragem?* 240

5.12 *O problema dos recursos extraordinários sobrestados a princípio inadmissíveis: coisa julgada inconstitucional?* 244

CONSIDERAÇÕES FINAIS 249

BIBLIOGRAFIA 262

INTRODUÇÃO

Considerações iniciais

No Brasil, foi somente com a Constituição Republicana de 1891 que o Supremo Tribunal Federal (instituído pelo Decreto 848, de 1890) ganhou *status* de corte constitucional, tendo competência, dentre outras, para o julgamento de recursos interpostos contra decisão em última instância dos tribunais estaduais "quando se contestar a validade de leis ou de atos dos Governos dos Estados em face da Constituição, ou das leis federais, e a decisão do Tribunal do Estado considerar válidos esses atos, ou essas leis impugnadas".

Passados aproximadamente 125 anos, o Supremo Tribunal Federal permanece como órgão de cúpula do Poder Judiciário brasileiro, correspondendo ao *guardião* da Constituição. Todavia, como consequência das diversas alterações sociais, políticas e econômicas no País ao longo desse tempo, há algumas décadas o Supremo Tribunal Federal se encontra em *crise*,[1] não conseguindo dar vazão à enorme quantidade de processos e recursos que anualmente batem às suas portas.

Sensível à *crise do Supremo*, o legislador constituinte de 1988 criou um novo tribunal na estrutura do Poder Judiciário, o Superior Tribunal de Justiça, a ser composto por no mínimo 33 ministros e responsável pela unificação do direito federal, competência que historicamente pertencia ao STF. Ou seja, com a Constituição de 1988, o recurso extraordinário deixou de ser cabível nas hipóteses de violação ou negativa de vigência à legislação federal.

---

1. "Sob a denominação de crise do Supremo Tribunal Federal entende-se o desequilíbrio entre o número de feitos protocolados e o de julgamentos por ele proferidos" (Alfredo Buzaid, "A crise do Supremo Tribunal Federal", p. 144).

14 REPERCUSSÃO GERAL DAS QUESTÕES CONSTITUCIONAIS

Diante do alto percentual de recursos extraordinários interpostos com fundamento na violação da legislação federal, esperava-se que a criação do Superior Tribunal de Justiça realmente pudesse descongestionar o Supremo e melhorar o serviço prestado aos jurisdicionados, uma vez que a nova Corte nasceria com o triplo do número de ministros existentes no Supremo.

Mas, como se sabe, não foi o que ocorreu. Na verdade, o excessivo número de processos e recursos distribuídos ao Supremo Tribunal Federal não diminuiu e a crise também chegou ao Superior Tribunal de Justiça, que rapidamente se tornou uma Corte excessivamente morosa e congestionada. De fato, em 1990 foram protocolados 18.564 processos no STF, menos que os 20.430 registrados em 1987, mas praticamente o dobro que em 1980, quando se anotaram 9.555 processos.[2] Sendo que, quanto ao STJ, no primeiro ano de seu funcionamento (1989) foram recebidos 6.103 processos, e, em 1995, esse número alcançava a cifra de 68.576.[3]

Dentre as razões para a permanência do problema no Supremo, costuma-se mencionar a extensão[4] da Constituição de 1988, cujos mais de 200 artigos – fora os dispositivos do Ato de Disposições Transitórias – trazem previsões sobre praticamente todos os ramos do Direito, de modo que a parte vencida quase sempre consegue invocar algum dispositivo constitucional como pretensamente violado pelos acórdãos dos tribunais inferiores, justificando a interposição de recurso extraordinário.

Além disso, a Constituição de 1988 ampliou e criou novos instrumentos para garantir o integral acesso à Justiça, inclusive reduzindo os requisitos processuais necessários à interposição de recursos extraordinários, ao abolir o anterior filtro da *arguição de relevância*.

2. Disponível em <http://www.stf.jus.br/portal/cms/verTexto.asp?servico=estatistica&pagina=movimentoProcessual>, acesso em 12.7.2015.
3. Disponível em <http://www.stj.jus.br/webstj/Processo/Boletim/verpagina.asp?vPag=16&vSeq=22 >, acesso em 12.7.2015.
4. "As constituições prolixas, cada vez mais numerosas, são em geral aquelas que trazem matéria por sua natureza alheia ao direito constitucional propriamente dito. Trata-se ora de minúcias de regulamentação, que melhor caberiam em leis complementares, ora de regras ou preceitos até então reputados pertencentes ao campo da legislação ordinária e não do Direito Constitucional (...). A Constituição de 5 de outubro de 1988 tem sido acremente combatida por determinados juristas, entre outras razões, por ser demasiado extensa: 245 artigos no corpo permanente da Carta, acrescidos dos 70 do Ato das Disposições Constitucionais Transitórias, perfazendo assim um total de 315 artigos!" (Paulo Bonavides, *Curso de Direito Constitucional*, 30ª ed., pp. 91-92).

INTRODUÇÃO 15

De acordo com a previsão original do art. 102, III, da nova Constituição, caberia a interposição de recurso extraordinário quando a decisão recorrida houvesse: (i) contrariado dispositivo da Constituição; (ii) declarado a inconstitucionalidade de tratado ou lei federal; ou (iii) julgado válido ato ou lei de governo local contestado em face da Constituição.

Ou seja, diante de tais hipóteses, basicamente bastaria ao recorrente demonstrar o prequestionamento das questões constitucionais pela decisão recorrida,[5] a qual deveria ter sido proferida em sede de última ou única instância,[6] além dos demais pressupostos regulares de admissibilidade recursal (tempestividade, preparo etc.), vedando-se a rediscussão de matéria fático-probatória.[7]

Nesse contexto, somadas a extensa gama de questões tratadas pela Constituição e a ampla liberdade na escolha de temas a serem objeto de recurso extraordinário, o que se viu foi um vertiginoso crescimento do número de recursos extraordinários interpostos anualmente, logo após os primeiros meses de funcionamento do Supremo sob a nova ordem constitucional, mesmo diante da exclusão da uniformização do direito federal infraconstitucional dentre as hipóteses de cabimento do recurso extraordinário.

Buscando enfrentar a lentidão decorrente do grande número de ações e recursos judiciais, o legislador promoveu diversas reformas no sistema processual, tanto constitucionais quanto infraconstitucionais, sendo que, em dezembro de 2004, foi publicada a Emenda Constitucional 45, conhecida como Reforma do Judiciário.

Entre outras modificações, no que tange especificamente à sobrecarga do Supremo Tribunal Federal, introduziu-se a possibilidade de edição de súmulas com efeitos vinculantes em relação aos demais órgãos do Poder Judiciário e à Administração Pública.

Além disso, também se introduziu no sistema recursal um filtro para a admissibilidade de recursos extraordinários, nos moldes da an-

5. Súmula 283. "É inadmissível o recurso extraordinário, quando a decisão recorrida assenta em mais de um fundamento suficiente e o recurso não abrange todos eles."
Súmula 356. "O ponto omisso da decisão, sobre o qual não foram opostos embargos declaratórios, não pode ser objeto de recurso extraordinário, por faltar o requisito do prequestionamento."
6. Súmula 281. "É inadmissível o recurso extraordinário, quando couber na Justiça de origem, recurso ordinário da decisão impugnada."
7. Súmula 279. "Para simples reexame de prova não cabe recurso extraordinário."

16 REPERCUSSÃO GERAL DAS QUESTÕES CONSTITUCIONAIS

terior "arguição de relevância", correspondente à necessidade de prévia demonstração de repercussão geral no caso concreto. De acordo com o novel § 3º do art. 102 da Constituição,

> no recurso extraordinário o recorrente deverá demonstrar a repercussão geral das questões constitucionais discutidas no caso, nos termos da lei, a fim de que o Tribunal examine a admissão do recurso, somente podendo recusá-lo pela manifestação de dois terços de seus membros.

Cumpre observar que se trata de medida elogiada por grande parte da doutrina, tendo em vista os escopos do Supremo Tribunal Federal,[8] o qual não poderia ser considerado um tribunal comum na estrutura judiciária apresentada pela Constituição de 1988.[9] Nessa linha, costuma-se afirmar que o recurso extraordinário e o recurso especial são recursos de tipo excepcional, na medida em que, diferentemente dos demais recursos (de tipo comum ou ordinário), não buscam primordialmente aplicar a Justiça ao caso concreto, mas sim determinar qual a correta interpretação e aplicação das normas de direito constitucional ou da legislação federal, em sentido objetivo. Apenas secundariamente é que se pensa no caso concreto.[10]

Ao permitir ao Supremo Tribunal Federal identificar quais as questões de maior relevância sob o aspecto constitucional e quais não são relevantes, aplicando-se a solução adotada a todos os demais recursos debatendo essas mesmas questões e com isso aliviando grande parte do congestionamento processual, a repercussão geral tem sido vista como "salutar expediente que, ao mesmo tempo, visa a concretizar o valor da

8. "A possibilidade de decisões contraditórias, e mesmo a ameaça de uma tendência anárquica dentro do sistema, é minimizada pelo recurso extraordinário, que permite ao Supremo Tribunal Federal uniformizar a interpretação em matéria constitucional" (Gilmar Ferreira Mendes, *Jurisdição Constitucional*, 5ª ed., 4ª tir., p. 21).

9. São favoráveis ao filtro da repercussão geral, dentre outros autores, José Miguel Garcia Medina, Luiz Wambier, Teresa Arruda Alvim Wambier ("Repercussão geral e súmula vinculante – Relevantes novidades trazidas pela EC n. 45/2004", p. 373) e Arruda Alvim ("A EC n. 45 e o instituto da repercussão geral", p. 89). Por outro lado, contrariamente ao instituto, Jean Alves Pereira Almeida pondera que "essa lógica, a nosso ver, possibilitará a médio e longo prazo o empobrecimento da ciência jurídica, uma vez que se reduzirá a produção jurisprudencial no STF, além de permitir que algumas decisões inconstitucionais existam, se não oferecerem real possibilidade de gerar efeitos fora dos respectivos autos" ("Repercussão geral objetiva", *Revista Dialética de Direito Processual*, n. 95, p. 34).

10. Rodolfo de Camargo Mancuso, *Recurso Extraordinário e Recurso Especial*, 10ª ed., p. 53.

INTRODUÇÃO   17

igualdade e patrocinar sensível economia processual, racionalizando a atividade jurisdicional".[11]

Ademais, além da experiência passada da arguição de relevância, cujo procedimento realmente merecia reparos, a repercussão geral introduzida pela EC 45 coloca o Direito brasileiro em alinhamento com diversos outros sistemas jurídicos, tendo em vista que outros países restringem o acesso a seus tribunais superiores com fundamento na relevância e/ou transcendência das questões debatidas pelos jurisdicionados.

Diante da jurisprudência do STF nestes dez primeiros anos de aplicação da repercussão geral, aliada à doutrina nacional e estrangeira, busca-se analisar e criticar a aplicação e interpretação dos novos dispositivos legais pelo Supremo Tribunal Federal e pelos demais órgãos jurisdicionais, bem como tentar sistematizar (ou ao menos indicar alguns parâmetros sobre) os critérios até agora utilizados pelo STF para definir a relevância ou não das questões levadas até a Corte pela via do recurso extraordinário.

Metodologia

A presente obra decorre de dissertação de mestrado defendida na Faculdade de Direito da Universidade de São Paulo, em maio de 2014, como resultado das pesquisas sob orientação do Professor Doutor José Carlos Baptista Puoli. Primeiramente, analisaram-se as divergências doutrinárias relativas às questões delimitadas ao longo do estudo. Houve, ademais, a abordagem do Direito estrangeiro, principalmente norte-americano e argentino, mediante a análise da legislação, doutrina e jurisprudência nesses países, a respeito de institutos correlatos (o *writ of certiorari* e o *recurso extraordinario federal*, respectivamente).

No mais, foi realizada intensa pesquisa sobre a jurisprudência do Supremo Tribunal Federal desde o ano de 2007, verificando-se o posicionamento da Corte quanto às questões procedimentais que já foram ali debatidas, bem como analisando-se casos concretos de reconhecimento ou negativa de repercussão geral, de modo a se permitir o apontamento de alguns critérios que estão sendo utilizados pelo Supremo na interpretação desse instituto.

A respeito dos dados estatísticos citados, cumpre ressaltar que as principais fontes corresponderam aos dois primeiros relatórios "Supremo

11. Luiz Guilherme Marinoni e Daniel Mitidiero, *Repercussão Geral no Recurso Extraordinário*, p. 20.

18 REPERCUSSÃO GERAL DAS QUESTÕES CONSTITUCIONAIS

em Números", divulgados pelo Supremo Tribunal Federal, nos anos de 2011 e 2013, em parceria com a Fundação Getulio Vargas,[12] além das detalhadas informações atualmente disponíveis no sítio eletrônico do Conselho Nacional de Justiça.

No que diz respeito à organização do texto, no primeiro capítulo, foi elaborado um histórico do Supremo Tribunal Federal e do recurso extraordinário, além de se traçar alguns aspectos sobre o papel da Corte na atualidade, resultado das mudanças sociais aspiradas pela Constituição de 1988 e de recentes reformas constitucionais e infraconstitucionais. Se por um lado o constituinte pretendeu ampliar o acesso à Justiça, não menos verdade é que a realidade acabou por demonstrar a insuficiência do modelo então vigente para dar respostas adequadas e céleres aos jurisdicionados, carecendo todo o Poder Judiciário, e especialmente o STF, de importantes reformas procedimentais com o objetivo de atribuir maior eficácia a suas decisões e assim se alcançar maior uniformidade na interpretação do Direito e desestimular a interposição de recursos a respeito das questões já sedimentadas.

O segundo capítulo contém a apresentação dos institutos antecedentes da repercussão geral das questões constitucionais introduzida pela EC 45/2004, como a arguição de relevância vigente sob a Constituição de 1967, a transcendência do direito trabalhista (art. 896-A da CLT), o *certiorari* do Direito norte-americano e a ofensa federal relevante do Direito argentino, além de algumas outras experiências do Direito estrangeiro.

Detendo-se acerca da repercussão geral prevista pela EC 45/2004 e pela Lei 11.418/2006, o terceiro capítulo trata da tentativa de sistematização dos critérios adotados pelo Supremo nos julgamentos até o momento realizados, a respeito da repercussão geral, além de algumas noções fundamentais acerca do instituto, como a natureza do provimento jurisdicional dele decorrente.

No quarto e quinto capítulos estão apresentadas as principais questões procedimentais a respeito do exame da repercussão geral. Relativamente ao julgamento de recursos múltiplos[13] previsto no art. 543-B, §§ 3º e 4º, do CPC-1973 (arts. 1.036 a 1.041 do novo CPC), além das diversas questões procedimentais envolvidas, estudou-se em que medida estará o Tribunal *a quo* vinculado à eventual decisão quanto à repercussão geral e quanto ao mérito da controvérsia debatida nos recursos múltiplos. A

---

12. *I Relatório Supremo em Números. O Múltiplo Supremo*; e *II Relatório Supremo em Números. O Supremo e a Federação.*

13. Denominados de "recursos repetitivos" pelo novo CPC.

INTRODUÇÃO 19

Lei 11.418/2006 procurou uniformizar a decisão aplicada a um ou mais recursos representativos a todos os demais recursos sobrestados, envolvendo a mesma controvérsia constitucional. Ao assim prever, certamente buscou implementar maior celeridade e efetividade ao processo judicial, mas é preciso verificar se tais normas estão em harmonia com o sistema processual vigente, notadamente em relação às normas e princípios processuais constitucionais.

Capítulo 1
O SUPREMO TRIBUNAL FEDERAL NO PERÍODO REPUBLICANO: ORIGEM, TENDÊNCIAS ATUAIS E SUA FUNÇÃO NO ÂMBITO DE JULGAMENTO DO RECURSO EXTRAORDINÁRIO

1.1 Origem histórica – 1.2 A crise do Supremo e as tentativas de sua solução até 1988 – 1.3 A Constituição de 1988: criação do Superior Tribunal de Justiça – 1.4 As tentativas legais de solução após 1988 – 1.5 Jurisprudência defensiva – 1.6 A chamada reforma do Judiciário: EC 45/2004 – 1.7 Recurso extraordinário: recurso de revisão ou recurso de cassação? – 1.8 Funções do recurso extraordinário: 1.8.1 Função nomofilática – 1.8.2 Função uniformizadora – 1.8.3 Função "dikelógica" – 1.8.4 Função paradigmática. 1.9 As funções do recurso extraordinário após a reforma do Judiciário: autonomia da função paradigmática – 1.10 Tendência de abstrativização do controle de constitucionalidade no Direito brasileiro – 1.11 Efeito vinculante e efeito erga omnes *das decisões do STF: distinção e escalada legislativa – 1.12 Apontamentos sobre o recurso extraordinário: 1.12.1 Prequestionamento – 1.12.2 Juízo de admissibilidade: sistema bipartido – 1.12.3 Hipóteses de cabimento do recurso extraordinário – 1.13 Impactos do novo CPC sobre as funções do recurso extraordinário – 1.13.1 A valorização dos precedentes pelo novo CPC (arts. 926 a 928) – 1.13.2 A reclamação no novo CPC – 1.13.3 Valorização das funções nomofilática, uniformizadora e paradigmática – 1.13.4 Valorização da função "dikelógica" pelo novo CPC: enfrentamento da jurisprudência defensiva: 1.13.4.1 Fim do juízo de admissibilidade pelo Tribunal "a quo" – 1.13.4.2 Reclamação e agravo de inadmissão: arts. 988, inciso IV e § 4º, e 1.042, incisos II e III, do novo CPC – 1.13.4.3 Fungibilidade do recurso extraordinário e do recurso especial: arts. 1.032 e 1.033 do novo CPC – 1.13.4.4 Regularização do recurso extraordinário ou especial tempestivo: art. 1.029, § 3º, do novo CPC – 1.13.4.5 Necessidade de detalhada fundamentação dos acórdãos – Hipótese de cabimento de recurso especial por violação aos arts. 489, § 1º, e 1.022, parágrafo único, inciso II, do novo CPC – 1.13.4.6 Críticas às mudanças introduzidas pelo novo CPC quanto ao procedimento nos tribunais superiores.*

22 REPERCUSSÃO GERAL DAS QUESTÕES CONSTITUCIONAIS

1.1 Origem histórica

Proclamada a República brasileira, constituída como uma Federação, percebeu-se necessária a instalação de uma Corte Superior com competências para manter a unidade do Direito federal diante da concentração de competências legislativas da União ante a descentralização da estrutura judiciária entre os Estados. Nesse contexto surgiu o Supremo Tribunal Federal, sucessor do Supremo Tribunal de Justiça do Brasil imperial.

Desde a transferência da capital do Império para o Brasil até a proclamação da República, o Supremo Tribunal de Justiça havia sido a mais alta Corte no País, possuindo competência para rever decisões das instâncias inferiores e manter a autoridade da legislação federal. Contudo, diante de um arranjo constitucional completamente distinto daquele que viria a ser implementado com a Constituição Republicana de 1891, notadamente em razão do Poder Moderador exercido pelo próprio Imperador, não se cogitava permitir ao Supremo Tribunal de Justiça exercer controle de constitucionalidade das leis.

Mas a influência do Direito norte-americano sobre os juristas republicanos trouxe grandes mudanças para o direito constitucional brasileiro, ao final do século XIX.

Nos Estados Unidos, a Suprema Corte foi moldada como um importante instrumento de controle sobre os dois outros Poderes: as classes dominantes receavam que a democracia pudesse ensejar governos demagógicos, que eventualmente despojariam as terras duramente conquistadas dos índios e espanhóis na "marcha para o Oeste", com a finalidade de redistribuí-las entre os menos favorecidos. Desse modo, a existência de uma Suprema Corte com poderes para declarar a inconstitucionalidade e nulidade de leis e atos administrativos correspondia a uma efetiva garantia da propriedade.[1]

Para tanto, ganhou importância o *writ of error*, inicialmente desenvolvido na Inglaterra como um recurso contra erros de direito porventura cometidos por uma corte inferior e depois adotado pelos Estados Unidos, por meio do *Judiciary Act* de 24 de setembro de 1789, posteriormente reformado em 1867 e 1875, que se valia do *writ of error* para proteger a unidade do Direito federal norte-americano e a autoridade da Constituição Federal.

---

1. Aliomar Baleeiro, *O Supremo Tribunal Federal, Esse Outro Desconhecido* pp. 27-32.

O STF NO PERÍODO REPUBLICANO 23

Nos termos da seção número 25 do *Judiciary Act* de 1789, seria cabível o *writ of error*, perante a Suprema Corte, quando: (i) se tivesse levantado uma questão de validade de um tratado ou de uma lei da União ou da legitimidade de sua autoridade, e a decisão fosse contra a sua validade; (ii) se levantasse uma questão de validade de uma lei do Estado ou da legitimidade de uma autoridade por ele exercida, em face da Constituição, tratados ou leis dos Estados Unidos, e a decisão fosse em favor da validade; (iii) qualquer título, direito, privilégio ou imunidade fosse invocada com fundamento na Constituição, ou qualquer tratado, ou lei, ou comissão, ou autoridade exercida sob os Estados Unidos, e a decisão fosse contrária ao título, direito, privilégio ou imunidade especialmente fundada ou reclamada pela parte com fundamento na Constituição, tratado, lei, comissão ou autoridade.[2]

E foi justamente esse instrumento que acabou sendo importado[3] pelos republicanos brasileiros, apesar da anterior experiência do recurso de revista ao Supremo Tribunal de Justiça. Antes mesmo da promulgação

2. "SEC. 25. *And be it further enacted*, That a final judgment or decree in any suit, in the highest court of law or equity of a State in which a decision in the suit could be had, where is drawn in question the validity of a treaty or statute of, or an authority exercised under the United States, and the decision is against their validity; or where is drawn in question the validity of a statute of, or an authority exercised under any State, on the ground of their being repugnant to the constitution, treaties or laws of the United States, and the decision is in favor of such their validity, or where is drawn in question the construction of any clause of the constitution, or of a treaty, or statute of, or commission held under the United States, and the decision is against the title, right, privilege or exemption specially set up or claimed by either party, under such clause of the said Constitution, treaty, statute or commission, may be re-examined and reversed or affirmed in the Supreme Court of the United States upon a writ of error, the citation being signed by the chief justice, or judge or chancellor of the court rendering or passing the judgment or decree complained of, or by a justice of the Supreme Court of the United States, in the same manner and under the same regulations, and the writ shall have the same effect, as if the judgment or decree complained of had been rendered or passed in a circuit court, and the proceeding upon the reversal shall also be the same, except that the Supreme Court, instead of remanding the cause for a final decision as before provided, may at their discretion, if the cause shall have been once remanded before, proceed to a final decision of the same, and award execution. But no other error shall be assigned or regarded as a ground of reversal in any such case as aforesaid, than such as appears on the face of the record, and immediately respects the before mentioned questions of validity or construction of the said constitution, treaties, statutes, commissions, or authorities in dispute." Disponível em <http://www.constitution.org/uslaw/judiciary_1789.htm>, acesso em 31.3.2012.

3. "Houve transporte mecânico e material das normas do Recurso Extraordinário, do *Writ of error*, sem aquela adaptação natural e reelaboração psicológica, por se

24 REPERCUSSÃO GERAL DAS QUESTÕES CONSTITUCIONAIS

da primeira Constituição republicana, o projeto do Governo Provisório,[4] por meio do Decreto 510, de 22 de junho de 1890, constituiu o Supremo Tribunal Federal e previu que

das sentenças da justiça dos Estados em última instância, haverá recurso para o Supremo Tribunal Federal: a) quando se questionar sobre a validade, ou a aplicabilidade de tratados e leis federais, e a decisão do tribunal do Estado for contra ela; b) quando se contestar a validade de leis ou atos dos governos dos Estados em face da Constituição, ou das leis federais e a decisão do tribunal do Estado considerar válidos os atos, ou leis impugnados.

No mês de outubro, foi editado o Decreto 848, com a finalidade de organizar a Justiça Federal. Segundo seu art. 1º, conforme consta na versão original, a Justiça Federal seria formada "por um Supremo Tribunal Federal e por juízes inferiores intitulados – Juízes de Secção". E dentre as competências do STF constava o recurso (até então inominado, mas que seria futuramente denominado *recurso extraordinário*)

das sentenças definitivas proferidas pelos tribunais e juízes dos Estados: a) quando a decisão houver sido contraria à validade de um tratado ou convenção, à aplicabilidade de uma lei do Congresso Federal, finalmente, à legitimidade do exercício de qualquer autoridade que haja obrado em nome da União – qualquer que seja a alçada; b) quando a validade de uma lei ou ato de qualquer Estado seja posta em questão como contrario à Constituição, aos tratados e às leis federais e a decisão tenha sido em favor da validade da lei ou ato; c) quando a interpretação de um preceito constitucional ou de lei federal, ou da cláusula de um tratado ou convenção, seja posta em questão, e a decisão final tenha sido contraria, à validade do título, direito e privilégio ou isenção, derivado do preceito ou cláusula.

ter esquecido de que o Direito é um fenômeno de cultura" (José Afonso da Silva, *Do Recurso Extraordinário no Direito Processual Brasileiro*, p. 30).
4. "O Governo Provisório da República dos Estados Unidos do Brasil, constituído pelo Exército e a Armada, em nome e com assenso da Nação, considerando na suprema urgência de acelerar a organização definitiva da República, e entregar no mais breve prazo possível à Nação o governo de si mesma, resolveu formular sob as mais amplas bases democráticas e liberais, de acordo com as lições da experiência, as nossas necessidades e os princípios que inspiraram a revolução a 15 de novembro, origem atual de todo o nosso direito público, a Constituição dos Estados Unidos do Brasil, que com este ato se publica, no intuito de ser submetida à representação do país, em sua próxima reunião, entrando em vigor desde já nos pontos abaixo especificados" (Preâmbulo do Decreto 510, de 1890).

O STF NO PERÍODO REPUBLICANO 25

A Constituição de 1891 manteve o Supremo Tribunal Federal e o recurso (extraordinário) regulamentado pelo Decreto 848, apenas restringindo o seu cabimento, tendo em vista que, no Brasil, diferentemente dos Estados Unidos, havia grande centralização de competências legislativas na figura da União, de forma a ampliar bastante os casos de cabimento de recurso ao STF, se comparados com as hipóteses de cabimento do *writ of error* à Suprema Corte Americana.

Com a previsão constitucional em 1891, tanto o STF quanto o recurso extraordinário foram efetivamente incorporados ao sistema jurídico brasileiro, tendo permanecido nas diversas Constituições que se sucederam, inclusive na atual, de 1988, apesar das significativas mudanças ocorridas. Quanto à denominação do principal recurso dirigido ao Supremo, embora a doutrina já viesse utilizando a expressão *recurso extraordinário*, foi somente a Constituição de 1934 que positivou a expressão, conforme previsão de seu art. 76, III.

1.2 A crise do Supremo e as tentativas de sua solução até 1988

Em 1926 houve ampla reforma constitucional e novamente ampliaram-se as competências do STF, que passou a julgar recursos nas hipóteses de dois ou mais tribunais interpretarem de modo diferente a mesma lei federal ou quando versassem sobre questões de direito criminal ou civil internacional.

Iniciado o período getulista e restaurada a ordem constitucional, no ano de 1934 sobreveio nova Constituição, reduzindo a composição do STF para onze ministros e ampliando sobremaneira sua competência.

Alfredo Buzaid, em famoso artigo publicado nos anos 1960,[5] aponta que a "crise do STF" iniciou-se justamente após a Constituição de 1934, a qual reduziu o número de ministros, introduziu a *violação da lei federal* como hipótese de cabimento do recurso extraordinário e impôs grande concentração da competência legislativa da União, acarretando expressivo aumento do número de leis federais e, consequentemente, das eventuais hipóteses de violação da lei federal. Até então, a violação da lei federal se consistia apenas em hipótese de cabimento de ação rescisória, motivo pelo qual parte da doutrina criticou bastante a sua repetição entre as hipóteses de cabimento do recurso extraordinário.

A Constituição de 1937 manteve a composição da Corte em onze ministros e introduziu novas competências, dentre as quais merecem

5. Alfredo Buzaid, "A crise do Supremo Tribunal Federal".

26 REPERCUSSÃO GERAL DAS QUESTÕES CONSTITUCIONAIS

destaque o julgamento de recurso ordinário interposto pela União e a concessão de *exequator* às cargas rogatórias.

E ainda segundo apontado por Alfredo Buzaid, as primeiras preocupações relativas ao excesso de recursos e processos em andamento no STF teriam surgido após a reforma constitucional de 1926, razão pela qual posteriormente foram editadas normas prevendo a divisão da Corte em duas turmas. Mas, apesar de tais incipientes preocupações, ainda não existia uma crise propriamente dita, sendo que entre os anos de 1918 e 1934 foram distribuídos, anualmente, sempre menos de duzentos recursos extraordinários, ressaltando-se que apenas entre 1919 e 1921 é que esse número passou de cem. Nos anos seguintes, o número ficou entre duzentos e trezentos, sendo que em 1940, após a entrada em vigor do CPC de 1939, foram registrados quase mil recursos extraordinários, ultrapassando-se tal cifra a partir de 1941.

Já no ano de 1943, o Ministro Filadelfo Azevedo[6] apontava que os chicanistas se aproveitavam do congestionamento do STF para evitar a coisa julgada, e todos os litigantes queriam que o seu processo fosse apreciado pelo Supremo. Segundo o Ministro, as principais causas da crise do Supremo referiam-se à industrialização e ao êxodo rural, que acarretaram o aumento dos litígios nos centros urbanos, e à crescente centralização legislativa nas competências da União, de modo que sempre se podia chegar ao STF pela via do recurso extraordinário, invocando-se alguma norma federal como pretensamente violada. Com a edição do CPC de 1939 e do CPP de 1941, inclusive as questões processuais passaram a ser objeto de inúmeros recursos extraordinários.

Promulgada a Constituição de 1946, houve nova ampliação das competências do STF, tendo-se ampliado suas funções como órgão de segunda instância, em razão da previsão de recurso ordinário contra as decisões dos tribunais locais e federais em sede de mandado de segurança e *habeas corpus* originários. O recurso extraordinário continuou sendo cabível nas hipóteses de violação de dispositivo constitucional, da legislação federal ou de dissídio jurisprudencial. No ano de 1956, foram distribuídos 6.379 processos, dos quais 3.840 eram recursos extraordinários, ou seja, apenas a metade dos processos e recursos.[7]

Algumas providências foram então adotadas, buscando contornar o excesso de recursos recebidos pelo STF e acelerar o seu julgamento. Em 1958, a Lei 3.396 determinou que a decisão quanto à admissão do

6. Filadelfo Azevedo, "A crise do Supremo Tribunal Federal", p. 8.
7. Alfredo Buzaid, "A crise do Supremo Tribunal Federal".

O STF NO PERÍODO REPUBLICANO   27

recurso fosse motivada, pois até então apenas a decisão de inadmissibilidade era obrigatoriamente fundamentada. Além disso, foi editada emenda regimental introduzindo a súmula como mecanismo destinado a facilitar a fundamentação das decisões da Corte. Por fim, em 1965, a Emenda Constitucional 16 autorizou o Supremo a julgar representações de inconstitucionalidade contra leis e atos normativos federais ou estaduais, o que permitia objetivar o julgamento das questões constitucionais e evitar o trabalho de julgamento dos eventuais recursos extraordinários que seriam interpostos em cada caso concreto, pois foram estancados em seu nascedouro diante de decisão anterior e única (proferida em razão da representação de inconstitucionalidade). E também foi com a EC 16 que pela primeira vez se determinou a irrecorribilidade dos julgamentos realizados pelo TST, com fundamento na violação à legislação federal, restando cabível a interposição de recurso extraordinário somente nas hipóteses de violação ao texto constitucional.

Sob a vigência da Constituição de 1967, apesar da nova extensão das competências e redução no número de ministros do STF para onze, no ano de 1969, com o escopo de restringir o cabimento de recurso extraordinário, a Emenda Constitucional 1 determinou que os recursos extraordinários apenas seriam admitidos quando a matéria discutida estivesse contemplada no Regimento Interno do STF. Por meio dessa previsão, caberia então ao STF enumerar, regimentalmente, um rol das questões que poderiam ser objeto de impugnação por meio de recurso extraordinário.

Como era de se esperar, tal medida acabou engessando o sistema, e recursos que versavam sobre questões importantes, inclusive de eventual interesse do governo militar, não podiam ser admitidos. Assim, por meio da Emenda Constitucional 7, de 1977, criou-se o mecanismo da arguição de relevância, que permitia ao STF admitir recursos extraordinários cujos fundamentos não se referissem àquelas matérias presentes no Regimento Interno, mas que possuíssem *relevância*.

No entanto, diante das complexidades e obscuridades do procedimento da arguição de relevância,[8] a Constituição de 1988 suprimiu tal

8. O STF se pronunciava sobre a relevância arguida em julgamentos secretos, sem a participação dos interessados e sem a devida fundamentação quando da publicação das súmulas. Como explica Rogério Ives Braghittoni, formado o instrumento da arguição de relevância, "um extrato era preparado e reproduzido para todos os Ministros, com indicação da sessão do Conselho designada para a sua apreciação". Contudo, reunidos os Ministros em Conselho, "as reuniões seriam reservadas", de modo que os julgamentos sobre a repercussão geral eram secretos e desmotivados, levando "muito se discutir, à época, a respeito da inconstitucionalidade da regra regi-

28 REPERCUSSÃO GERAL DAS QUESTÕES CONSTITUCIONAIS

mecanismo, não tendo previsto qualquer limitação ao conhecimento de questões constitucionais pelo STF pela via do recurso extraordinário.

1.3 A Constituição de 1988: criação do Superior Tribunal de Justiça

Ao menos desde 1963 existia a ideia de desmembramento do STF, de modo que a competência para interpretação da legislação infraconstitucional fosse destinada a um novo tribunal de cúpula. Foi nesse ano que José Afonso da Silva publicou sua clássica obra *Do Recurso Extraordinário no Direito Brasileiro*, oportunidade em que defendeu a criação do Superior Tribunal de Justiça, diante da "falta de um Tribunal Superior correspondente ao TSE e ao TST para compor as estruturas judiciárias do Direito comum, do Direito fiscal federal e questões de interesse da União e do Direito penal militar".[9]

Pouco tempo depois, em 1965, ocorreram os famosos debates na Fundação Getulio Vargas sobre a viabilidade da instituição de um novo Tribunal, com competência para julgamento do direito comum, formando--se uma mesa-redonda presidida pelo então Ministro Themístocles Brandão Cavalcanti e integrada por diversos juristas da época, como Caio Tácito, Miguel Seabra Fagundes, José Frederico Marques e Miguel Reale.[10]

Porém, foi somente em 1988 que a ideia ganhou forma e o art. 105 da nova Carta Constitucional instituiu o Superior Tribunal de Justiça, composto por no mínimo 33 ministros – garantida a participação do Ministério Público e dos advogados em um terço de sua composição (art. 94 da Constituição) – e tendo como competência principal a interpretação do direito federal infraconstitucional, a ser suscitada por meio do recurso especial.

De acordo com a redação atualizada do art. 105, III, da Constituição, é cabível a interposição de recurso especial contra as decisões proferidas "em única ou última instância, pelos Tribunais Regionais Federais ou pelos tribunais dos Estados, do Distrito Federal e Territórios, quando a decisão recorrida: a) contrariar tratado ou lei federal, ou negar-lhes

---

mental" (Rogério Ives Braghittoni, *Recurso Extraordinário: uma Análise do Acesso ao Supremo Tribunal Federal*, p. 8). Ver também Calmon de Passos ("Da arguição de relevância no recurso extraordinário", *Revista Forense*, v. 259).

9. José Afonso da Silva, *Do Recurso Extraordinário no Processo Civil Brasileiro*, p. 456.

10. O relatório do encontro se encontra disponível na *Revista de Direito Público e Ciência Política*, v. VIII, FGV, 1965.

O STF NO PERÍODO REPUBLICANO 29

vigência; b) julgar válido ato de governo local contestado em face de lei federal; c) der a lei federal interpretação divergente da que lhe haja atribuído outro tribunal".

A partir da vigência da nova Constituição, a competência recursal do STF ficou restrita à interpretação do texto constitucional, não mais sendo cabível recurso extraordinário para discutir violação à legislação infraconstitucional.

Em virtude do desmembramento das hipóteses de cabimento do recurso extraordinário, esperava-se contornar a crítica situação decorrente do excesso de recursos recebidos pelo STF, cujo número agora tenderia a diminuir, até porque grande parte dos recursos extraordinários interpostos até 1988 tinham como fundamento a violação à legislação federal. Mas o aguardado desafogamento do Supremo não ocorreu, sendo que os dois Tribunais Superiores rapidamente se viram assoberbados logo nos primeiros anos de vigência da Constituição de 1988, tendo em vista o excessivo número de recursos especiais, ordinários e demais processos distribuídos ao STJ, sendo que o número de recursos extraordinários direcionados ao STF não diminuiu.

Infelizmente, a pessimista previsão apresentada por José Renato Nalini veio a se concretizar. Segundo o autor, em artigo publicado no ano de 1988, o STF

> representa a criação de uma instância a mais para procrastinar a outorga da prestação final. Após a decisão do 1º grau, haverá recurso para os Tribunais de Alçada ou de Justiça, de acordo com a matéria, e, antes da instância final – o Supremo Tribunal Federal –, em grande número de feitos ainda existirá o recurso à terceira instância: o Superior Tribunal de Justiça. [*Sendo que a*] "amplitude das hipóteses em que cabível o recurso especial é passível de transformá-lo em recurso genérico, pois rara será a causa em que não se poderá alegar interpretação divergente de Lei Federal, entre dois ou mais tribunais".[11]

Segundo os números divulgados pelo Supremo Tribunal Federal,[12] no ano de 1990 havia um acervo de 11.441 processos. No entanto, esse número chegou a 82.798 em 1999, no ano seguinte tendo subido para 118.186 e alcançado o ápice no ano de 2006, quando existiam 150.068 processos pendentes.

11. José Renato Nalini, "A justiça local e a nova ordem constitucional", *Revista da Procuradoria-Geral do Estado de São Paulo*, p. 175.
12. Dados disponíveis em <http://www.stf.jus.br>, acesso em 17.7.2012.

30 REPERCUSSÃO GERAL DAS QUESTÕES CONSTITUCIONAIS

Quanto ao STJ,[13] em seu primeiro ano de funcionamento (1989), foram distribuídos 6.103 processos, dos quais 3.550 foram julgados e 2.553 permaneceram em acervo. Já em 1995 foram distribuídos 68.576, julgados 57.338, sobrando um acervo acumulado de 29.766 processos. Contudo, em 2000, o número de processos distribuídos subiu para 150.738, chegando a 313.364 no ano de 2007, quando se verificou a existência de 178.024 processos pendentes em acervo.

Como causas dessa situação, podem-se apontar diversos fatores, dentre os quais a persistência da *cultura* de se recorrer *até o fim*, motivada pela divergência na jurisprudência e pelas *vantagens* de se protelar o trânsito em julgado, quando ainda não há execução cível definitiva, formação de precatório nem o início do cumprimento da sentença penal condenatória.

Além disso, a enorme extensão da Constituição analítica de 1988, extremamente detalhista e regulamentadora de diversas matérias típicas de legislação infraconstitucional, somada à não menos excessiva concentração de competências legislativas da União,[14] fazem que qualquer julgamento possa ser objeto de questionamento em sede de recurso extraordinário ou especial, pois sempre haverá um dispositivo da Constituição ou da legislação federal tratando sobre o tema discutido na demanda.

Por último, também pode ser indicado o movimento mundial pelo acesso à Justiça, propagado por Mauro Cappelletti e Bryant Garth,[15] tendo em vista que os diversos instrumentos facilitadores do acesso à Justiça no direito processual brasileiro – muitos dos quais inclusive garantidos pela Constituição de 1988 – acabaram por aumentar o número de questões recebidas pelo Poder Judiciário, cuja estrutura não foi capaz de acompanhar o vertiginoso aumento de demanda jurisdicional:

o perfil da atual Constituição ensejou, parece claro, ambiente propício à proliferação de processos em sede de jurisdição constitucional – abstrata ou concreta –, principalmente em face de algumas de suas características conformadoras, como a extensão de seu espectro mate-

13. Relatório Estatístico. Ano: 2010. Disponível em <http://www.stj.jus.br>, acesso em 17.7.2012.

14. Criticando o federalismo brasileiro – mal copiado dos Estados Unidos, país cujos Estados-membros realmente possuem alguma autonomia, inclusive no que tange à produção legislativa – conclui José Afonso da Silva que "temos uma federação político-administrativa, mas não uma Federação jurídica, como, por exemplo, é a Federação americana, onde continua a existir, também, uma Federação de ordens jurídicas" (*Do Recurso Extraordinário no Processo Civil Brasileiro*, p. 9).

15. Mauro Cappelletti e Bryant Garth, *Acesso à Justiça*.

O STF NO PERÍODO REPUBLICANO   31

rial, a amplíssima polissemia inerente a diversos de seus enunciados e
a extrema generosidade em matéria de direitos e garantias.[16]

Aliás, os traumas gerados pela péssima regulamentação da arguição
de relevância induziram o constituinte a facilitar exageradamente o acesso
aos tribunais superiores, não tendo sido previstos quaisquer óbices com
fundamento na relevância dos assuntos levados ao STF, STJ, TST e TSE,
o que corroborou para a rápida situação de crise em que se encontraram
(ou melhor, permaneceram) tais tribunais após 1988.

1.4 As tentativas legais de solução após 1988

Sob a vigência da nova Constituição, a primeira reforma legislativa
com vistas à redução do excesso de recursos de tipo excepcional ocorreu
em 1998, com a inserção do § 3º ao art. 542 e do § 1º-A ao art. 557 do
CPC, por meio da Lei 9.756. De acordo com o § 3º do art. 542 estabe-
leceu-se o regime de retenção dos recursos extraordinários e especiais
interpostos "contra decisão interlocutória em processo de conhecimento,
cautelar, ou embargos à execução". O intuito foi evitar que o STF se
dedicasse ao julgamento de questões antes do julgamento completo da
lide pelas instâncias inferiores.

No § 1º-A do art. 557 do CPC foram somados novos poderes ao relator para, monocraticamente, negar provimento ao recurso extraordinário,
nas hipóteses em que a decisão recorrida "estiver em manifesto confronto
com súmula ou com jurisprudência dominante do Supremo Tribunal
Federal, ou de Tribunal Superior". Ou seja, questões já pacificadas pelas
Cortes deixaram de ser rejulgadas inúmeras outras vezes pelas Turmas,
poupando tempo e trabalho dos demais Ministros. O auxílio do art. 557 do
CPC é bastante expressivo na redução da carga de trabalho dos Tribunais
Superiores, sendo frequente a repetição de temas, o que justifica a negati-
va de provimento a muitos recursos por decisão monocrática do relator.[17]

Além disso, foram conferidos poderes ao relator para conhecer do
agravo contra despacho denegatório e imediatamente dar provimento ao
próprio recurso extraordinário ou especial, quando o conteúdo da decisão

16. Roger Stiefelmann Leal, "A incorporação das súmulas vinculantes à jurisdição constitucional brasileira: alcance e efetividade em face do regime legal da
repercussão geral e da proposta de revisão jurisprudencial sobre a interpretação do
art. 52, X, da Constituição", *Revista de Direito Administrativo*, p. 181.

17. Contudo, na prática forense, infelizmente, nota-se certo abuso na utilização
desse mecanismo, pois não raros são os recursos monocraticamente rejeitados, apesar
de versarem questões ainda não pacificadas pela Corte.

32 REPERCUSSÃO GERAL DAS QUESTÕES CONSTITUCIONAIS

recorrida estiver em "confronto com súmula ou jurisprudência dominante" do STF ou do STJ, respectivamente (art. 544, §§ 3º e 4º, do CPC).

Posteriormente, no início dos anos 2000, diversas propostas legislativas foram apresentadas no Congresso Nacional com a finalidade de melhorar a prestação jurisdicional, principalmente por meio da aceleração dos andamentos processuais. Tais propostas ficaram conhecidas como *reforma do Judiciário* e culminaram com a EC 45, que: instituiu o Conselho Nacional de Justiça; acrescentou o inciso LXXVIII ao art. 5º da Constituição, garantindo a celeridade processual; alterou competências da Justiça do Trabalho; introduziu a súmula vinculante e a exigência de demonstração da repercussão geral das questões constitucionais no recurso extraordinário; entre outras modificações.

Mas além da reforma em sede constitucional, algumas reformas infraconstitucionais também foram aprovadas, entre elas a introdução da exigência de se demonstrar transcendência no recurso de revista ao TST (art. 896-A da CLT) e a regulamentação de um procedimento para julgamento de recursos especiais repetitivos perante o STJ (art. 543-C do CPC).

No entanto, a reforma mais significativa certamente se refere à exigência de se demonstrar a repercussão geral das questões constitucionais no recurso extraordinário.

Desde 2007 até 2014, houve a redução de aproximadamente 80% do número de recursos extraordinários anualmente distribuídos,[18] sendo que até julho de 2015 foram selecionados pouco mais de oitocentos e trinta temas sobre repercussão geral. Diante da redução de recursos interpostos, tem sido possível ao STF reduzir o acervo acumulado ao longo dos anos, que diminuiu de 126.988 processos em 2006 para 51.733 em 12 de julho de 2015.[19]

Por outro lado, não tendo sido estendido o instituto da repercussão geral aos recursos direcionados aos demais tribunais superiores, o número de recursos distribuídos permanece excessivamente alto. No caso do STJ, oscila-se entre 250 e 310 mil processos anuais desde 2006, sendo crescente o aumento de processos pendentes, os quais correspondiam

18. Foram 49.708 recursos extraordinários em 2007, ante 3.805 em 2013, menor quantidade da série histórica recente. Contudo, no ano de 2014 foram registrados 9.671. No ano de 2015, até julho, somam 6.487. Disponível em <http://www.stf.jus. br/portal/cms/verTexto.asp?servico=estatistica &pagina=REAIProcessoDistribuido AnosAnteriores>, acesso em 12.7.2015.

19. Disponível em <http://www.stf.jus.br/portal/cms/verTexto.asp?servico=est atistica&pagina=acervoatual>, acesso em 12.7.2015.

O STF NO PERÍODO REPUBLICANO   33

ao expressivo número de 316.317 no ano de 2012, aproximadamente o quíntuplo dos 64.713 processos pendentes verificados em 2000.[20] Tais números demonstram a insuficiência das demais reformas realizadas para, isoladamente, atenuarem a crítica situação do Tribunal.

1.5 Jurisprudência defensiva

Paralelamente às alterações legislativas que buscaram frear o amplo acesso jurisdicional ao Supremo Tribunal Federal, e desde há muitas décadas, a Corte acabou por desenvolver teses jurisprudenciais que indiretamente correspondem a verdadeiros óbices à admissibilidade de recursos extraordinários. Cuida-se de uma reação dos Ministros ao excessivo número de recursos distribuídos, uma vez que, diante da flagrante impotência de se dar vazão a todos os feitos ali pendentes, acabaram-se criando filtros de acesso ao Tribunal, como tentativa de racionalização de suas atividades. E diversas dessas teses jurisprudenciais foram consubstanciadas em enunciados sumulares.

Preveem óbices ao conhecimento de recursos extraordinários as Súmulas 279 (para simples reexame de prova não cabe recurso extraordinário), 282 (é inadmissível o recurso extraordinário, quando não ventilada, na decisão recorrida, a questão federal suscitada), 283 (é inadmissível o recurso extraordinário, quando a decisão recorrida assenta em mais de um fundamento suficiente e o recurso não abrange todos eles), 284 (é inadmissível o recurso extraordinário, quando a deficiência na sua fundamentação não permitir a exata compreensão da controvérsia), 285 (não sendo razoável a arguição de inconstitucionalidade, não se conhece do recurso extraordinário fundado na letra "c" do art. 101, III, da Constituição Federal), 286 (não se conhece do recurso extraordinário fundado em divergência jurisprudencial, quando a orientação do plenário do Supremo Tribunal Federal já se firmou no mesmo sentido da decisão recorrida), 356 (o ponto omisso da decisão, sobre o qual não foram opostos embargos declaratórios, não pode ser objeto de recurso extraordinário, por faltar o requisito do prequestionamento) e 400 (decisão que deu razoável intepretação à lei, ainda que não seja a melhor, não autoriza recurso extraordinário).

Contudo, se diversos desses enunciados são legítimos e decorrem da própria lógica de nosso sistema processual, situação distinta refere-

---

20. Em 2013, foram anotados 298.821 processos e recursos distribuídos. Disponível em <http://www.cnj.jus.br/relatorio-justica-em-numeros/#p=2013_2_89>, acesso em 12.7.2015.

34 REPERCUSSÃO GERAL DAS QUESTÕES CONSTITUCIONAIS

-se à "interpretação inadequada de requisitos de inadmissibilidade, por intermédio da imposição de restrições ilegítimas, indevidas e ilegais ao conhecimento dos recursos".[21] Trata-se do que a doutrina comumente denomina *jurisprudência defensiva*.

Segundo Fernanda Mercier Querido Farina, a causa da *jurisprudência defensiva* se relaciona com a tentativa de "reduzir o número de processos julgados pelas Cortes Superiores, deixando de entregar uma prestação jurisprudencial plena".[22] Além disso, de acordo com a autora,

> a denominada jurisprudência defensiva pode ser caracterizada, hoje, como um excesso de rigorismo processual e procedimental. São decisões que se utilizam indiscriminadamente e estendem a aplicação de entendimentos jurisprudenciais, sumulados ou não, que contenham algum óbice ao conhecimento de recursos.[23]

É o que ocorre, por exemplo, com as Súmulas 284 e 400, bem como com a interpretação do art. 511, § 2º, do CPC-1973 (art. 1.007 do novo CPC).

Realmente, "é a famigerada Súmula 400 que melhor traduz a questão dos óbices jurisprudenciais",[24] dispondo que a "a decisão que deu razoável interpretação à lei, ainda que não seja a melhor, não autoriza recurso extraordinário".

Ora, a redação do art. 102, III, "a", da Constituição é clara ao dispor que o STF é o guardião do texto constitucional, de modo que toda contrariedade aos dispositivos constitucionais deve ser objeto de correção pela Corte. Não havendo que verificar se a violação é mais ou menos *razoável*, como mencionado na aludida Súmula. Não por outra razão que tal enunciado sempre foi objeto de duras críticas doutrinárias, sendo que, mais recentemente, inclusive deixou de ser aplicado pelo STF.[25]

21. Flávio Cheim Jorge, "Requisitos de admissibilidade dos recursos: entre a relativização e as restrições indevidas (jurisprudência defensiva)", *Revista de Processo*, n. 217, p. 30.

22. Fernanda Mercier Querido Farina, "Jurisprudência defensiva e a função dos tribunais superiores", *Revista de Processo*, n. 209, p. 123.

23. Idem, ibidem, p. 124.

24. Pedro Miranda de Oliveira, *Recurso Extraordinário e o Requisito da Repercussão Geral*, pp. 114-115.

25. "Temas de índole constitucional não se expõem, em função da própria natureza de que se revestem, a incidência do enunciado 400 da Súmula do Supremo Tribunal Federal. Essa formulação sumular não tem qualquer pertinência e aplicabilidade as causas que veiculem, perante o Supremo Tribunal Federal, em sede

O STF NO PERÍODO REPUBLICANO   35

No tocante à Súmula 284, é certo que se refere a requisito a ser demonstrado em qualquer recurso, e não apenas no recurso extraordinário. Com efeito, diz o enunciado que "é inadmissível o recurso extraordinário, quando a deficiência na sua fundamentação não permitir a exata compreensão da controvérsia".

Porém, observa-se uso indiscriminado da citada Súmula, com a finalidade de obstar o conhecimento de recursos que, na realidade, não estão exatamente em situação contrariadora do seu enunciado. Segundo diversos precedentes do STF, a Súmula tem sido invocada para justificar a negativa de seguimento a recursos nos quais não houve a precisa indicação dos "números dos artigos, parágrafos, incisos ou alíneas" violados. Diante disso, há inegável distorção na sua aplicação, uma vez que seu enunciado não traz tal exigência: "Ausente a indicação do dispositivo constitucional tido por violado pelo acórdão recorrido, incide, na espécie, o entendimento jurisprudencial vertido na Súmula 284/STF (...)."[26]

Outra evidência da *jurisprudência defensiva* se refere à interpretação do art. 511, § 2º, do CPC-1973 (art. 1.007 do novo CPC), que permite a complementação, no prazo de cinco dias, de custas insuficientes. Como se nota da citada norma, há a possibilidade de que qualquer deficiência formal no comprovante da guia de recolhimento possa ser sanada no referido prazo. Todavia, na ânsia de limitar o número de recursos conhecidos, os Tribunais Superiores brasileiros indiscriminadamente negam seguimento aos recursos antes de oportunizar à parte que sane eventual irregularidade na comprovação do recolhimento das custas judiciais:

> A jurisprudência do STJ consolidou o entendimento de que a ausência do preenchimento do número do processo na guia de recolhimento macula a regularidade do preparo recursal, inexistindo em tal orientação jurisprudencial violação a princípios constitucionais relacionados à legalidade (CF, art. 5º, II), ao devido processo legal e seus consectários (CF, arts. 5º, XXXV e LIV, e 93, IX) e à proporcionalidade (CF, art. 5º, § 2º).[27]

recursal extraordinária, questões de direito constitucional positivo. Em uma palavra: em matéria constitucional não há que cogitar de interpretação razoável. A exegese de preceito inscrito na Constituição da República, muito mais do que simplesmente razoável, há de ser juridicamente correta" (STF, 1ª Turma, AI 145.680 AgR/SP, rel. Min. Celso de Mello, *DJ* 30.4.1993).

26. STF, 1ª Turma, ARE 801.459 AgR/DF, rel. Min. Rosa Weber, *DJe* 107, 3.6.2014.

27. STJ, 4ª Turma, AgRg no Ag 1.229.879/MG, rel. Min. Raúl Araújo, *DJe* 9.10.2014.

36   REPERCUSSÃO GERAL DAS QUESTÕES CONSTITUCIONAIS

> Pedido de reconsideração recebido como Agravo Regimental em Agravo de Instrumento – Preparo – Guia de recolhimento – Ilegível – Peça essencial – Impossibilidade de se aferir a regularidade do Recurso Especial – Precedentes. 1. É dever do agravante instruir – e conferir – a petição de agravo com as peças obrigatórias e essenciais ao deslinde da controvérsia. A falta ou incompletude de qualquer dessas peças, tal como verificado no presente caso, acarreta o não conhecimento do recurso. 2. Na hipótese, o instrumento está deficientemente instruído, porquanto o agravante juntou aos autos cópias ilegíveis das guias de recolhimento do porte de remessa e retorno e as custas do recurso especial. 3. Não obstante a ausência de previsão no § 1º do art. 544 do CPC da exigência de juntada de cópia legível da guia de recolhimento do preparo do recurso especial, com o respectivo comprovante de pagamento, para a formação do agravo de instrumento, as referidas peças são essenciais, na medida em que possibilitam a aferição da regularidade formal do recurso, a qual está sujeita a duplo controle, nesta instância especial e na ordinária.[28]

Percebe-se, dessa forma, que em determinadas situações realmente há um exacerbado formalismo sobre as questões de mérito e as próprias razões de existência dos recursos, de modo que o único escopo de tais decisões consiste em reduzir o número de feitos pendentes.

1.6 A chamada reforma do Judiciário: EC 45/2004

A gênese da EC 45/2004 pode ser atribuída à PEC 96/1992, apresentada pelo Deputado Hélio Bicudo. Todavia, originalmente, a PEC 96 não previa nenhum filtro quanto à admissibilidade do recurso extraordinário. Na realidade, modificava a forma de indicação dos membros dos tribunais superiores, alterava a estrutura do Poder Judiciário, extinguindo alguns tribunais, e deixava mais rigorosos a investidura, o vitaliciamento e a promoção de magistrados, os quais seriam avaliados por um conselho especial. Segundo sua exposição de motivos:

> a Justiça, em seus vários setores precisa modernizar-se, com a consciência de que os juízes fazem parte da comunidade e que somente enquanto partícipes dessa mesma comunidade podem distribuir Justiça (...). Na verdade, o problema é mais profundo, porque o Poder Judiciário é, dentre os três Poderes da República, o único infenso à

---

28. STJ, 4ª Turma, RCDESP no Ag 1.374.521/SP, rel. Min. Raúl Araújo, *DJe* 3.10.2011.

O STF NO PERÍODO REPUBLICANO   37

fiscalização. Enquanto o Executivo é fiscalizado pelo Legislativo, este
pelo povo e ambos pelo Poder Judiciário. Os juízes não se submetem
a qualquer modalidade de censura externa.[29]

No entanto, a PEC 96 acabou arquivada, somente sendo retomada
no ano de 1999, em período de grandes críticas ao Poder Judiciário,
formuladas por diversos setores da sociedade e, no âmbito do Poder
Legislativo, centralizadas na figura do então Senador Federal Antônio
Carlos Magalhães, que há muito reclamava por um órgão de *controle
externo* do Poder Judiciário.[30]

Atribuída a relatoria parcial da PEC ao Deputado Renato Viana, por
ele foi proposta a criação da repercussão geral, nos moldes em que veio a
ser posteriormente aprovada. No entanto, nesse momento inicial, a repercussão geral havia sido pensada tanto para o Supremo Tribunal Federal
quanto para o Superior Tribunal de Justiça, no tocante à admissibilidade
dos recursos especiais.

Na sequência, a relatoria geral da PEC, até então do Deputado Aloy-
sio Nunes Ferreira, foi sucedida pela Deputada Zulaiê Cobra, cujo parecer
mantinha a repercussão geral. Ademais, de acordo com o seu parecer, a
repercussão geral seria prevista para o recurso extraordinário, recurso
especial e também com relação ao recurso de revista.

Mas a proposta votada em plenário foi aprovada apenas quanto à
repercussão geral das questões constitucionais (recurso extraordinário),
sendo que, no Senado, não foram introduzidas quaisquer modificações
ao texto aprovado pela Câmara, razão pela qual a EC 45/2004 veio a ser
promulgada da forma como a conhecemos, em 8 de dezembro de 2004.

Nesse passo, a EC 45/2004 implementou a modificação e criação
de diversos dispositivos constitucionais, tendo, entre outras modificações: instituído o Conselho Nacional de Justiça; acrescentado o inciso
LXXVIII ao art. 5º da Constituição, garantindo a celeridade processual;
alterado competências da Justiça do Trabalho; e, por fim, introduzido a
súmula vinculante e a exigência de demonstração da repercussão geral
das questões constitucionais no recurso extraordinário.

29. *Diário do Congresso Nacional*, Seção I, p. 7.852, maio de 1992.
30. Em março de 1999, o senador liderou a instalação da "CPI do Judiciário",
destinada à apuração de denúncias concretas da existência de irregularidades prati-
cadas por integrantes de Tribunais Superiores, de Tribunais Regionais Federais e de
Tribunais de Justiça. Houve, inclusive, a criação de um "disque-denúncia" para tal
fim. Na CPI, acabaram sendo discutidos alguns pontos da "Reforma do Judiciário",
que posteriormente vieram a ser aprovados por meio da EC 45/2004.

38   REPERCUSSÃO GERAL DAS QUESTÕES CONSTITUCIONAIS

Todavia, como advertido por João Batista Lopes, "à exceção da súmula vinculante, declaradamente introduzida para reduzir o congestionamento no STF, permanecem intangidas as principais causas da lentidão da Justiça",[31] apontando a falta de autonomia financeira do Poder Judiciário e o abandono da primeira instância como sendo as principais deficiências acarretadoras de morosidade.

E estava o autor com a razão, visto que, passados dez anos desde que a EC 45/2004 entrou em vigor, não foi resolvido o problema da morosidade do Poder Judiciário. Pouco resultado efetivo foi notado, quiçá se facilitou a *limpeza* de prateleiras no Supremo Tribunal Federal. Como se demonstrará nos tópicos posteriores, nem mesmo as súmulas vinculantes tiveram algum sucesso relevante, pois se mostraram desinteressantes ao próprio Supremo Tribunal Federal.

1.7 Recurso extraordinário:
recurso de revisão ou recurso de cassação?

Com o julgamento do recurso extraordinário, o Supremo Tribunal Federal poderá tanto cassar a decisão recorrida quanto revisá-la (reformá--la), isto é, cuida-se de recurso de revisão, visto que eventualmente – e normalmente assim ocorre – a decisão proferida pela Corte substituirá aquela proferida pelo órgão *a quo*, nos termos do art. 512 do CPC-1973 (art. 1.008 do novo CPC).[32]

Apenas na hipótese de o Supremo entender que houve *error in procedendo* é que a decisão recorrida será desconstituída; em seguida, determinando-se a remessa dos autos ao órgão *a quo*, para que este então profira nova decisão. Não há, portanto, substituição do primeiro *decisum* pelo STF.

Como esclarece Barbosa Moreira: "o pronunciamento anulatório, ao contrário do que se dá quer no caso de reforma, quer no de 'confirmação', não substitui, é claro, a decisão recorrida, limitando-se a eliminá-la, a cassá-la".[33]

31. João Batista Lopes, "Reforma do Judiciário e efetividade do processo civil", p. 329.
32. "Art. 512. O julgamento proferido pelo tribunal substituirá a sentença ou a decisão recorrida no que tiver sido objeto de recurso."
33. Barbosa Moreira, *Comentários ao Código de Processo Civil. Arts. 476 a 565*, 14ª ed., vol. V, p. 401. No entanto, a doutrina não é pacífica sobre a questão. Há quem defenda que tanto na hipótese de *error in judicando* quanto de *error in procedendo* haverá substituição da decisão recorrida pela decisão proferida em sede recursal. Por todos, Flávio Cheim Jorge, *Teoria Geral dos Recursos Cíveis*, 6ª ed., p. 89.

O STF NO PERÍODO REPUBLICANO 39

E tal ideia está confirmada pelo enunciado sumular 456 do Pretório Excelso, ao determinar que "o Supremo Tribunal Federal, conhecendo do recurso extraordinário, julgará a causa aplicando o direito à espécie".

Cuida-se, portanto, de recurso distinto dos chamados *recursos de cassação*, presentes em alguns sistemas jurídicos europeus, como o italiano e francês.[34]

Nesses sistemas, em regra, os tribunais de cassação restringem-se ao juízo rescindente, limitando-se à anulação da decisão do órgão *a quo*, caso presente algum vício, e posterior *envio*, para que novo julgamento seja realizado, dessa vez observando-se a premissa fixada pelo tribunal de cassação. Melhor dizendo, nesses casos, o Tribunal *ad quem* não rejulgará a questão, proferindo mero juízo de cassação da decisão do órgão *a quo* e deixando a esse último a função de proferir nova decisão quanto ao mérito, em substituição à anterior:[35]

> quando la decisione della Cassazione è tale da comportare un nuovo giudizio sul merito della causa, questo giudizio viene devoluto ad un giudice di merito, detto giudice di rinvio, che deciderà la causa attenendosi al principio di diritto emanato dalla Corte di cassazione.[36]

Contudo, como se nota, apesar de se tratar de um tribunal de revisão, o Supremo Tribunal Federal brasileiro não deve ser entendido como mais uma instância de revisão, como se destinado a julgar apelações, isto é, recursos com devolução integral das questões debatidas.

Talvez por isso haja tantas questões controvertidas a respeito das funções do STF no sistema processual e constitucional brasileiro, assim como sobre a real extensão cognitiva das decisões a serem proferidas no julgamento dos recursos extraordinários.

No Direito italiano, recentes reformas autorizaram que, excepcionalmente, o Tribunal de Cassação profira decisões em substituição à decisão

34. "Il precedente storico imediato da cui discendono la Corte di cassazione italiana e gli analoghi organi presenti in oltri ordinamenti moderni è il Tribunal de cassation francese, che vienne istituito nel 1790" (Luigi Paolo Comoglio, Corrado Ferri e Michele Taruffo, *Lezioni sul Processo Civile*, p. 707).

35. "O Tribunal de Cassação, historicamente, é constituído como um Tribunal que não se destina a ser mais um grau judiciário e menos ainda uma instância de revisão das decisões proferidas pelos Tribunais, restringindo-se a sua atuação à análise da higidez técnico-formal da decisão impugnada" (Clara Moreira Azzoni, *Recurso Especial e Extraordinário – Aspectos Gerais e Efeitos*, p. 38).

36. Luigi Paolo Comoglio, Corrado Ferri e Michele Taruffo, *Lezioni sul Processo Civile*, cit., p. 708.

40 REPERCUSSÃO GERAL DAS QUESTÕES CONSTITUCIONAIS

recorrida, não mais se limitando ao julgamento de cassação em toda e qualquer situação. Diante disso, a doutrina daquele país identificou certa *crise de identidade* da Corte, que desde então oscila entre os modelos de corte de cassação e tribunal de revisão.[37] Não seria exagero transpor tal conclusão em relação aos Tribunais Superiores brasileiros. A despeito de constituírem instâncias de revisão, sempre tiveram ampla dificuldade em administrar a enorme quantidade de recursos ali pendentes, sendo que historicamente procuraram enfrentar tal situação mediante a adoção de restrições – legais e jurisprudenciais – ao cabimento de tais recursos, gerando também uma *crise de identidade* de nossos Tribunais, os quais não se enquadram nas definições clássicas dos tribunais de revisão nem de cortes de cassação.[38]

1.8 Funções do recurso extraordinário

Tradicionalmente, os meios de impugnação dirigidos a tribunais superiores possuem como características primordiais atender às funções nomofilática e uniformizadora da jurisprudência.[39] Mais recentemente, entretanto, também se têm destacado as funções *dikelógica* e paradigmática.

1.8.1 Função nomofilática

Em razão da função nomofilática, os recursos são destinados à busca da interpretação mais correta, única e verdadeira da norma discutida, garantindo estabilidade jurídica ao sistema. Essa função, portanto, guarda relação com a "defesa da ordem normativa".[40]

---

37. Ferdinando Mazzarella, "Cassazione. Diritto processuale civile", pp. 1 e 14-15.

38. "O Supremo, que a partir de 1988, já havia passado a acumular as funções de tribunal constitucional, órgão de cúpula do poder judiciário e foro especializado, no contexto de uma Constituição normativamente ambiciosa, teve o seu papel político ainda mais reforçado pelas Emendas de n. 3/1993, e n. 45/2005, bem como pelas Leis n. 9.868/1999 e n. 9.882/1999, tornando-se uma instituição singular em termos comparativos, seja com sua própria história, seja com a história de cortes existentes em outras democracias, mesmo as mais proeminentes. Supremocracia é como denomino, de maneira certamente impressionista, esta singularidade do arranjo institucional brasileiro. Supremocracia tem aqui um duplo sentido" (Oscar Vilhena Vieira, "Supremocracia", *Revista Direito GV*, v. 4, p. 4).

39. Cândido Rangel Dinamarco, "A função das cortes supremas na América Latina", in *Fundamentos do Processo Civil Moderno*, 6ª ed., vol. I, pp. 179-196; e Rodolfo de Camargo Mancuso, *Recurso Extraordinário e Recurso Especial*, 10ª ed., p. 137.

40. "Il carattere distintivo della Corte di cassazione, che risale alle prime origini dell'instituto, è allora quello di essere un giudice di sola legittimità, che verifica la cor-

O STF NO PERÍODO REPUBLICANO 41

A função nomofilática, bastante explicada por Calamandrei, originou-se na França, durante a Revolução Francesa de 1789-1799, pois o ideário iluminista propunha a onipotência da lei e a igualdade dos cidadãos perante a lei. Assim, centralizando-se a norma legal no sistema jurídico, passavam a ser necessários instrumentos destinados à sua proteção, ou seja, à correção de eventuais equívocos cometidos pelos magistrados na aplicação da lei.

Contudo, em tempos mais recentes, uma vez afastada a ideia do juiz como "a boca da lei", também a noção da função nomofilática dos recursos excepcionais passou por alterações. A doutrina menciona a *nomofilaquia dialética* ou *tendencial* como expressões de uma busca pela unidade do *direito*, e não apenas da *lei*. Para tanto, utilizam-se "processos hermenêuticos que auxiliem na investigação da solução mais racional", isto é, "um processo dialético que possibilite o juiz aferir, diante das circunstâncias do caso *sub judice*, entre as diversas interpretações possíveis, aquela que melhor resolva a lide".[41]

A função nomofilática é bastante ressaltada nos sistemas jurídicos em que se admitem Cortes de Cassação – e não Cortes de Revisão –, uma vez que caberá ao Tribunal exercer uma função puramente em prol do direito e da ordem jurídica, sem se preocupar com os interesses apresentados pelas partes.[42]

1.8.2 Função uniformizadora

Relacionada com a função nomofilática, a função uniformizadora dos recursos excepcionais se refere à necessidade de garantir a igualdade e propiciar segurança jurídica aos jurisdicionados, por meio do controle da lei e da sua aplicação jurisprudencial. Calamandrei diferencia tais

reta applicazione della legge da parte dei giudici inferior senza però entrare nel merito delle decisioni impugnate e soprattutto senza giudicare sui fatti della causa" (Luigi Paolo Comoglio, Corrado Ferri e Michele Taruffo, *Lezioni sul Processo Civile*, cit., p. 707).

41. Clara Moreira Azzoni, *Recurso Especial e Extraordinário – Aspectos Gerais e Efeitos*, p. 24.

42. "In realtà, quest'enunciazione, a parte la sua enfasi, ha il pregio di evidenziare la duplice funzione della Corte di cassazione, che mentre, de un lato – col curare l'esatta osservanza della legge – è ancora un giudice, che opera (come è proprio dei giudici) sul caso concreto, ad iniziativa delle parti, dall'altro lato, e proprio mentre cura l'osservanza della legge nei singoli casi concreti, può, ciò facendo, assicurare l'uniforme interpretazione della legge e l'unità del diritto nazionale, ossia assolvere alla funzione c.d. di nomofilachia" (Crisanto Mandrioli e Antonio Carratta, *Corso di Dirrito Processuale Civile*, v. II, p. 304).

42   REPERCUSSÃO GERAL DAS QUESTÕES CONSTITUCIONAIS

funções, resumidamente, afirmando que a nomofilaquia possui aspecto negativo,[43] uma vez que é notada ao se extirpar uma decisão contrária ao entendimento da Corte, enquanto a função uniformizadora se faz perceber por um aspecto positivo,[44] pois assegura a uniformidade da jurisprudência e a unidade e igualdade do direito.

No Direito brasileiro, a função uniformizadora dos Tribunais Superiores possui papel importantíssimo, principalmente no tocante ao Supremo Tribunal Federal, tendo em vista que o Estado brasileiro assumiu forma federativa.

Em razão dessa característica, apesar da unicidade da Constituição da República, tal estatuto legal é aplicado e interpretado por qualquer magistrado, em qualquer comarca e Estado. E diante do sistema difuso de controle de constitucionalidade, todo magistrado pode decidir, inclusive, se determinada lei ou outro ato normativo infraconstitucional está de acordo ou não com as disposições constitucionais. Diante disso, uma enorme gama de órgãos jurisdicionais tem competência para interpretar o texto constitucional e declarar a inconstitucionalidade de atos infraconstitucionais: juízos de primeiro grau dos Estados; da Justiça Federal; Justiça Trabalhista; órgãos especiais dos Tribunais de segunda instância dos Estados e Tribunais Regionais Federais; Superior Tribunal de Justiça; Tribunal Superior do Trabalho; entre outros.

Assim, mais do que evidente a possibilidade de que tais órgãos adotem posições divergentes a respeito de determinados dispositivos constitucionais.[45] E se fossem os Tribunais dos Estados e os Tribunais Regionais Federais órgãos de *última instância*, é certo que nem mesmo se poderia falar em Constituição *da República*, visto que em cada Estado ou Região vigeria um sistema constitucional distinto. Seria questionável a noção de Constituição una.[46]

---

43. "La Corte di cassazione riafferma l'autorità della legge di fronte al giudice, in modo esclusivamente negativo, poichè si limita a toglier vigore al singolo atto che il giudice abbia compiuto eccedendo i confini del suo potere" (Piero Calamandrei, *La Cassazione Civile*, vol. II, pp. 86-87).

44. "Sotto un aspetto positivo (...), la Corte di cassazione non si limita a distruggere, ma contribuisce potentemente a disciplinare e a fissare quella feconda opera di integrazione del diritto obiettivo che è compiuta ininterrottamente della giurisprudenza" (idem, ibidem, pp. 86-87).

45. "La causa pratica della disformità della giurisprudenza nello spazio si deve ricercare nella pluralità contemporanea di tribunali dello stesso grado nel territorio dello Stato" (idem, ibidem, p. 76).

46. Nesse sentido, Pedro Roberto Decomain, "A função constitucional do recurso extraordinário", *Revista Dialética de Direito Processual*, v. 121, p. 137.

O STF NO PERÍODO REPUBLICANO 43

Por isso, com a finalidade precípua de manutenção da unidade hermenêutica do texto constitucional, foi estabelecido um Tribunal de cúpula, a quem se atribuiu a função de dizer a última palavra sobre a interpretação da Constituição, assim como o respectivo instrumento processual: o recurso extraordinário.

Tanto que, no Brasil, tal preocupação uniformizadora surgiu já na Constituição republicana de 1891, pois desde então se adotou a forma federativa, permitindo a cada um dos órgãos jurisdicionais a possibilidade de interpretação da Constituição, ao mesmo tempo que se atribuiu um caráter de unidade à Constituição adotada.

E, de acordo com o atual art. 102, III, "d", da Constituição, compete ao STF julgar, mediante recurso extraordinário, as causas decididas em única ou última instância, quando a decisão recorrida: (i) contrariar dispositivo da Constituição; (ii) declarar a inconstitucionalidade de tratado ou lei federal; (iii) julgar válida lei ou ato de governo local contestado em face da Constituição; ou (iv) julgar válida lei local contestada em face de lei federal. Como se nota, por meio de tal recurso realmente poderá o Supremo Tribunal Federal exercer seu papel uniformizador da interpretação do texto constitucional, pois as quatro hipóteses acima enumeradas contêm situações de potencial divergência na forma de aplicação de dispositivos constitucionais.

Além disso, como bem ressaltado por Piero Calamandrei, a unificação do direito objetivo no mesmo território estatal não se justifica apenas por questões jurídicas e políticas, mas também por razões econômicas (na medida em que a insegurança jurídica acarreta maiores custos e dificuldades nas transações comerciais) e morais (identidade e nacionalidade dos jurisdicionados). Nessa linha, conclui que a ideia de unificação do direito objetivo se confunde com a própria origem dos Estados.[47]

Resumindo, a unificação do direito objetivo apenas pode ser mantida e garantida pela atuação dos tribunais, notadamente pela atribuição de competência uniformizadora a um tribunal nacional.

1.8.3 Função "dikelógica"

O recurso extraordinário (assim como o recurso especial) não permite apenas que o Tribunal preserve a integridade da ordem jurídica, mas também tutela direito assegurado constitucionalmente em favor do recor-

47. Piero Calamandrei, *La Cassazione Civile*, vol. II, pp. 49-50.

44 REPERCUSSÃO GERAL DAS QUESTÕES CONSTITUCIONAIS

rente, resolvendo a situação jurídica individual.[48] Por isso, além da função nomofilática e da função uniformizadora, também se verifica a função *dikelógica*, o que vem sendo mencionado pelos autores modernos.[49]

O termo *dikelógico* possui origem grega, da junção entre *dike* (que significa justiça) e o propositivo *lógiko* (que pode ser traduzido como racional). Dessa forma, "a função *dikelógica* está associada à busca de justiça no caso levado ao tribunal",[50] relacionando-se com a tutela do interesse das partes (*ius litigatoris*).

No entanto, a intensidade dessa função dos meios de impugnação se altera conforme o sistema jurídico em questão. Nos ordenamentos que contam com Cortes de Cassação, a tendência é que haja preponderância das funções nomofilática e uniformizadora, pois tais órgãos jurisdicionais se limitam à eventual anulação da decisão que se pretende cassar, não havendo rejulgamento da causa, mas sim o reenvio para o órgão de origem. Portanto, prestigia-se o direito objetivo, não havendo atuação da Corte de Cassação no sentido de aplicar o direito à lide, isto é, não tutelando o interesse concreto das partes nesse sentido. São exemplos os sistemas processuais italiano e francês. Nesses países há maior importância ao *ius constitutionis* que ao *ius litigatoris*.

Por outro lado, nos países em que há tribunais de superposição, e não Cortes de Cassação – ou seja, tribunais que reexaminam a lide e proferem decisões em substituição à decisão recorrida, sendo o Brasil um exemplo desse sistema –, a tendência é que haja maior valorização da função *dikelógica*, pois também o *ius litigatoris* é tutelado pelos Tribunais de cúpula, que não se limitam a verificar e decidir a respeito do direito objetivo.

Mas, no tocante ao Direito brasileiro, apesar da existência de Tribunais de superposição, a verdade é que o acesso a tais órgãos jurisdicionais se mostra bastante restrito, uma vez que tanto o recurso extraordinário quanto o recurso especial são admitidos notadamente com a finalidade de interpretação do direito objetivo, sendo vedado ao STF e ao STJ o reexame fático das demandas que ali chegam pela via desses recursos (arts. 102, III, e 105, III, da Constituição).

48. Rodolfo de Camargo Mancuso, *Recurso Extraordinário e Recurso Especial*, 10ª ed., p. 137.

49. Aliás, para Ferdinando Mazzarella, a respeito da cassação civil do Direito italiano, "non si potrà negare che la prima preoccupazione è stata quella garantista a favore della parte più che della legge in sé e per sé astrattamente considerata" ("Cassazione. Diritto processuale civile", p. 3).

50. Bruno Dantas, *Repercussão Geral*, 3ª ed., p. 71.

O STF NO PERÍODO REPUBLICANO 45

Por isso, os doutrinadores discutem qual a função preponderante. Para Bruno Dantas, era a função *dikelógica* que predominava no período anterior à EC 45/2004, embora entenda que, a partir de então, tenha emergido o caráter nomofilático do recurso extraordinário. No entanto, a doutrina majoritária defende que, no Direito brasileiro, o recurso extraordinário sempre se voltou à proteção da ordem jurídica positiva, isto é, do direito objetivo.[51] Concorda-se com Athos Gusmão Carneiro, quando assim sintetizou:

> o recurso extraordinário, no Direito brasileiro, é manifestado com recurso propriamente dito (portanto, no mesmo processo) e fundado imediatamente no interesse de ordem pública em ver prevalecer a autoridade e a exata aplicação da Constituição e da lei federal. O interesse privado do litigante vencido, então, funciona mais como móvel e estímulo para a interposição do recurso extremo, cuja admissão, todavia, liga-se à existência de uma questão federal, à defesa da ordem jurídica no plano do Direito federal.[52]

1.8.4 Função paradigmática

A teoria jurídica tradicional aponta algumas diferenças entre o sistema da *civil law*, presente nos países de tradição romano-germânica, e o sistema da *common law*, sendo a principal delas relativa à função paradigmática ou persuasiva das decisões proferidas pelos órgãos de cúpula. No sistema da *common law*, a eficácia vinculante dos precedentes exerce papel central, em razão da ausência ou raridade de normas jurídicas positivadas. Diferentemente, o sistema da *civil law* se caracteriza justamente por ter no direito objetivo a sua fonte primária, sendo que apenas em algumas situações é que se atribui alguma vinculação às decisões dos órgãos de cúpula.

51. Barbosa Moreira considera que não se pode negar que "sirva de instrumento à tutela de direitos subjetivos das partes ou de terceiros prejudicados" (*Comentários ao Código de Processo Civil*, 14ª ed., vol. V, p. 582). Contudo, como bem ressaltado por José Afonso da Silva, "o recurso extraordinário, entretanto, não visa fazer justiça subjetiva, justiça às partes, a não ser indiretamente, tanto que não tem cabimento por motivo de sentença injusta; é certo que a parte, ao servir-se dele, quer ver reformada a decisão desfavorável, e nisto está o seu caráter eminentemente processual; e o Supremo Tribunal, ao julgá-lo, exerce a função jurisdicional, mas com finalidade diversa dos outros órgãos jurisdicionais" (*Do Recurso Extraordinário no Direito Processual Brasileiro*, p. 105). Com essa última posição, também concorda Rodolfo de Camargo Mancuso (*Recurso Extraordinário e Recurso Especial*, 10ª ed., pp. 137-138).

52. Athos Gusmão Carneiro, *Anotações sobre o Recurso Especial*, p. 110.

46 REPERCUSSÃO GERAL DAS QUESTÕES CONSTITUCIONAIS

No entanto, se no passado tais diferenças se mostravam acentuadas, em tempos recentes se percebe uma certa aproximação dos sistemas, pois os países que adotam o chamado sistema da *common law*, notadamente Estados Unidos e Inglaterra, têm estabelecido cada vez mais leis escritas, como o *Civil Procedure Act* e as *Rules of Civil Procedure* do Direito inglês, nos anos de 1997 e 1998, respectivamente.

E os países do dito sistema da *civil law*, por sua vez, também passaram a valorizar a força das decisões de seus tribunais de cúpula, como forma de racionalizar a solução dos processos de massa. Assim, no Brasil, há uma nítida tendência de enrijecimento dos precedentes por meio da edição de súmulas vinculantes e também súmulas impeditivas de recursos.

Todavia, com isso não se deve entender que a função persuasiva das decisões dos tribunais superiores nos sistemas de tradição romanista seria fenômeno recente, pois sempre esteve presente ao longo da história. No Brasil, remontam, ao menos, aos assentos da Casa de Suplicação,[53] podendo-se afirmar que a tradição lusitana há tempos previa que as decisões do órgão de cúpula pudessem gerar efeitos além dos processos em que deliberadas.

De acordo com nosso sistema jurídico atual, as decisões do STF não são automaticamente dotadas de efeito vinculante ou *erga omnes*, de modo que, a princípio, apenas produzem efeitos entre as partes. Contudo, por se tratar do último órgão da estrutura judiciária brasileira, os precedentes de nossa Corte Constitucional efetivamente acabam por orientar a formação de convicção dos demais magistrados, os quais, entretanto, podem ou não acolher as teses adotadas pelo Supremo. Daí a doutrina mencionar que tais precedentes possuem força persuasiva perante os demais tribunais e juízes brasileiros.

Atualmente, é possível mencionar a súmula vinculante, as decisões a respeito da repercussão geral de questões constitucionais, o julgamento de recursos extraordinários repetitivos, a elaboração de súmulas meramente persuasivas e a possibilidade de monocraticamente se negar seguimento a recursos, quando a tese acolhida pela decisão recorrida estiver calcada em súmula ou jurisprudência consolidada de tribunais superiores, como institutos tipicamente voltados à valorização dos precedentes judiciais no Direito brasileiro.

E no tocante ao Supremo Tribunal Federal, a principal via de origem dos precedentes e das súmulas, sejam vinculantes ou não, sem dúvida

---

53. Gilmar Mendes Ferreira, Inocêncio Mártires Coelho e Paulo Gustavo Gonet Branco, *Curso de Direito Constitucional*, 4ª ed., p. 1.009.

O STF NO PERÍODO REPUBLICANO 47

alguma corresponde aos recursos extraordinários julgados pela Corte.

Sendo assim, é inegável a *função paradigmática* exercida pelos recursos excepcionais (notadamente o recurso extraordinário ao STF e o recurso especial ao STJ), pois não raro os precedentes gerados serão utilizados na solução de outros processos, no mínimo, com força de persuasão, seja em relação às partes ou ao magistrado perante quem se coloca a lide.

Dessa forma, a função paradigmática se distingue das demais por se referir à necessidade de que as decisões do STF projetem efeitos além das partes no processo concretamente levado a julgamento. A eventual persuasão ou mesmo vinculação das partes e dos demais juízes brasileiros é que caracterizam tal função.

Contudo, a respeito desse tema, interessante o apontamento de Luiz Guilherme Marinoni, no sentido de que, em nosso Direito, o surgimento das súmulas se identifica com a necessidade de "facilitar a resolução de casos fáceis que se repetem", isto é, sempre se destinaram a "desafogar o Judiciário";[54] mas nunca buscaram, diretamente, a garantia da ordem jurídica ou da igualdade e previsibilidade. Isso porque, se analisadas as recentes reformas processuais no sentido de valorização dos precedentes, será inequívoca a conclusão de que o principal mote dos institutos desenvolvidos realmente se refere à necessidade de racionalização das atividades jurisdicionais, não havendo verdadeira preocupação com a coerência e unidade do sistema jurídico.

1.9 As funções do recurso extraordinário após a reforma do Judiciário: autonomia da função paradigmática

A EC 45/2004, conhecida como *reforma do Judiciário*, introduziu diversas alterações na Constituição, incluindo a alteração de competências, exigência prévia de atividade jurídica para ingresso na magistratura e a criação do Conselho Nacional de Justiça. Ademais, como novas tentativas de solução da morosidade do Poder Judiciário, decorrente do excessivo número de ações e recursos, foram introduzidos os institutos da súmula vinculante e da repercussão geral, além da previsão expressa da garantia constitucional de duração razoável do processo.

A possibilidade de edição de súmulas vinculantes está prevista no art. 103-A da Constituição, dizendo que

---

54. Luiz Guilherme Marinoni, *Precedentes Obrigatórios*, 2ª ed., p. 482.

48 REPERCUSSÃO GERAL DAS QUESTÕES CONSTITUCIONAIS

o Supremo Tribunal Federal poderá, de ofício ou por provocação, mediante decisão de dois terços dos seus membros, após reiteradas decisões sobre matéria constitucional, aprovar súmula que, a partir de sua publicação na imprensa oficial, terá efeito vinculante em relação aos demais órgãos do Poder Judiciário e à administração pública direta e indireta, nas esferas federal, estadual e municipal, bem como proceder à sua revisão ou cancelamento, na forma estabelecida em lei.

Nesse passo, a possibilidade de se editarem súmulas vinculantes e o novo pressuposto da repercussão geral alteraram significativamente o desenho do controle de constitucionalidade difuso no Direito brasileiro, trazendo modificações significativas nas funções do recurso extraordinário, previsto no art. 103, III, da Constituição.

De início, é possível notar a flagrante valorização dos precedentes da Corte. Antes da Reforma do Judiciário, apenas as decisões proferidas em ações diretas de controle de constitucionalidade gozavam de efeitos *erga omnes* e vinculantes, de forma que caberia ao Supremo decidir a questão uma única vez para que a decisão fosse respeitada em todo o território nacional.[55]

Com a possibilidade de edição de súmulas vinculantes e o regime da repercussão geral, as decisões do STF proferidas em sede de controle de constitucionalidade difuso também passaram a ter efeitos *erga omnes* e vinculantes, isto é, não mais limitados aos processos onde deliberadas. Assim, as decisões proferidas no julgamento de recursos extraordinários não mais precisarão ser repetidas em novos julgamentos, pois passam a ser obrigatórias para os demais órgãos jurisdicionais.

Em razão disso, a função paradigmática ganhou força evidente, pois as decisões do STF no controle difuso passaram a ter nova eficácia, inclusive vinculante, e não mais exclusivamente persuasiva.[56]

---

55. É o que prevê ao art. 28, parágrafo único, da Lei 9.868/1999: "a declaração de constitucionalidade ou de inconstitucionalidade, inclusive a interpretação conforme a Constituição e a declaração parcial de inconstitucionalidade sem redução de texto, têm eficácia contra todos e efeito vinculante em relação aos órgãos do Poder Judiciário e à Administração Pública federal, estadual e municipal". E com a EC 45/2004, tais efeitos passaram a ser previstos pelo próprio texto constitucional, conforme a atual redação do § 2º do art. 102: "as decisões definitivas de mérito, proferidas pelo Supremo Tribunal Federal, nas ações diretas de inconstitucionalidade e nas ações declaratórias de constitucionalidade, produzirão eficácia contra todos e efeito vinculante, relativamente aos demais órgãos do Poder Judiciário e à administração pública direta e indireta, nas esferas federal, estadual e municipal".
56. "O adequado desempenho da função paradigmática por um tribunal de cúpula, a nosso ver, pressupõe um requisito essencial: suas decisões devem gozar

O STF NO PERÍODO REPUBLICANO 49

Para alguns autores, também as funções nomofilática e uniformizadora foram ressaltadas. A função nomofilática se reforça porque, em razão da repercussão geral, apenas as questões entendidas como relevantes serão julgadas pelo STF, de modo que cada vez mais esse Tribunal assume um papel voltado mais à proteção da ordem jurídica do que à proteção do interesse particular dos litigantes. Em relação à função uniformizadora, "porquanto sua existência é presumida sempre que a decisão recorrida for contrária à súmula ou jurisprudência dominante do Supremo Tribunal Federal".[57]

E se a função nomofilática se mostra evidenciada pelas reformas introduzidas pela EC 45/2004, por outro lado a função *dikelógica* do recurso extraordinário ficou diminuída, visto que a exigência de demonstração da repercussão geral das questões constitucionais, como pressuposto de admissibilidade do recurso extraordinário, restringiu – e muito – o acesso individual à Corte. Além disso, a possibilidade de efeitos vinculantes aos precedentes do STF também acabou por dificultar que os jurisdicionados consigam, em cada um de seus processos individuais, rediscutir questões que se entendam já decididas pelo Supremo, ainda que mediante a introdução de argumentos e teses não debatidos no julgamento que originou a súmula ou o precedente.

De todo modo, concorda-se apenas parcialmente com tais conclusões, divergindo-se em relação à função uniformizadora, pois se entende que essa função, sob um outro ângulo, também restou enfraquecida.

Como visto, a função uniformizadora do STF guarda relação com a necessidade de manutenção da unidade da Constituição da República de 1988, assim como a proteger os princípios constitucionais da igualdade e segurança jurídica. Tendo em vista que qualquer magistrado no Brasil pode interpretar e aplicar dispositivos constitucionais – e também incidentalmente declarar a inconstitucionalidade de eventual norma infraconstitucional –, mostra-se necessária a existência de um órgão jurisdicional de cúpula, com competência para uniformizar os entendimentos divergentes a respeito da correta e única interpretação possível das normas constitucionais.

do respeito da sociedade, dos membros do próprio Poder Judiciário e dos demais órgãos da Administração Pública" (Bruno Dantas, *Repercussão Geral*, 3ª ed., p. 83).

57. Bruno Dantas, *Repercussão Geral*, 3ª ed., p. 83. No mesmo sentido, Clara Moreira Azzoni: "parece-nos que as funções paradigmática e uniformizadora das decisões do Supremo Tribunal Federal ganharam muita força a partir da adoção, em nosso sistema, da repercussão geral" (*Recurso Especial e Extraordinário – Aspectos Gerais e Efeitos*, p. 27).

50   REPERCUSSÃO GERAL DAS QUESTÕES CONSTITUCIONAIS

Ora, tal função é imprescindível para a real unidade da Constituição, pois, do contrário, cada Tribunal, cada Estado ou região do País terá a sua própria Carta Magna, uma vez que as decisões de seus Tribunais não estarão sujeitas ao crivo de um órgão central, cujas decisões se imponham em todo o território nacional.

Dessa forma, na realidade, o instituto da repercussão geral, ao permitir que o STF negue jurisdição uniformizadora às questões constitucionais entendidas como *irrelevantes*, acaba por consequentemente enfraquecer essa função.

A partir de agora, diversas serão as controvérsias que, a despeito de terem sido tratadas no texto constitucional, estarão excluídas da apreciação do Supremo Tribunal Federal e, diante disso, poderão ser divergentemente solucionadas pelos diversos Tribunais brasileiros. O que, sem sombra de dúvidas, merece críticas e juízo de reprovação por parte dos jurisdicionados.

Logo, é possível concluir que a função uniformizadora realmente perdeu relevância em nosso sistema constitucional. Isto é, como mais uma das consequências das alterações promovidas pela reforma do Judiciário, pode-se adicionar a autonomia e valorização da função paradigmática no Direito brasileiro,[58] enquanto relativa à maior vinculação e extensão de efeitos dos precedentes do Supremo Tribunal Federal. Todavia, tal valorização dos precedentes, contraditoriamente, foi acompanhada de desvalorização da tradicional função uniformizadora desempenhada pelo recurso extraordinário.

1.10 Tendência de abstrativização do controle de constitucionalidade no Direito brasileiro

Os sistemas de controle difuso de constitucionalidade admitem que diversos órgãos possam realizar tal controle jurisdicional, tendo origem no modelo adotado pelos Estados Unidos da América após o famoso julgamento do caso Marbury *vs.* Madison. Em síntese, a Suprema Corte Americana decidiu que qualquer juiz poderia declarar a inconstitucionalidade de atos ou normas. Diante das características de tal modelo, em

---

58. "Pode ser mencionada uma função contemporânea dos recursos excepcionais, que é a chamada função paradigmática ou persuasiva (...). Ao atentar para essa função paradigmática ou persuasiva, as instâncias ordinárias estão respeitando o prestígio e a autoridade que devem ser atribuídos às decisões proferidas pelos Tribunais de cúpula" (Clara Moreira Azzoni, *Recurso Especial e Extraordinário – Aspectos Gerais e Efeitos*, pp. 25-26).

O STF NO PERÍODO REPUBLICANO 51

que o controle de constitucionalidade é realizado incidentalmente em um caso concreto, as decisões geram efeitos apenas em relação às partes litigantes (efeitos *inter partes*).

Desenvolvido por Hans Kelsen, o controle de constitucionalidade previsto na Constituição Austríaca de 1920 previa competência exclusiva do Tribunal Constitucional, vedando-se às demais instâncias negar a aplicação de uma norma por entender que esta seria inconstitucional. E diferentemente do sistema norte-americano, um determinado ato normativo geraria efeitos até o momento em que a Corte se pronunciasse sobre sua inconstitucionalidade. Entendia-se a inconstitucionalidade como causa de anulabilidade e não nulidade.

Com inspiração no modelo norte-americano, o sistema de controle de constitucionalidade estabelecido pelo constituinte brasileiro de 1891 previa tão somente a possibilidade de controle incidental e concreto por meio do recurso extraordinário. Dessa forma, o eventual reconhecimento de inconstitucionalidade teria efeitos apenas entre as partes litigantes, não se afastando a norma inconstitucional do ordenamento jurídico.

No entanto, o sistema de controle difuso acarreta inúmeros problemas práticos, em razão dos efeitos *inter partes*, gerando desigualdade entre aqueles que ajuizaram demandas e aqueles que permaneceram inertes, além de exigir do STF que a mesma decisão seja proferida em diversos processos discutindo questões idênticas, o que contribui para o excesso de demandas na Corte.

Por isso, desde 1934, o legislador tem previsto meios de acesso direto ao STF, como vistas à declaração de inconstitucionalidade com efeitos *erga omnes*, extirpando-se a norma inconstitucional do sistema jurídico nacional.

A Constituição de 1934 criou a chamada *representação interventiva*, instrumento relativo a controle abstrato de normas pelo STF, sendo que a partir de então era necessário o prévio reconhecimento, por parte da Corte, da constitucionalidade da lei que dispusesse sobre eventual intervenção federal, nas hipóteses de ofensa aos chamados princípios sensíveis. Cabia ao Procurador-Geral da República provocar o Supremo para tanto, conforme previsto no art. 12, § 2º, do texto constitucional. Além disso, a Constituição de 1934 também permitiu ao Senado suspender a execução de lei incidentalmente declarada inconstitucional pelo STF, de modo a conferir efeitos *erga omnes* à decisão da Corte, o que foi mantido por todas as futuras cartas constitucionais, à exceção da Constituição de 1937.

Interessante apontar que, na assembleia constituinte de 1891, havia sido apresentada proposta nesse sentido pelos Deputados João Pinheiro

52 REPERCUSSÃO GERAL DAS QUESTÕES CONSTITUCIONAIS

e Julio de Castilhos. Todavia, como bem esclarecido por Ruy Barbosa,[59] naquela época se pensava que a utilização de ações diretas poderia levar a conflitos entre os Poderes, preferindo-se um modelo exclusivamente incidental.

Diante dessa formatação, assinala Gilmar Ferreira Mendes que a representação interventiva se tornou verdadeira via de controle abstrato de normas, sendo que, muitas vezes, o Procurador-Geral da República simplesmente remetia as representações provocadas por terceiros ao Supremo, sem quaisquer alterações ou até mesmo apresentando parecer favorável à constitucionalidade da norma estadual impugnada.[60] Entre 1946 e 1965 mais de 500 representações foram apresentadas ao STF.

De qualquer modo, o controle incidental ainda era notoriamente preponderante, sendo que somente em 1988 tal forma de controle foi reduzida, ante a marcante ampliação da legitimação para a propositura de ações diretas. De fato, até então, apenas o Procurador-Geral da República possuía legitimidade para provocar o Supremo mediante processo abstrato de controle de normas.

Mas o constituinte de 1988 foi além de seus antecessores e estabeleceu diversas vias diretas ao Supremo (ação direta de inconstitucionalidade, arguição de descumprimento de preceito fundamental e ação interventiva), além de ampliar significativamente o rol de legitimados ativos. De acordo com o art. 103 da Constituição, são legitimados para proposição de ações diretas o Presidente da República, a Mesa do Senado Federal, a Mesa da Câmara dos Deputados, a Mesa da Assembleia Legislativa ou da Câmara Legislativa do Distrito Federal, o Governador do Estado ou do Distrito Federal, o Procurador-Geral da República, o Conselho Federal da Ordem dos Advogados do Brasil, partido político com representação no Congresso Nacional, confederação sindical ou entidade de classe de âmbito nacional.

Conforme o texto original da Constituição de 1988, o controle jurisdicional de constitucionalidade pode ser realizado: (i) por qualquer juiz ou instância do Poder Judiciário, incidentalmente, tendo a decisão efeitos *inter partes*. Na hipótese de controle incidental pelo STF, é possível a expedição de ofício ao Senado Federal, para que este, discricionariamente, edite Resolução suspendendo a eficácia da norma declarada inconstitucional em todo o território nacional; ou (ii) concentradamente pelo STF, por

59. Ruy Barbosa, *Os Atos Inconstitucionais do Congresso e do Executivo ante a Justiça Federal*.
60. Gilmar Ferreira Mendes, *Jurisdição Constitucional*, 5ª ed., 4ª tir., pp. 66-67.

O STF NO PERÍODO REPUBLICANO   53

meio das ações diretas, as quais discutem a inconstitucionalidade em tese das normas impugnadas, tendo a decisão efeitos *erga omnes* e vinculantes à Administração e aos demais órgãos do Poder Judiciário.

No ano de 1993, a EC 3 veio a incrementar o controle abstrato de normas criado pela Constituição de 1988, instituindo a ação direta de constitucionalidade, de modo que as ações diretas passaram a ter caráter dúplice, ganhando, portanto, ainda mais importância para o sistema. Poucos anos depois, as Leis 9.868 e 9.882, ambas de 1999, regulamentaram o procedimento das ações diretas e da arguição de descumprimento de preceito fundamental, mais uma vez prestigiando o controle abstrato.

E prosseguindo no que se pode chamar de *abstrativização* do controle de constitucionalidade brasileiro, em 2004 foi editada a EC 45, que permitiu ao Supremo diretamente atribuir efeitos *erga omnes* às decisões proferidas em sede de controle incidental, por meio da edição de súmulas vinculantes e da repercussão geral. Como se sabe, tais súmulas vinculam toda a Administração e os demais órgãos do Poder Judiciário, sendo que os precedentes quanto ao reconhecimento ou não de repercussão geral influenciam diretamente todos os demais recursos debatendo as mesmas questões constitucionais. E tais efeitos *erga omnes* independem de qualquer ato do Senado.

Com a regulamentação da repercussão geral pela Lei 11.418/2006, atribuíram-se efeitos *erga omnes* ao julgamento de mérito dos recursos extraordinários múltiplos, na forma do art. 543-B do CPC-1973 (art. 1.036 do novo CPC).

Nesse contexto, verifica-se que a tendência de abstrativização do sistema de controle de constitucionalidade brasileiro, além de progressivamente conceder maior prestígio às ações diretas, acabou por *objetivar* o recurso extraordinário e reduzir drasticamente o papel do Senado Federal na suspensão da execução de normas declaradas inconstitucionais incidentalmente.

1.11 Efeito vinculante e efeito "erga omnes" das decisões do STF: distinção e escalada legislativa

A abstrativização do controle de constitucionalidade corresponde a um fenômeno paralelo à crescente força que o legislador vem atribuindo aos precedentes dos tribunais superiores no Direito brasileiro, notadamente do STF. Desse modo, percebe-se uma constante aproximação do Direito brasileiro, tradicionalmente classificado como sistema

54   REPERCUSSÃO GERAL DAS QUESTÕES CONSTITUCIONAIS

jurídico de *civil law*, ao sistema da *common law*, movimento que na realidade tem sido mundialmente observado.[61]

Analisada a abstrativização no tópico anterior, entende-se, então, demonstrar que ao longo dos últimos anos o legislador vem atribuindo cada vez mais força aos precedentes do STF, juntamente com as decisões dos demais tribunais superiores. Há necessidade de tal exposição porque a regulamentação da repercussão geral, principalmente quanto ao procedimento dos recursos múltiplos, situa-se nesse contexto, o que será objeto de capítulo próprio desta obra.

No início, o sistema brasileiro de controle de constitucionalidade se limitava ao controle incidental, de modo que cabia a cada interessado ajuizar ação pleiteando a declaração de inconstitucionalidade de um determinado ato infraconstitucional. Como visto, o sistema era basicamente aquele presente nos Estados Unidos, ao final do século XIX. Por isso, a regra era (e continua sendo, quanto ao controle difuso) de que os efeitos da decisão declaratória de inconstitucionalidade fossem *inter partes*, ou seja, limitados subjetivamente às próprias partes envolvidas no litígio.

Após a Constituição de 1934, em razão da inexistência do *stare decisis* no Direito brasileiro, passou-se a prever que, com a decisão declaratória de inconstitucionalidade pelo Supremo, caberá ao Senado suspender a execução de lei incidentalmente declarada inconstitucional, de modo a conferir efeitos *erga omnes* à decisão da Corte (na atual Constituição, essa previsão está no art. 52, X).

No mais, também as decisões proferidas em sede de ações diretas, com origem na representação contra inconstitucionalidade da Constituição de 1946 e na ação direta de inconstitucionalidade criada pela EC 16/1965, têm efeitos contra todos (*erga omnes*).

Portanto, o controle de constitucionalidade basicamente lidava com duas possibilidades de efeitos: *inter partes* ou *erga omnes*, sendo que, em razão desse último, todos os brasileiros passam a ficar sujeitos à decisão do Supremo, inclusive os demais órgãos do Poder Judiciário.[62] Como decorrência da eficácia *erga omnes*, atribui-se "força de lei" às decisões

---

61. Havendo também crescente influência do sistema da *civil law* sobre os ordenamentos jurídicos dos países da *common law*.

62. Alexandre de Moraes, *Direito Constitucional*, 29ª ed., p. 772. Aliás, para Dirley da Cunha Jr., "a só eficácia *erga omnes* da decisão já era suficiente para se admitir o efeito vinculante, não fosse a distinção, sem sentido, feita pelo Supremo Tribunal Federal em aceitar a ação de reclamação em face deste e não acolher em razão daquela" (*Curso de Direito Constitucional*, 6ª ed., p. 384).

O STF NO PERÍODO REPUBLICANO 55

do Supremo.[63] Contudo, sempre se entendeu que apenas o dispositivo da decisão é que seria dotado de tal efeito,[64] isto é, apenas a *ratio decidendi* é que se estenderia além das partes litigantes.

Distintamente, a ideia de efeito vinculante é mais recente, tendo se desenvolvido, no âmbito legislativo, basicamente após 1992, pois as disposições anteriores não tratavam exatamente do mesmo instituto que atualmente se refere, por exemplo, às súmulas vinculantes do Supremo. No passado, ao disciplinar a representação interpretativa trazida pela EC 7/1977, o art. 187 do RISTF (vigente à época) mencionava que "a partir da data de publicação da ementa do acórdão no *DOU*, a interpretação nele fixada terá força vinculante, implicando sua não observância negativa de vigência do texto interpretado".

E, além disso, por força das Ordenações Manuelinas e Filipinas, com regulamentação da Lei da Boa Razão, de 1769, permitia-se à Casa de Suplicação a emissão de assentos com força vinculativa, os quais seriam dotados de *força obrigatória geral*.

No entanto, mais recentemente, a expressão *efeito vinculante* passou a ser utilizada de forma mais técnica, como técnica distinta do efeito *erga omnes*, embora sejam afins. De fato, inspirada na PEC 130/1992 apresentada por Roberto Campos, a EC 3/1993 estabeleceu que

> as decisões definitivas de mérito, proferidas pelo Supremo Tribunal Federal, nas ações declaratórias de constitucionalidade de lei ou ato normativo federal, produzirão eficácia contra todos e *efeito vinculante*, relativamente aos demais órgãos do Poder Judiciário e do Poder Executivo (art. 102, § 2º, da Constituição, em sua redação original).

Anos depois, a Lei 9.868/1999 e a EC 45/2004 acabaram por retificar tal norma, de modo que as decisões tanto em sede das ações diretas de constitucionalidade quanto das ações diretas de inconstitucionalidade são dotadas de eficácia *erga omnes* e efeitos vinculantes (art. 28 da Lei 9.868/1999 e art. 102, § 2º, da Constituição, em sua redação atual).

Conforme exposto por Roberto Campos na exposição de motivos da PEC 130/1992, a ideia de efeito vinculante estava ligada ao direito constitucional alemão, onde não só a parte dispositiva da decisão, mas também os seus *fundamentos determinantes* se estenderiam a todos. Isto

63. Hely Lopes Meirelles *et al.*, *Mandado de Segurança e Ações Constitucionais*, 32ª ed., p. 499.
64. Idem, ibidem, p. 498.

56 REPERCUSSÃO GERAL DAS QUESTÕES CONSTITUCIONAIS

é, enquanto a teoria da coisa julgada apenas permite que a parte dispositiva das decisões tenha *força de lei* (efeito *erga omnes*), o efeito vinculante serviria para obrigar os demais órgãos constitucionais, tribunais e autoridades administrativas também aos fundamentos determinantes (*obter dicta*) dos precedentes do Supremo:

> trata-se de instituto jurídico desenvolvido no Direito Processual Alemão, que tem por objetivo outorgar maior eficácia às decisões proferidas por aquela Corte Constitucional, assegurando força vinculante não apenas à parte dispositiva da decisão, mas também aos chamados fundamentos ou motivos determinantes (*tragende Gründe*). A declaração de nulidade de uma lei não obsta à sua reedição, ou seja, a repetição de seu conteúdo em outro diploma legal. Tanto a coisa julgada quanto a força de lei (eficácia *erga omnes*) não lograria evitar esse fato. Todavia, o efeito vinculante que deflui dos fundamentos determinantes (*tragende Gründe*) da decisão obriga o legislador a observar estritamente a interpretação que o tribunal conferiu à Constituição. Consequência semelhante se tem quanto às chamadas normas paralelas. Se o tribunal declarar a inconstitucionalidade de uma lei do Estado A, o efeito vinculante terá o condão de impedir a aplicação de norma de conteúdo semelhante do Estado B ou C.[65]

Todavia, não tem sido essa a exata interpretação atribuída pelos Ministros do Supremo Tribunal Federal. Conforme os precedentes existentes sobre questões envolvendo as eficácias *erga omnes* e vinculante, a diferenciação se coloca na possibilidade de ajuizamento de reclamação constitucional contra a inobservância das decisões com efeitos vinculantes. O que, por outro lado, não seria possível às decisões com somente eficácia *erga omnes*, cujo controle jurisdicional se submete às regulares instâncias da Justiça brasileira.

Ao decidir sobre a inadmissibilidade de reclamação constitucional contra decisão do Supremo em uma ação popular, cujo acórdão possui efeitos *erga omnes*, assim se justificou o Min. Ricardo Lewandowski:

> o acórdão invocado nas razões desta reclamação apreciou, especificamente, o procedimento de demarcação da Reserva Indígena Raposa Serra do Sol, não podendo, por isso mesmo, ter sua autoridade afrontada por atos e decisões que digam respeito a qualquer outra área indígena demarcada, como é o caso narrado nos autos. Isso porque não houve no acórdão que se alega descumprido o expresso estabelecimen-

---

65. Exposição de motivos da PEC 130/1992, publicada no *Diário Oficial do Congresso Nacional*, em 23.9.1992.

O STF NO PERÍODO REPUBLICANO   57

to de enunciado vinculante em relação aos demais órgãos do Poder Judiciário, atributo próprio dos procedimentos de controle abstrato de constitucionalidade das normas, bem como das súmulas vinculantes, do qual não são dotadas, ordinariamente, as ações populares. Não foi por outra razão que o Ministro Ayres Britto, Relator da Pet 3.388/RR, asseverou, ao censurar o cabimento de reclamação análoga a que ora se examina (Rcl 8.070/MS), que ação popular não é meio processual de controle abstrato de normas, nem se iguala a uma súmula vinculante.[66]

Solução essa que também foi acolhida pelo Plenário do Supremo no julgamento de embargos de declaração na PET 3.388, sobre a demarcação da reserva Raposa Serra do Sol:

No atual estado da arte, as decisões do Supremo Tribunal Federal não possuem, sempre e em todos os casos, caráter vinculante. Não se aplica, no Brasil, o modelo de *stare decisis* em vigor nos países do *common law*, no qual as razões de decidir adotadas pelos tribunais superiores vinculam os órgãos inferiores. Embora essa regra admita exceções, entre elas não se encontram as sentenças e acórdãos proferidos em sede de ação popular, ainda que emanados deste Tribunal. Dessa forma a decisão proferida na Pet 3.388/RR não vincula juízes e tribunais quando do exame de outros processos, relativos a terras indígenas diversas. Como destacou o Ministro Carlos Ayres Britto, "a presente ação tem por objeto tão somente a Terra Indígena Raposa Serra do Sol" (fl. 336). Vale notar que essa linha já vem sendo observada pelo Tribunal: foram extintas monocraticamente várias reclamações que pretendiam a extensão automática da decisão a outras áreas demarcadas (Rcl 8.070 MC/MS, dec. Min. Carlos Ayres Britto [RISTF, art. 38, I], *DJe* 24.4.2009; Rcl 15.668/DF, rel. Min. Ricardo Lewandowski, *DJe* 13.5.2013; Rcl 15.051/DF, rel. Min. Ricardo Lewandowski, *DJe* 18.12.2012; Rcl 13.769/DF, rel. Min. Ricardo Lewandowski, *DJe* 28.5.2012).[67]

Portanto, o STF realmente parece focar na possibilidade, ou não, de propositura de reclamação constitucional como sendo o elemento central de distinção entre as eficácias *erga omnes* e vinculante de suas decisões.

A par de todas essas teorias, outra interpretação possível sobre o conceito de *efeito vinculante* refere-se àquela atribuída por Eduardo

66. STF, Decisão monocrática na Rcl 13.679/DF, rel. Min. Ricardo Lewandowski, *DJe* 25.5.2012.

67. STF, Pet 3.388 ED/RR, Tribunal Pleno, rel. Min. Roberto Barroso, *DJe* 3.2.2014.

58   REPERCUSSÃO GERAL DAS QUESTÕES CONSTITUCIONAIS

Talamini, ao apontar ao menos três acepções possíveis para a "eficácia vinculante em sentido amplo": (i) vinculação fraca ou mera persuasão; (ii) vinculação média ou regras de dispensa; e (iii) vinculação forte ou força vinculante em sentido estrito.

A primeira ideia tem relação com a força dos precedentes normalmente presente nos sistemas da *civil law*, ou seja, de mera persuasão, pois os precedentes judiciais são invocados com a simples finalidade de influenciar a convicção do magistrado, não havendo exatamente uma vinculação a *ratio decidendi* anterior.

Pela segunda acepção, também assim se denominaria o conjunto de regras de dispensa ou autorizações de simplificação, que são hipóteses em que, tendo em vista a "existência de precedentes ou de uma orientação jurisprudencial consolidada, a lei autoriza aos órgãos judiciais ou da Administração Pública a adotar providências de simplificação do procedimento e consequente abreviação da duração do processo",[68] o que seria caso de vinculação média.

Em terceiro lugar, por vinculação propriamente dita entende-se a possibilidade de imposição obrigatória de um pronunciamento da Corte, cujo descumprimento implica afronta à sua autoridade, nos moldes da jurisprudência do STF acima mencionada. E, a respeito dessa acepção, o primeiro elemento para se identificar a força vinculante em sentido estrito refere-se ao conteúdo da decisão. Isso porque "a decisão investida da força vinculante consiste em pronunciamento sobre a validade, eficácia ou a interpretação de ato normativo. Por isso, afirma-se que o processo destinado à produção de tal ato é objetivo".[69]

Além disso, nesse último caso, (i) a competência é concentrada em um único órgão; (ii) a via processual utilizável é tipicamente fechada, não sendo permitidas as vias ordinárias de tutela processual; e (iii) a decisão proferida não tem mera eficácia declaratória, pois também possui "eficácia anexa impositiva"[70] da aplicação do comando declaratório em relação aos outros órgãos estatais.

Como já introduzido no início deste tópico, essa vinculação já estava presente nas decisões liminares e acórdãos de acolhimento ou improcedência do pedido na ação direta de inconstitucionalidade, na ação declaratória de constitucionalidade e na arguição de descumprimento de

---

68. Eduardo Talamini, "Objetivação do controle incidental de constitucionalidade e força vinculante (ou 'devagar com o andor que o santo é de barro')", p. 144.

69. Idem, ibidem, p. 138.

70. Idem, ibidem, p. 140.

O STF NO PERÍODO REPUBLICANO   59

preceito fundamental, nos termos dos arts. 102, §§ 1º e 2º, da Constituição
e 11, § 1º, 12-F, § 1º, 21, 28, parágrafo único, da Lei 9.868/1999, 5º, § 3º,
e 10, § 3º, da Lei 9.882/1999.

Sendo que, mais recentemente, com a EC 45/2004, o STF foi autorizado a editar súmulas vinculantes aos demais órgãos do Poder Judiciário
e à Administração, após decisões reiteradas sobre o tema e mediante a
aprovação de dois terços de seus membros. Contra a decisão ou o ato administrativo que violar súmula vinculante, caberá reclamação diretamente
ao STF (art. 103-A da Constituição):

> a súmula vinculante, como o próprio nome indica, terá o condão de
> vincular diretamente os órgãos judiciais e os órgãos da Administração
> Pública, abrindo a possibilidade de que qualquer interessado faça
> valer a orientação do Supremo, não mediante simples interposição
> de recurso, mas por meio de apresentação de uma reclamação por
> descumprimento de decisão judicial (CF, art. 103-A).[71]

No mais, com relação às regras de vinculação média, e em que pese
a impropriedade do termo,[72] vale mencionar que também houve notável
escalada legislativa, confirmando que, ao longo do tempo, o legislador
vem cada vez mais valorizando os precedentes judiciais de nossas Cortes
Superiores.

Em 1998, a Lei 9.756 alterou a redação do *caput* do art. 557 do CPC
e introduziu os §§ 1º-A e 2º, atribuindo ao relator poderes para negar ou
dar seguimento ou provimento a recursos – conforme o caso, quando haja
súmula (persuasiva) ou jurisprudência dominante do STF – do próprio
tribunal ou de outro tribunal superior.

O parágrafo único do art. 481 do CPC-1973, também acrescentado
pela Lei 9.756 (art. 949, parágrafo único, do novo CPC), prevê exceção
à reserva de plenário, no julgamento pelos tribunais a respeito da arguição de inconstitucionalidade de lei ou ato normativo do poder público,
quando já houver pronunciamento do plenário do respectivo tribunal ou
do plenário do STF.

No ano de 2006, a Lei 11.276 instituiu a chamada súmula impeditiva
de recursos, que na realidade corresponde a um instrumento de reforço
das súmulas editadas pelo STF ou pelo STJ, pois desde então o § 1º do

71. Gilmar Mendes Ferreira *et al.*, *Curso de Direito Constitucional*, 4ª ed., p.
1.009.
72. Por vinculatividade dever-se-ia entender somente as hipóteses de vinculação
forte, conforme classificação sugerida por Eduardo Talamini.

60 REPERCUSSÃO GERAL DAS QUESTÕES CONSTITUCIONAIS

art. 518 do CPC-1973[73] autoriza ao juiz não receber recurso de apelação quando a sentença estiver em conformidade com súmula desses tribunais. Por fim, ainda no ano de 2006, com a Lei 11.418, ao regulamentar o procedimento da repercussão geral, mais uma vez atribuiu-se "força vinculante média" às decisões do STF. De acordo com o art. 543-A, § 5º, do CPC-1973 (art. 1.035, § 8º, do novo CPC), uma vez "negada a existência da repercussão geral, a decisão valerá para todos os recursos sobre matéria idêntica, que serão indeferidos liminarmente".

Além disso, quanto ao procedimento dos recursos extraordinários múltiplos, "julgado o mérito do recurso extraordinário, os recursos sobrestados serão apreciados pelos Tribunais, Turmas de Uniformização ou Turmas Recursais, que poderão declará-los prejudicados ou retratar-se" (art. 543-B, § 3º, do CPC-1973; art. 1.039 do novo CPC). Caso seja mantida a decisão, contrariamente à decisão de mérito do STF, após admitido o recurso extraordinário, "poderá o Supremo Tribunal Federal cassar ou reformar, liminarmente, o acórdão contrário à orientação firmada" (art. 543-B, § 4º, do CPC-1973; art. 1.041 do novo CPC).

1.12 Apontamentos sobre o recurso extraordinário

O recurso extraordinário está previsto no art. 102, III, da Constituição, onde está disposto que compete ao Supremo Tribunal Federal

> julgar, mediante recurso extraordinário, as causas decididas em única ou última instância, quando a decisão recorrida: *a*) contrariar dispositivo desta Constituição; *b*) declarar a inconstitucionalidade de tratado ou lei federal; *c*) julgar válida lei ou ato de governo local contestado em face desta Constituição; *d*) julgar válida lei local contestada em face de lei federal.

No tocante à sua admissibilidade, é de se observar que se exigem requisitos mais rigorosos que aqueles normalmente previstos para os demais recursos, razão pela qual parte da doutrina considera o recurso extraordinário uma espécie de "recurso excepcional",[74] juntamente com o recurso especial dirigido ao Superior Tribunal de Justiça.

---

73. Sem correspondência no novo CPC, em razão da abolição do juízo de admissibilidade perante o juízo de primeira instância (art. 1.010, § 3º).

74. Rodolfo de Camargo Mancuso, *Recurso Extraordinário e Recurso Especial*, 10ª ed., p. 113.

O STF NO PERÍODO REPUBLICANO 61

Os "recursos excepcionais" ou "extraordinários":[75] são caracterizados por sua rigidez formal de procedibilidade; não são destinados à correção de injustiças, restringindo-se às questões jurídicas debatidas; são julgados pelos órgãos de cúpula do Poder Judiciário; e exigem, além da sucumbência, algum requisito especial/excepcional/extraordinário previsto pela legislação processual aplicável, daí surgindo a denominação que comumente se dá a tal classe de recursos.

Dentre suas peculiaridades, são características do recurso extraordinário: (i) prévio esgotamento das instâncias ordinárias; (ii) não tem como função primordial a correção de injustiça da decisão objeto do recurso; (iii) não é cabível para a mera revisão de matéria fática ou contratual; (iv) sistema de julgamento bipartido, sendo uma fase perante o órgão jurisdicional *a quo* (normalmente um tribunal) e outra perante o Supremo Tribunal Federal; (v) os requisitos de admissibilidade encontram fundamentos no texto constitucional, como colacionado acima, e não no CPC.

Nesse contexto, importante ressaltar a vocação nomofilática e *dikelógica* do recurso extraordinário, em paralelo às razões de existir do próprio Supremo Tribunal Federal, uma vez que foi "encarregado de manter o império e a unidade do direito constitucional".[76] Apenas indiretamente é que se busca a justiça às partes.

E se antes de 2004 o STF já não podia ser visto como *mais um* tribunal, mas sim como nossa Corte Suprema, essa ideia se intensificou após a EC 45, tendo em vista que a possibilidade de seleção de casos por meio da repercussão geral, inclusive por amostragem, tornou ainda mais distante o papel do Supremo na realização de justiça às partes. Conforme melhor explicitado nos dois últimos subcapítulos, o procedimento do recurso extraordinário está sendo progressivamente abstratizado e objetivado pelo legislador.

75. "O recurso extraordinário do direito brasileiro não se assimila, nem jamais se assimilou, às figuras recursais a que se costuma, em vários ordenamentos estrangeiros, aplicar essa designação. Como já se explicou, em mais de um país rotulam-se de 'extraordinários' os recursos interponíveis contra decisões já transitadas em julgado. Entre nós, ao contrário, a coisa julgada somente se forma quando a decisão não esteja sujeita a recurso algum, sem exceção do extraordinário. A similitude da nomenclatura não deve induzir em erro o intérprete (...). O recurso extraordinário não dá ensejo a novo reexame da causa, análogo ao que propicia a apelação. Com as ressalvas que a seu tempo hão de consignar-se, nele unicamente se discutem *quaestiones iuris*" (Barbosa Moreira, *Comentários ao Código de Processo Civil*, 14ª ed., vol. V, p. 583).

76. Rodolfo de Camargo Mancuso, *Recurso Extraordinário e Recurso Especial*, 10ª ed., p. 135.

62 REPERCUSSÃO GERAL DAS QUESTÕES CONSTITUCIONAIS

Dessa forma, o âmbito de cognição da Corte fica reduzido, se comparado com as instâncias inferiores, já que se restringe a matéria jurídica constitucional debatida pelas partes e pelos órgãos jurisdicionais *a quo*, não cabendo ao Supremo, em sede de recurso extraordinário, o reexame da matéria fática se/ou probatória. Refletindo esse posicionamento, prevê a Súmula 279 do STF que "para simples reexame de prova não cabe recurso extraordinário".

Contudo, como o Direito corresponde a uma disciplina social, há muita dificuldade em se afastar as questões fáticas no julgamento concreto dos recursos extraordinários. Conforme afirmado por Miguel Reale, "a Jurisprudência tem por objeto fatos ordenados valorativamente em um processo normativo de atributividade".[77] Nessa linha, ainda segundo o mestre, "qualquer norma jurídica, privada de sua condicionalidade fática e do sentido axiológico que lhe é próprio, passaria a ser mera proposição normativa".[78]

Por isso, os precedentes dos Tribunais superiores (também não há reexame de matéria fática no julgamento de recursos especiais pelo Superior Tribunal de Justiça) tendem a consolidar o entendimento de que não é vedada a consideração da matéria fática ou probatória no julgamento desses recursos, mas sim o *reexame*, ou seja, a *reavaliação* de provas, a *rediscussão* dos fatos narrados pelas partes etc. Assim, "as premissas fáticas que norteiam sua análise são aquelas e tão somente aquelas fixadas no acórdão objurgado", sendo possível "atribuir-se significado diverso aos fatos estabelecidos pelo acórdão recorrido, mas inviável ter como ocorridos fatos cuja existência o acórdão negou ou negar fatos que se tiveram como verificados".[79]

1.12.1 Prequestionamento

Segundo o *caput* do art. 102, III, da Constituição, o recurso extraordinário poderá ser interposto nas "causas decididas em única ou última instância", ou seja, apenas contra decisões finais, significando que será inadmissível o recurso extraordinário se ainda houver alguma outra oportunidade de impugnação.

77. Miguel Reale, *Filosofia do Direito*, p. 699.
78. Ob. cit., p. 612.
79. STJ, 3ª Turma, rel. Min. Fátima Andrigui, ED-AgR-AI 189.514, j. 10.10.2000, *DJU* 20.11.2000, p. 289.

O STF NO PERÍODO REPUBLICANO   63

Conforme bem lembrado por Rodolfo de Camargo Mancuso, "esse regime remonta à época da EC 1/1969",[80] sendo que as Súmulas 281 e 282 do Supremo, editadas nesse período, prescrevem exatamente essa necessidade de prévio esgotamento das instâncias ordinárias: "é inadmissível o recurso extraordinário, quando couber na Justiça de origem, recurso ordinário da decisão impugnada" (Súmula 281); "é inadmissível o recurso extraordinário, quando não ventilada, na decisão recorrida, a questão federal suscitada" (Súmula 282).

Isso porque o Supremo Tribunal Federal não pode ser entendido como uma instância de revisão ordinária das decisões do Poder Judiciário, de modo que a mera sucumbência da parte recorrente não é suficiente para justificar o acesso à mais alta corte de nosso País.

Como prévio esgotamento das vias ordinárias, deve-se entender, exemplificativamente, a oposição de embargos de declaração (quando presente alguma das hipóteses dos incisos do art. 535 do CPC-1973, equivalente ao art. 1.022 do novo CPC), a interposição de embargos infringentes (se for o caso, nas hipóteses do art. 530 do CPC-1973[81]), de agravo interno ou regimental[82] (o STF não admite recurso extraordinário contra decisões monocráticas de órgão fracionário dos tribunais) nem recurso ordinário constitucional, seja ao Superior Tribunal de Justiça ou ao próprio Supremo (conforme hipóteses mencionadas nos arts. 105, II, e 102, II, da Constituição, respectivamente).

80. Rodolfo de Camargo Mancuso, *Recurso Extraordinário e Recurso Especial*, 10ª ed., p. 115.

81. Sem correspondência no novo CPC.

82. A questão relativa à nomenclatura dos agravos em nosso Direito é um tanto tormentosa. Não sendo o objeto do presente trabalho tratar especificamente desse tema, cumpre apenas apontar que entendemos correto distinguir o agravo interno do agravo regimental da seguinte forma: agravos internos são aqueles cabíveis contra decisões monocráticas cujo órgão *ad quem* será o respectivo colegiado, na mesma instância. Ou seja, o agravo interno se caracteriza por não ser julgado por um órgão de instância superior, como ocorre com o agravo do art. 544 do CPC-1973. Nesse contexto, denomina-se agravo interno aquele previsto no art. 557, § 1º, do CPC-1973. Por sua vez, os agravos regimentais, apesar de também poderem ser considerados "internos", seriam aqueles fundados exclusivamente em normas regimentais. Com o novo CPC, o agravo interno foi taxativamente previsto no rol de recursos do art. 994, estando regulamentado no art. 1.021. Em síntese, caberá agravo interno contra as decisões proferidas pelo relator, sendo tal meio de impugnação dirigido ao colegiado, "observadas, quanto ao processamento, as regras do regimento interno do tribunal". Sobre o tema, ver Daniel Amorim Assumpção Neves, "Agravo interno legal e regimental".

64 REPERCUSSÃO GERAL DAS QUESTÕES CONSTITUCIONAIS

Sob a vigência da Constituição de 1988, é justamente isso que o constituinte buscou com a expressão "causas decididas", em que tenham sido esgotados todos os recursos ordinários. No entanto, diferentemente da Carta de 1969 e do previsto em relação ao recurso especial (art. 105, III), não houve limitação quanto aos possíveis órgãos *a quo*. De fato, o art. 102, III, não repetiu a fórmula do art. 119, III, da Constituição de 1969, utilizada no atual art. 105, III, no sentido de que o recurso seria cabível apenas contra as causas decididas em única ou última instância por outros tribunais.

Melhor dizendo, desde que presente uma questão constitucional, o recurso extraordinário poderá ser interposto até mesmo contra decisões de 1ª instância, desde que não haja outros recursos ou impugnações cabíveis. Basta que a decisão seja final, não havendo qualquer limitação quanto à natureza da demanda, qualidade da decisão (sentença ou decisão interlocutória), nem quanto ao tipo de jurisdição (voluntária ou contenciosa[83]) ou matéria envolvida.[84]

83. No entanto, cabe a seguinte ressalva: "A expressão *causa*, segundo os doutos, deve ser entendida em sentido amplo, por significar qualquer procedimento judicial inclusive os procedimentos de jurisdição voluntária. Devo observar, entretanto, que nesse conceito não se incluem os processos meramente administrativos, como o processamento de precatório ou a dúvida prevista na legislação de registro público" (Francisco Cláudio de Almeida Santos, "Recurso especial – Visão geral", p. 97).

A respeito dessa discussão, veja o seguinte precedente do STF: "Recurso extraordinário – Descabimento – Inexistência de causa no procedimento político--administrativo de requisição de intervenção estadual nos municípios para prover a execução de ordem ou decisão judicial (CF, art. 35, IV), ainda quando requerida a providência pela parte interessada. 1. O sistema constitucional não comporta se subordine a intervenção estadual nos municípios à iniciativa do interessado, que implicaria despir o Judiciário da prerrogativa de Poder de requisitar *ex officio* a medida necessária à imposição da autoridade de suas ordens ou decisões, a exemplo da que se outorgou claramente aos órgãos de cúpula do Judiciário da União, quando se cogite, sob o mesmo fundamento, de intervenção federal nos Estados. 2. Não se opõem os princípios a que, à parte interessada no cumprimento de ordem ou decisão judiciária, se faculte provocar o Tribunal competente a requisitar a intervenção estadual ou federal, conforme o caso: mas a iniciativa do interessado nesse caso não é exercício do direito de ação, sim, de petição (CF, art. 5º, XXXIV): não há jurisdição – e, logo, não há causa, pressuposto de cabimento de recurso extraordinário – onde não haja ação ou, pelo menos, requerimento de interessado, na jurisdição voluntária: dessa inércia que lhe é essencial, resulta que não há jurisdição, quando, embora provocado pelo interessado, a deliberação requerida ao órgão judiciário poderia ser tomada independentemente da iniciativa de terceiro: é o que sucede quando – embora facultada – a petição do interessado não é pressuposto da deliberação administrativa ou político-administrativa requerida ao órgão judiciário, que a poderia tomar de ofício. 3. O caráter vinculado de uma competência administrativa não transforma em juris-

O STF NO PERÍODO REPUBLICANO   65

Como exemplo, podem-se citar as decisões proferidas pelas turmas recursais dos juizados especiais. Embora não sejam as turmas recursais entendidas como *tribunais*, até porque são compostas por juízes de primeira instância, suas decisões podem ser objeto de recurso extraordinário. Contraditoriamente, contudo, não são passíveis de impugnação pela via do recurso especial, ante a redação restritiva do art. 105, III, da Constituição da República.[85]

No mais, é preciso que se trate de procedimento jurisdicional, pois o recurso extraordinário não será cabível contra decisões proferidas em procedimento administrativo. Nesse sentido, a Súmula 733 do STF consolidou o entendimento de que "não cabe recurso extraordinário contra decisão proferida no processamento de precatórios".

Ainda com relação à expressão *causas decididas*, existe o tema do prequestionamento.

Embora muito utilizado pelo Supremo Tribunal Federal (e também pelo Superior Tribunal de Justiça, com relação ao recurso especial) como fundamento para a inadmissibilidade de inúmeros recursos extraordinários, quando "ausente o prequestionamento da questão constitucional levantada", ainda há muita divergência doutrinária e jurisprudencial sobre o tema.

No Direito brasileiro, o prequestionamento tem origem no art. 59 da Constituição Federal de 1891, o qual previa o cabimento do recurso "quando se questionar sobre a validade ou a aplicação de tratados e leis federais e a decisão do tribunal dos Estados for contra ela". Desse modo, como bem sintetiza José Miguel Garcia Medina, "era perceptível a existência de dois momentos distintos: 1º) questiona-se sobre a validade do tratado ou lei federal; 2º) a decisão recorrida é contrária à validade de tratado ou lei federal".[86]

Contudo, esse entendimento se alterou ao longo do tempo, de forma que, atualmente, há uma tendência do Supremo Tribunal Federal em indicar o prequestionamento como o debate, na própria decisão objeto

---

dição o exercício dela; nem o faz a estrutura contraditória emprestada ao processo administrativo que a tenha precedido, por iniciativa do interessado" (STF, 1ª Turma, Pet 1.256/SP, rel. Min. Sepúlveda Pertence, *DJ* 4.5.2001).

84. Nesse sentido, Rodolfo Camargo Mancuso, *Recurso Extraordinário e Recurso Especial*, 10ª ed., p. 126.

85. Súmula 203 do STJ: "Não cabe recurso especial contra decisão proferida por órgão de segundo grau dos Juizados Especiais."

86. Prequestionamento e repercussão geral, p. 112.

66 REPERCUSSÃO GERAL DAS QUESTÕES CONSTITUCIONAIS

do recurso extraordinário, da questão federal apontada no recurso, e não como mero questionamento da parte recorrente em suas manifestações anteriores.[87] Segundo o posicionamento atualmente majoritário, importa que a questão tenha sido resolvida pelo órgão *a quo*, seja ou não decorrente de manifestações das partes.[88]

E, com efeito, somente com a ventilação da questão constitucional é que se poderá entender que houve *causa decidida*, passível de recurso extraordinário conforme previsto no art. 102, III, da Constituição vigente.

Coerentemente, o Supremo Tribunal Federal tem autorizado a admissibilidade de recursos extraordinários quando a violação ao texto constitucional decorre de fundamento novo que surgiu exclusivamente na decisão recorrida. Nessa hipótese, apesar de inexistir prévio questionamento da questão constitucional pelas partes, é fato que houve inequívoco debate pela decisão objeto do recurso, havendo, portanto, *causa decidida*.

Contudo, discute-se a possibilidade de dispensa do prequestionamento diante de matérias de ordem pública[89] ou quando, apesar da oposição

87. "O prequestionamento não resulta da circunstância de a matéria haver sido arguida pela parte recorrente. A configuração do instituto pressupõe debate e decisão prévios pelo Colegiado, ou seja, emissão de juízo sobre o tema. O procedimento tem como escopo o cotejo indispensável a que se diga do enquadramento do recurso extraordinário no permissivo constitucional. Se o Tribunal de origem não adotou tese explícita a respeito do fato jurígeno veiculado nas razões recursais, inviabilizado fica o entendimento sobre a violência ao preceito evocado pelo recorrente" (STF, 1ª Turma, ARE 691.704 AgR/SP, rel. Min. Marco Aurélio, j. 3.9.2013).

88. Neste ponto, relevante salientar que para parte da doutrina continua existindo o prequestionamento tal como outrora, ou seja, como um questionamento prévio das partes a respeito da aplicação de um dispositivo constitucional. Distinta seria a questão constitucional, esta sim uma exigência para conhecimento do recurso extraordinário e correspondente à solução de uma controvérsia pela decisão recorrida. Seguindo tal entendimento, José Miguel Garcia Medina conclui que "a questão, federal ou constitucional, por imposição da Constituição Federal, obrigatoriamente deverá fazer-se presente na decisão recorrida. Convém ressaltar, contudo, que essa situação é posterior à ocorrência do prequestionamento realizado pelas partes, que ocorre antes da decisão que se pronuncia a respeito da questão constitucional ou federal" (Prequestionamento e repercussão geral, p. 120).

89. "A questão da admissibilidade ou não do RE ou do REsp, quando presente matéria de ordem pública – ainda que não prequestionada –, coloca de um lado, como regra, o princípio dispositivo (CPC, arts. 2º, 128, 515 e parágrafos), a que se agrega o argumento de que o âmbito de devolutividade desses recursos, na perspectiva vertical, é bem restrita; e de outro lado, como exceção, a cognoscibilidade de ofício de tais temas, a qualquer tempo e grau de jurisdição (CPC, arts. 113, 219, § 5º, 267, § 3º). Em verdade, há razões para os dois lados, o que tem impedido que se forme consenso a respeito" (Rodolfo de Camargo Mancuso, *Recurso Extraordinário e Recurso Especial*, 10ª ed., p. 279).

O STF NO PERÍODO REPUBLICANO 67

de embargos de declaração, tiver o órgão jurisdicional *a quo* insistido na omissão quanto à questão constitucional apresentada pela parte.[90]

1.12.2 Juízo de admissibilidade: sistema bipartido

De acordo com o art. 541 do CPC-1973, reintroduzido no Código pela Lei 8.950/1994 (art. 1.039 do novo CPC), o recurso extraordinário será interposto em petição separada do recurso especial, *perante o presidente ou o vice-presidente do tribunal recorrido*, em petição que conterá a exposição do fato e do direito, a demonstração do cabimento do recurso interposto e as razões do pedido de reforma da decisão recorrida.

Verifica-se, desse modo, que há um fracionamento da competência de admissibilidade do recurso extraordinário (que também ocorre no procedimento do recurso especial), com o objetivo de filtrar os recursos interpostos já na instância de origem, em tentativa de se evitar o acúmulo de recursos nas instâncias superiores.[91]

Porém, tal fracionamento, na realidade, corresponde mais a uma cumulação de competências do que realmente a uma divisão, pois o julgamento de admissibilidade realizado pelo órgão *a quo* não tem o condão de vincular o Supremo Tribunal Federal, que realizará novo julgamento de admissibilidade quando os autos em que interposto recurso lá chegarem.

O juízo de admissibilidade perante a instância originária será realizado pelo presidente ou vice-presidente do tribunal ou, se interposto contra decisão de Turma Recursal, pelo presidente do respectivo Colégio Recursal. Sendo que, nesse momento, caberá a análise de todos os requisitos de admissibilidade do recurso extraordinário, salvo quanto à existência de repercussão geral da questão constitucional invocada.

90. O STF tem admitido recursos extraordinários em situações em que o tribunal *a quo* não ventilou todas as questões constitucionais debatidas, a despeito da oposição de embargos de declaração pelas partes, buscando justamente que isso ocorresse. No entanto, a Corte apenas admite tais recursos se as questões suscitadas nos embargos de declaração não forem inéditas, pois caso contrário a omissão terá sido da parte recorrente, e não do acórdão embargado. Nesse sentido: "Os segundos ou outros seguintes embargos de declaração não podem procurar tema novo, mas apenas se justificam se, no anterior, não tiver sido suprida a omissão, desfeita a contradição, espancada a dúvida ou afastada a obscuridade, na hipótese de alguma dessas deficiências realmente ter ocorrido" (STF, 2ª Turma, RE 99978 ED-ED-ED-ED/PR, rel. Min. Aldir Passarinho, j. 5.5.1987).

91. O art. 1.030, parágrafo único, do novo CPC alterou essa sistemática, colocando fim ao juízo de admissibilidade perante a Presidência do Tribunal *a quo*.

68 REPERCUSSÃO GERAL DAS QUESTÕES CONSTITUCIONAIS

Como sintetiza José Carlos Barbosa Moreira, os requisitos genéricos de admissibilidade dos recursos

podem classificar-se em dois grupos: requisitos intrínsecos (concernentes à própria existência do poder de recorrer) e requisitos extrínsecos (relativos ao modo de exercê-lo). Alinham-se no primeiro grupo: o cabimento, a legitimação para recorrer, o interesse em recorrer e a inexistência de fato impeditivo ou extintivo do poder de recorrer. O segundo grupo compreende: a tempestividade, a regularidade formal e o preparo.[92]

Entretanto, não se podendo olvidar que a admissibilidade do recurso extraordinário envolve também requisitos específicos, como o prequestionamento e a arguição de repercussão geral das questões constitucionais, conclui-se que juízo de admissibilidade do recurso extraordinário envolve a necessidade de se verificar o:

a) preenchimento, como em todos os recursos, dos pressupostos genéricos, objetivos e subjetivos; b) atendimento, no âmbito do interesse em recorrer, da exigência de cuidar-se da "causa decidida em única ou última instância"; c) implemento das especificações de base constitucional (art. 102, III), matéria que se poderia aglutinar sob a égide do "cabimento", propriamente dito.[93]

Uma questão interessante se refere à possibilidade de o presidente do órgão *a quo*, quando do juízo de admissibilidade, adentrar no mérito do recurso extraordinário e examinar se houve efetiva violação da Constituição pela decisão objeto do recurso. José Carlos Barbosa Moreira e Rodolfo de Camargo Mancuso, dentre outros doutrinadores, apontam que eventual análise do mérito nessa fase preliminar de admissibilidade corresponderia à usurpação da competência do Supremo Tribunal Federal.[94]

Por outro lado, existem alguns precedentes do Superior Tribunal de Justiça autorizando que o presidente do tribunal *a quo* verifique, no juízo de admissibilidade do recurso especial, se houve negativa de vigência à

92. José Carlos Barbosa Moreira, *Comentários ao Código de Processo Civil*, 14ª ed., vol. V, p. 263.

93. Rodolfo de Camargo Mancuso, *Recurso Extraordinário e Recurso Especial*, 10ª ed., p. 214.

94. José Carlos Barbosa Moreira, *Comentários ao Código de Processo Civil*, 14ª ed., vol. V, p. 608. Rodolfo de Camargo Mancuso, *Recurso Extraordinário e Recurso Especial*, 10ª ed., p. 161.

O STF NO PERÍODO REPUBLICANO 69

legislação federal, pelo acórdão recorrido, "na medida em que o exame de sua admissibilidade, pela alínea *a*, em face dos seus pressupostos constitucionais, envolve o próprio mérito da controvérsia".[95]

A jurisprudência do Supremo, todavia, firmou-se no sentido de que ao presidente do tribunal *a quo* compete verificar se o recorrente alegou adequadamente a contrariedade da decisão recorrida aos dispositivos constitucionais invocados, assim como se foram tais dispositivos corretamente prequestionados (na realidade, como visto, ventilados pela decisão objeto da irresignação):

> distinção necessária entre o juízo de admissibilidade do RE, "*a*" – para o qual é suficiente que o recorrente alegue adequadamente a contrariedade pelo acórdão recorrido de dispositivos da Constituição nele prequestionados – e o juízo de mérito, que envolve a verificação da compatibilidade ou não entre a decisão recorrida e a Constituição, ainda que sob prisma diverso daquele em que se hajam baseado o Tribunal *a quo* e o recurso extraordinário.[96]

No tocante à repercussão geral, em regra, caberá ao presidente do tribunal *a quo* tão somente verificar se houve arguição formal, em preliminar do recurso extraordinário (art. 543, § 2º, do CPC-1973; art. 1.031, § 2º, do novo CPC), não lhe competindo verificar se de fato há ou não repercussão geral das questões invocadas, hipótese em que ingressaria em competência exclusiva do Supremo. Porém, como será melhor abordado em capítulo próprio, caberá ao presidente do tribunal *a quo* negar seguimento ao recurso extraordinário quando o STF já houver decidido pela ausência de repercussão geral das questões ali discutidas.

Da decisão do presidente que não admitir o recurso extraordinário, caberá agravo, no prazo de dez dias, para o Supremo Tribunal Federal, conforme previsto no art. 544 do CPC-1973. Trata-se do denominado *agravo de admissão*, que, após a Lei 12.322/2010, passou a ser interposto *nos próprios autos*[97] (no regime anterior cabia agravo de instrumento).

95. STJ, Ag. Reg. no REsp 713.020/RS, 1ª Turma, rel. Min. Francisco Falcão, j. 14.6.2005, *DJ* 29.8.2005, p. 195.
96. STF, RE 298.694, rel. Min. Sepúlveda Pertence, *DJ* 23.4.2004. Adotando o mesmo entendimento: 2ª Turma, RE 219.852 AgR/SP, rel. Min. Ellen Gracie, *DJ* 28.10.2004, p. 46; 2ª Turma, RE 220.331 AgR/SP, rel. Min. Ellen Gracie, *DJ* 3.12.2004, p. 47.
97. Revogado pelo novo CPC, tendo em vista que, nos termos do art. 1.030, parágrafo único, extinguiu a fase de admissibilidade perante a Presidência do Tribunal *a quo*.

70   REPERCUSSÃO GERAL DAS QUESTÕES CONSTITUCIONAIS

1.12.3 Hipóteses de cabimento do recurso extraordinário

As hipóteses de cabimento do recurso extraordinário foram enumeradas diretamente pelo legislador constituinte, de modo que no CPC não há normas sobre hipóteses de cabimento, mas apenas sobre o procedimento a ser seguido. Isso revela que o recurso extraordinário de fato não corresponde a *mais um* recurso em nosso sistema processual, mas a um importante meio de acesso à mais alta Corte brasileira, permitindo-lhe realizar o controle de constitucionalidade.

Conforme indicado no art. 102, III, da Constituição, compete ao Supremo Tribunal Federal

> julgar, mediante recurso extraordinário, as causas decididas em única ou última instância, quando a decisão recorrida: *a) contrariar dispositivo desta Constituição; b) declarar a inconstitucionalidade de tratado ou lei federal; c) julgar válida lei ou ato de governo local contestado em face desta Constituição; d) julgar válida lei local contestada em face de lei federal* (grifo nosso).

Para Rodolfo de Camargo Mancuso, "contrariamos a lei quando nos distanciamos da *mens legislatoris*, ou da finalidade que lhe inspirou o advento; e bem assim quando a interpretamos mal e lhe desvirtuamos o conteúdo".[98]

Porém, existem dúvidas sobre como distinguir a hipótese da alínea "a" com o próprio mérito do recurso, pois, a rigor, no plano da admissibilidade, não se poderia exigir do recorrente que demonstre absolutamente que houve contrariedade a dispositivos da Constituição.

Ao comentar a hipótese da alínea "a", Barbosa Moreira entende que o constituinte incorreu em impropriedade técnica, pois confundiu uma hipótese de procedência com o cabimento, pois seria absurdo exigir que o recurso seja procedente para somente então considerá-lo admissível. Por isso, conclui que "não se há de querer, para admitir o recurso extraordinário pela letra *a*, que o recorrente prove desde logo a contradição *real* entre a decisão impugnada e a Constituição da república; bastará que ele a *argua*".[99] Nesse sentido, Mancuso propõe que teria sido melhor a expressão *quando for afirmada a contrariedade*,[100] ao invés de *contrariar*.

98. Rodolfo de Camargo Mancuso, *Recurso Extraordinário e Recurso Especial*, 10ª ed., p. 216.

99. José Carlos Barbosa Moreira, *Comentários ao Código de Processo Civil*, 14ª ed., vol. V, p. 589.

100. Rodolfo de Camargo Mancuso, *Recurso Extraordinário e Recurso Especial*, 10ª ed., p. 220.

O STF NO PERÍODO REPUBLICANO   71

Outro ponto relevante se refere ao tipo de *contrariedade* que pode levar à admissibilidade do recurso. Segundo a jurisprudência do STF, apenas a ofensa direta e frontal a dispositivos constitucionais justifica o recurso extraordinário, isto é, situações em que inexiste legislação infraconstitucional sendo violada juntamente com o dispositivo constitucional, havendo contrariedade ao próprio texto constitucional, de forma direta.

A violação indireta ou reflexa, caracterizada pela violação à legislação infraconstitucional que apenas indiretamente atinge a Constituição, ainda que essa última realmente seja contrariada, leva à inadmissibilidade do recurso.

No entanto, se a norma de direito infraconstitucional violada for norma de repetição obrigatória de um dispositivo constitucional, então será cabível a interposição de recurso extraordinário, conforme precedentes do Supremo Tribunal Federal.[101]

Editada em abril de 1964, certamente contra o excessivo número de recursos que eram diariamente distribuídos já naquele ano, prevê a Súmula 400 do STF que a "decisão que deu razoável interpretação à lei, ainda que não seja a melhor, não autoriza recurso extraordinário pela letra 'a' do art. 101, III, da Constituição Federal".

Sob a vigência da Constituição de 1988, introduzindo o recurso especial e criando o Superior Tribunal de Justiça, discute-se a aplicabilidade da referida Súmula, uma vez que questionável o entendimento de que um Tribunal local poderia interpretar dispositivos constitucionais (ou mesmo normas federais, no caso do STJ) de maneira que não aquela considerada a correta.

Com relação ao Supremo, a dúvida pode ser solucionada até mesmo por interpretação literal da Súmula, a qual menciona apenas a "razoável interpretação da lei". Mas, além disso, é inquestionável que a eventual admissibilidade, pelo STF, de interpretações diversas a respeito do mesmo dispositivo constitucional traria grave insegurança jurídica e violaria o sis-

101. "O recurso extraordinário de ação direta de inconstitucionalidade estadual ou distrital somente é admitido quando o parâmetro de controle normativo local corresponder a norma da Constituição Federal de observância obrigatória pelos demais entes integrantes da Federação. Assim, é pressuposto de cabimento do recurso extraordinário interposto contra acórdão prolatado em ação direta, a demonstração de qual norma de repetição obrigatória inserida na Constituição local foi violada. Precedentes: Rcl n. 383, Plenário, Relator o Ministro Moreira Alves, *DJ* 21.5.1993; Rcl n. 596-AgR, Plenário, Relator o Ministro Néri da Silveira, *DJ* 14.11.1996. 2. Ademais, ao julgar a ADI 3.225/RJ, esta Corte declarou constitucional o art. 112, § 2º, da Constituição do Estado do Rio de Janeiro. 3. Agravo regimental a que se nega provimento" (STF, 1ª Turma, RE 588.426 AgR/RJ, rel. Min. Luiz Fux, j. 5.2.2013).

72   REPERCUSSÃO GERAL DAS QUESTÕES CONSTITUCIONAIS

tema constitucional estabelecido em 1988, o qual outorga ao Supremo o papel de controle e unificação da aplicação das normas constitucionais.[102] Nesse sentido, o STJ já decidiu que "o enunciado n. 400 da Súmula STF é incompatível com a teleologia do sistema recursal introduzido pela Constituição de 1988".[103] Conclusão parecida com aquela adotada pelo STF no precedente a seguir:

> temas de índole constitucional não se expõem, em função da própria natureza de que se revestem, a incidência do enunciado 400 da Súmula do Supremo Tribunal Federal. Essa formulação sumular não tem qualquer pertinência e aplicabilidade as causas que veiculem, perante o Supremo Tribunal Federal, em sede recursal extraordinária, questões de direito constitucional positivo. Em uma palavra: em matéria constitucional não há que cogitar de interpretação razoável. A exegese de preceito inscrito na Constituição da República, muito mais do que simplesmente razoável, há de ser juridicamente correta.[104]

Quanto à alínea "b" do art. 102, III, da Constituição, menciona o cabimento de recurso extraordinário contra a decisão que "declarar a inconstitucionalidade de tratado ou lei federal".

Como se nota, não será suscetível de recurso extraordinário, com fundamento na alínea "b", a decisão que declarar a constitucionalidade do tratado ou da lei federal. Isso porque, em nosso sistema jurídico, presume--se a constitucionalidade das leis e atos de Estado, de modo que também se presume que os tratados foram ratificados e emitidos em Decreto pelo Presidente porque em conformidade com o texto constitucional.

A lei poderá ser declarada inconstitucional basicamente por duas razões: vícios formais, relativos ao processo legislativo, ou vícios materiais, denotando sua incompatibilidade com as normas constitucionais de fundo.

Sob a vigência da Constituição de 1969, uma das hipóteses de cabimento do recurso extraordinário se referia à impugnação de decisão que julgasse válida lei ou ato do governo local contestado em face da Constituição ou de lei federal. Com a Constituição de 1988, houve um desmembramento entre o recurso extraordinário e o novo recurso especial,

---

102. Ainda que a divergência jurisprudencial não figure como uma das hipóteses de cabimento do recurso extraordinário, não sobram dúvidas de que cabe ao Supremo realizar o importante papel de uniformização da interpretação constitucional.

103. 4ª Turma, REsp 5.936/PR, rel. Min. Sálvio de Figueiredo Teixeira, *DJU* 7.10.1991, p. 13.971.

104. 1ª Turma, AI 145.680 AgR/SP, rel. Min. Celso de Mello, *DJ* 30.4.1993, p. 7.567.

O STF NO PERÍODO REPUBLICANO

acarretando a divisão dessa hipótese de cabimento. Mais recentemente, com a EC 45/2004, houve nova alteração, de forma que, atualmente, o cotejo entre lei local e lei federal enseja recurso extraordinário, restando às hipóteses de recurso especial eventual acórdão que julga válido ato de governo local em face de lei federal.

Em síntese, caberá recurso extraordinário diante da decisão que (i) julgar válida lei ou ato de governo local contestado em face da Constituição ou (ii) julgar válida lei local contestada em face de lei federal (alíneas "c" e "d", respectivamente, do art. 102, III, da Constituição).

Essas hipóteses versam, basicamente, sobre eventuais conflitos de competência legislativa, cabendo o recurso extraordinário sempre que a lei ou ato local forem privilegiados perante a norma da Constituição ou da legislação federal invocada pelo recorrente.

Interessante verificar que, ao contrário da hipótese prevista na alínea "a", o juízo de admissibilidade do recurso extraordinário fundado nas alíneas "b", "c" ou "d" não traz maiores questionamentos quanto à sua demonstração pelo recorrente, tendo em vista que bastará a esse último comprovar que a decisão recorrida declarou a inconstitucionalidade de tratado ou lei federal, julgou válida lei ou ato de governo local contestado em face da Constituição ou julgou válida lei local contestada em face de lei federal.

Tais hipóteses permitem o juízo de admissibilidade positivo *in status assertionis*. Ou seja, o recurso extraordinário será admissível diante da mera demonstração formal de tais hipóteses, independentemente das chances de sucesso quanto ao mérito. Não haverá qualquer juízo de valor nesse momento.

1.13 Impactos do novo CPC sobre as funções do recurso extraordinário

1.13.1 A valorização dos precedentes pelo novo CPC (arts. 926 a 928)

As disposições gerais do Título I do Livro III do novo CPC (arts. 926 a 928), denominado "da ordem dos processos e dos processos de competência originária dos tribunais", corresponde ao ponto central do novo CPC a respeito da força dos precedentes, ou, como entende Cássio Scarpinella Bueno, dos *precedentes à brasileira*.[105]

---

105. Cássio Scarpinella Bueno, *Novo Código de Processo Civil Anotado*, p. 567.

74 REPERCUSSÃO GERAL DAS QUESTÕES CONSTITUCIONAIS

Sobre o assunto, inegável que o novo CPC pretende atribuir verdadeira vinculação aos magistrados de primeira instância e os tribunais de segunda instância às decisões – na verdade, *precedentes* (art. 926, § 2º) –, dos tribunais superiores. Tanto que, principalmente na redação dos dispositivos acima referidos, o legislador valeu-se de verbos e expressões imperativas, objetivando que as instâncias inferiores efetivamente apliquem os *precedentes à brasileira*, decorrentes do julgamento de recursos repetitivos, incidente de resolução de demandas repetitivas e súmulas, tanto aquelas ditas vinculantes quanto as súmulas até então consideradas meramente persuasivas.

Realmente, o *caput* do art. 927, "ao se valer do verbo 'observar' conjugado no imperativo afirmativo insinua, não há por que negar, que não há escolha entre adotar ou deixar de adotar as diferentes manifestações das decisões jurisdicionais estabelecidas em seus cinco incisos":[106]

Art. 927. Os juízes e os tribunais *observarão*:

I – as decisões do Supremo Tribunal Federal em controle concentrado de constitucionalidade;

II – os enunciados de súmula vinculante;

III – os acórdãos em incidente de assunção de competência ou de resolução de demandas repetitivas e em julgamento de recursos extraordinário e especial repetitivos;

IV – os enunciados das súmulas do Supremo Tribunal Federal em matéria constitucional e do Superior Tribunal de Justiça em matéria infraconstitucional;

V – a orientação do plenário ou do órgão especial aos quais estiverem vinculados. (grifo nosso)

Neste contexto, a ideia de possível vinculação das instâncias inferiores às decisões dos tribunais superiores ganha ainda mais corpo quando se verifica que o § 1º do art. 927 previu a necessidade de fundamentado juízo de *distinção* para aplicação, ou não, dos precedentes ao caso concreto a ser julgado,[107] sempre mediante prévia intimação das partes, em contraditório, sendo que eventual alteração de tese adotada em enunciado

---

106. Cássio Scarpinella Bueno, ob. cit., p. 571. Na mesma linha, Teresa Arruda Alvim Wambier *et. al.*, ao afirmarem que "este dispositivo reforça a necessidade de respeito à jurisprudência de órgãos superiores, em determinadas condições, e, aqui, se pode afirmar que a obrigatoriedade se dá num grau mais intenso" (*Primeiros Comentários ao Novo Código de Processo Civil*, p. 1.317).

107. "§ 1º. Os juízes e os tribunais observarão o disposto no art. 10 e no art. 489, § 1º, quando decidirem com fundamento neste artigo."

O STF NO PERÍODO REPUBLICANO

de súmulas ou julgamentos repetitivos deverá ser precedida de audiência pública e participação de *amicus curiae*, podendo haver modulação dos efeitos (§§ 2º e 3º). De fato, trata-se de institutos nitidamente inspirados dos sistem.a da *common law*, a respeito da aplicação e alteração de precedentes.[108]

Subsistem, porém, dúvidas a respeito da possibilidade de efetivamente haver vinculação de tais *precedentes* aos juízes e tribunais de instâncias inferiores ao Supremo Tribunal Federal e ao Superior Tribunal de Justiça, principalmente se levada em conta a independência funcional constitucionalmente garantida aos magistrados brasileiros como decorrência dos arts. 2º, 5º, inciso LIV, e 95, incisos I, II e III, da Constituição de 1988.

1.13.2 A reclamação no novo CPC

Figura própria do direito processual brasileiro,[109] a reclamação tem por finalidade garantir que as decisões jurisdicionais sejam respeitadas, preservando-se a competência do órgão jurisdicional prolator da decisão. Conforme assentado na jurisprudência do Supremo Tribunal Federal, a reclamação "tem como objetivo evitar, no caso de ofensa à autoridade de um julgado, o caminho tortuoso e demorado dos recursos previstos na legislação processual, inegavelmente inconvenientes quando já tem a parte uma decisão definitiva".[110]

Sob o regime do CPC de 1973, a reclamação foi disciplinada pela Lei 8.038/1990 e considerada extensível aos tribunais estaduais, em razão dos princípios da simetria e da efetividade das decisões judiciais, mas desde que prevista na respectiva Constituição Estadual.[111] De acordo com o art.

---

108. "A norma também se preocupa em evidenciar que, para deixar de aplicar precedente obrigatório – do Superior Tribunal de Justiça e do Supremo Tribunal Federal –, o juiz ou o tribunal deve 'demonstrar a existência de distinção no caso em julgamento ou a superação do entendimento'. Trata-se de correta previsão da necessidade de os juízes e tribunais valerem-se da técnica da distinção, também já conhecida como *distinguishing*, por meio da qual justificadamente se afastam as premissas que nortearam a formação do precedente" (Luiz Guilherme Marinoni, sobre o art. 926, in Teresa Arruda Alvim Wambier *et al.*, *Breves Comentários ao Novo Código de Processo Civil*).

109. Teresa Arruda Alvim Wambier *et. al.*, *Primeiros Comentários ao Novo Código de Processo Civil*, p. 1.414.

110. STF, ADI 2.212, rel. Min. Ellen Gracie, *DJU* de 14.11.2003.

111. STF, RE 405.031, rel. Min. Marco Aurélio, Plenário, *DJe* de 17.4.2009; e ADI 2.212, rel. Min. Ellen Gracie, *DJU* de 14.11.2003.

76   REPERCUSSÃO GERAL DAS QUESTÕES CONSTITUCIONAIS

13 da Lei 8.038, é cabível a reclamação "para preservar a competência do Tribunal ou garantir a autoridade das suas decisões".

Além disso, regulamentando as súmulas vinculantes, conforme art. 103-A da Constituição (introduzido pela EC 45/2004), o art. 7º da Lei 11.417/2006 prevê que "da decisão judicial ou do ato administrativo que contrariar enunciado de súmula vinculante, negar-lhe vigência ou aplicá--lo indevidamente caberá reclamação ao Supremo Tribunal Federal, sem prejuízo dos recursos ou outros meios admissíveis de impugnação".

Entretanto, o novo CPC ampliou consideravelmente as hipóteses de cabimento de reclamação, o que, de certa forma, está em sintonia com os demais dispositivos visando à maior valorização dos precedentes dos tribunais superiores. Neste contexto, além de ser cabível tal remédio[112] para "preservar competência do tribunal", "garantir a autoridade das decisões do tribunal" (incisos I e II do novel art. 988, praticamente repetindo o *caput* do art. 13 da Lei 8.038/1990) e garantir a observância de enunciado de súmula vinculante (inciso IV, primeira parte), também serão hipóteses de reclamação garantir a observância de: *a)* decisão do Supremo Tribunal Federal em controle concentrado de constitucionalidade (inciso III); *b)* enunciado de precedente proferido em julgamento de recursos extraordinário ou especial repetitivos (arts. 928 e 988, inciso IV); *c)* enunciado de precedente proferido em incidente de resolução de demandas repetitivas (arts. 928 e 988, inciso IV); e *d)* enunciado de precedente decorrente de incidente de assunção de competência.

Portanto, se antes eram basicamente três as hipóteses que autorizavam a propositura de reclamação, com o novo CPC serão ao menos sete, a maioria delas nitidamente com intuito de fazer valer a imposição do sistema de *precedentes à brasileira*, indicado no art. 927. Isto é, com exceção dos enunciados de súmulas jurisprudenciais e as orientações dos plenários e dos órgãos especiais dos tribunais (incisos IV e V do art. 927), a eventual inobservância de todas as demais espécies de precedentes ali indicadas (incisos I, II e III) levará ao ajuizamento de reclamação diretamente ao Supremo Tribunal Federal, Superior Tribunal de Justiça

---

112. Há muita controvérsia sobre a natureza jurídica da reclamação constitucional. Para Ricardo de Barros Leonel, "a reclamação constitucional tem natureza jurisdicional, contenciosa, e qualifica-se como exercício do direito de ação, em uma hipótese especialmente prevista no texto constitucional". No entanto, como bem ponderado pelo autor, "a discussão relativa à natureza jurídica da reclamação constitucional e sobre sua distinção com relação a outros institutos é antiga, importante, e ainda não solucionada de forma devida e definitiva" (*Reclamação Constitucional*, pp. 130 e 179).

O STF NO PERÍODO REPUBLICANO   77

ou Tribunal de Justiça de segunda instância, conforme o caso, cuja consequência será a cassação da "decisão exorbitante" (art. 992).

1.13.3 Valorização das funções nomofilática, uniformizadora e paradigmática

Como explica Humberto Theodoro Junior, "força vinculante é a que primariamente compete à norma legal, que obriga todos, inclusive o próprio Estado, tanto nos atos da vida pública como privada". Portanto, quando se discute a respeito de força vinculante de decisões judiciais, "o que realmente se quer é atribuir-lhe autoridade para funcionar com força normativa igual à da lei".[113]

Neste sentido, não poderia mera lei ordinária atribuir força vinculante a determinadas decisões judiciais, tendo em vista o princípio da separação de poderes estampado no art. 2º da Constituição da República de 1988. Portanto, somente emenda constitucional poderia assim determinar, conforme se deu em relação às súmulas vinculantes introduzidas pela EC 45/2004 (art. 103-A da Constituição). Assim sendo, de pronto afasta-se a possibilidade de que o art. 927 do novo CPC implicar a atribuição de força vinculante a todas as decisões judiciais ali elencadas.

Entendemos que, na realidade, apenas serão (quer dizer, continuarão sendo) vinculantes as decisões do Supremo Tribunal Federal decorrentes do controle concentrado de constitucionalidade e os enunciados de súmulas vinculantes, mas por expressa determinação constitucional (arts. 102, § 2º, e 103-A), e não porque enumerados nos incisos I e II do art. 927 do novo CPC.

Em relação às decisões listadas no inciso III (acórdãos em incidente de assunção de competência ou de resolução de demandas repetitivas e em julgamento de recursos extraordinário e especial repetitivos), possuem efeitos *erga omnes,* tendo em vista que sua orientação deverá ser seguida pelos demais magistrados no julgamento das ações pendentes ou que futuramente sejam ajuizadas. No entanto, não são vinculantes a terceiros ou à Administração Pública, no sentido de que devam ser observadas como se lei fossem.

De fato, previsto no art. 947, o incidente de assunção de competência permite que o julgamento de questão de direito com grande repercussão social, mas sem repetição em múltiplos processos, seja realizado pelo órgão colegiado que o regimento indicar, sendo que o acórdão proferido

---

113. Humberto Theodoro Jr., *Curso de Direito Processual Civil,* v. I., p. 746.

78   REPERCUSSÃO GERAL DAS QUESTÕES CONSTITUCIONAIS

"vinculará" todos os juízes e órgãos fracionários (art. 947, § 3º), acarretando efeitos além das partes, portanto. Trata-se de instituto semelhante àquele do art. 555, § 1º, do CPC de 1973, pouco utilizado na prática, mas que tem por finalidade a uniformização de jurisprudência.

O incidente de resolução de demandas repetitivas, disciplinado entre os arts. 976 e 987 do novo CPC será cabível quando, em algum tribunal, constatar-se efetiva repetição de processos sobre idêntica controvérsia jurídica e risco de ofensa à isonomia e à segurança jurídica. Será julgado pelo órgão colegiado incumbido e mediante procedimento bastante publicizado, permitindo-se a intervenção de terceiros interessados, órgãos e entidades representativas; fixará tese jurídica aplicável a todos os processos individuais ou coletivos que versem sobre essa mesma controvérsia jurídica e estejam tramitando na área de jurisdição do respectivo tribunal, bem como aos processos futuros (art. 985).

Por último, os arts. 1.036 a 1.041 tratam do procedimento para julgamento de recursos extraordinários e especiais repetitivos (não mais restringindo o julgamento de recursos extraordinários múltiplos como decorrência da repercussão geral). Em suma, identificada a multiplicidade de recursos extraordinários ou especiais sobre idêntica controvérsia, poderão ser selecionados dois ou mais destes recursos como representativos da controvérsia, sobrestando-se os demais recursos já interpostos e iniciando-se procedimento publicizado, no final do qual será prolatado um *acórdão paradigma*, cujos efeitos se estenderão a todos os recursos extraordinários ou especiais, conforme o caso, pendentes ou futuramente interpostos versando sobre a mesma questão decidida (arts. 1.039 e 1.040).

Porém, como se vê, embora não possam ser considerados *vinculantes*, tais decisões acarretam efeitos a terceiros, ou seja, não se restringem às partes que inicialmente figuravam nos *processos piloto* selecionados, sendo que o novo CPC ainda ampliou sua força ao prever que a sua inobservância nos processos pendentes ou futuros seja hipótese de reclamação, sem prejuízo da possibilidade de interposição dos demais meios de impugnação cabíveis (arts. 928 e 988). Neste passo, pode-se entender que o novo CPC atribuiu *vinculação média* a tais precedentes, na classificação proposta por Eduardo Talamini e exposta anteriormente.

Sendo que o mesmo pode ser dito com relação às súmulas jurisprudenciais previstas no inciso IV do art. 927, quer dizer, acarretam *vinculação média*, pois embora não ensejem o cabimento de reclamação, devem ser observadas em razão da necessidade de uniformização de ju-

O STF NO PERÍODO REPUBLICANO 79

risprudência, segurança jurídica e isonomia, podendo ainda fundamentar técnicas de simplificação do procedimento, como o julgamento liminar de improcedência previsto no art. 332 do novo CPC (semelhante ao art. 285-A do CPC de 1973, com modificações). Realmente, conforme previsto em seu inciso I, nas causas em que não houver necessidade da fase instrutória, o juiz poderá julgar o pedido liminarmente improcedente, isto é, antes mesmo da citação do réu, se a tese pretendida pelo autor da ação for contrária a enunciado de súmula do Supremo Tribunal Federal ou do Superior Tribunal de Justiça.

No que tange às decisões (orientações) proferidas em julgamento colegiado pelo plenário ou órgão especial do tribunal (inciso V do art. 927 do novo CPC), possuem *vinculação fraca*, de simples persuasão argumentativa, na medida em que antecipam o posicionamento do plenário ou órgão especial, mas por meio de decisão que não decorre de nenhum dos procedimentos publicizados anteriormente mencionados e que, portanto, não geram quaisquer efeitos a terceiros.

Diante disso, nota-se que o rol de precedentes indicados no art. 927 servirá de orientação (e, nos primeiros dois casos, *vinculação* em sentido estrito) aos magistrados e tribunais de segunda instância, para que, a partir de tais entendimentos, passem a aplicar o direito de modo mais uniforme e seguro, em consonância com a jurisprudência dos tribunais superiores. Para tanto, o novo CPC inovou ao introduzir e melhor regulamentar diversas técnicas simplificadoras do procedimento nestas situações, permitindo ao Poder Judiciário rapidamente julgar ações relativas a temas já pacificados pelos tribunais superiores ou mesmo pelos tribunais de segunda instância.

E a fim de que tal escopo seja atingido, o legislador pressupõe que os tribunais de segunda instância e, ainda mais, os tribunais superiores, deverão efetivamente uniformizar entendimentos jurisprudenciais, em nítida valorização de suas funções nomofilática, uniformizadora e paradigmática.

1.13.4 Valorização da função "dikelógica" pelo novo CPC: enfrentamento da jurisprudência defensiva

Mas além da valorização de tais funções, nota-se que o novo CPC "busca eliminar o que é conhecido por 'jurisprudência defensiva', superando diversos óbices jurisprudenciais, extremamente comuns perante os Tribunais Superiores, relativos à admissibilidade dos recursos extra-

80   REPERCUSSÃO GERAL DAS QUESTÕES CONSTITUCIONAIS

ordinário e especial".[114] Realmente, analisando os dispositivos relacionados ao procedimento nos Tribunais Superiores, é possível verificar que praticamente todos os entendimentos relacionados com a chamada *jurisprudência defensiva* foram convertidos em normas dirigidas aos próprios julgadores e contrárias a tais práticas pelas Cortes, valorizadoras, portanto, da sua função *dikelógica*.

1.13.4.1   Fim do juízo de admissibilidade pelo Tribunal "a quo"

O novo CPC inovou ao extinguir o juízo de admissibilidade dos recursos de apelação (art. 1.010, § 3º), ordinário (art. 1.028, § 3º), especial e extraordinário (art. 1.030, parágrafo único), perante o órgão *a quo*, isto é, aquele para o qual a interposição é dirigida. Diante de tais dispositivos, a partir da vigência da nova lei, o juízo de admissibilidade de todos os citados recursos passará a ser realizado diretamente pelo Tribunal competente para seu julgamento de mérito.

Desta forma, dá-se fim à tormentosa fase de admissibilidade de recursos extraordinários e especiais pela Presidência dos Tribunais de Justiça e Tribunais Regionais Federais, tendo em vista a extinção dos chamados agravos de inadmissão, previstos no art. 544 do CPC de 1973. As estatísticas demonstram que o juízo de admissibilidade (na prática, *inadmissibilidade*) dos recursos extraordinário e especial sempre foi fonte de milhares de agravos dirigidos às Cortes Superiores. Com o novo regime, acaba-se por antecipar o momento de conhecimento do recurso diretamente pelos Tribunais Superiores.

Em 2010, houve importante reforma neste sentido, com a previsão de que não mais seria necessária a formação de instrumento para interposição do agravo, que passou a ser interposto e processado nos mesmos autos dos recursos extraordinário ou especial, não conhecidos. Com o novo CPC, a reforma prossegue, desta vez reduzindo uma fase recursal e, de certo modo, acelerando o procedimento.

Todavia, por outro lado, o fim do juízo de admissibilidade perante o Tribunal *a quo* permitirá que a totalidade dos recursos interpostos efetivamente sejam dirigidos e distribuídos às Cortes Superiores, o que, sem dúvida, acarretará aumento do número de recursos recebidos nas instâncias superiores, visto que, evidentemente, nem todas as decisões de inadmissibilidade eram objeto de agravo.

---

114. Cássio Scarpinella Bueno, *Novo Código de Processo Civil Anotado*, p. 37.

O STF NO PERÍODO REPUBLICANO   81

1.13.4.2 Reclamação e agravo de inadmissão: arts. 988, inciso IV e § 4º, e 1.042, incisos II e III, do novo CPC

De acordo com a atual sistemática da repercussão geral, se já houver precedente do Pleno do Supremo a respeito da repercussão geral de determinado tema constitucional, o Tribunal *a quo* poderá deixar de admitir um recurso extraordinário por ausência de repercussão geral das questões debatidas, caso neste sentido seja o precedente.

Porém, não há previsão de recurso contra tal decisão. Assim, durante os primeiros anos de vigência do art. 543-B do CPC, surgiram dúvidas a respeito da recorribilidade da decisão proferida pela presidência da Corte *a quo* que negava seguimento ao recurso nestas hipóteses, sendo que diversos litigantes passaram a interpor recurso de agravo de inadmissão, com fundamento no art. 544 do CPC de 1973.

Na sessão plenária de 19 de novembro de 2009, o Supremo Tribunal Federal julgou a questão de ordem no AI 760.358 e decidiu que apenas cabe eventual recurso para o próprio órgão *a quo*, sendo incabível eventual recurso ao STF para discutir a decisão do Presidente do Tribunal *a quo* que negar seguimento a recurso extraordinário com fundamento em decisão anterior da Corte sobre o tema: "não é cabível agravo do art. 544 do CPC ou reclamação da decisão do tribunal de origem que, em cumprimento ao disposto no § 3º do art. 543-B do CPC, aplica ao caso concreto a sistemática da repercussão geral".

Entretanto, o novo CPC rompeu a lógica decorrente da sistemática da repercussão geral e reconhecida pelo Supremo Tribunal Federal no julgamento da questão de ordem acima referida, no sentido de que recursos envolvendo questões já decididas em sede de repercussão geral não deveriam voltar a ser objeto de sucessivos julgamentos pela Corte, ainda que sob a forma de agravos ou outras medidas, visando a impugnar não mais os acórdãos proferidas pelas turmas julgadoras, mas as decisões da presidência dos tribunais negando seguimento a recursos extraordinários, justamente em razão da uniformização de entendimentos pelo Pretório Excelso em sede de repercussão geral.

Inicialmente, o novo Código ampliou as hipóteses de cabimento de reclamação, visto que, no seu art. 988, inciso IV, está previsto que a parte poderá se valer da reclamação para garantir a observância de precedente proferido em julgamento de casos repetitivos. E também caberá reclamação para, inversamente, garantir a não aplicação da tese aos casos que a ela não correspondam (*distinguishing*), conforme expressamente consta do § 4º do art. 988.

82   REPERCUSSÃO GERAL DAS QUESTÕES CONSTITUCIONAIS

Portanto, a partir da entrada em vigor da nova lei processual, as partes poderão se insurgir diretamente ao Supremo Tribunal Federal ou Superior Tribunal de Justiça, conforme o caso, para requerer que sejam devidamente aplicados os precedentes firmados pelas Cortes em sede de julgamento de recursos repetitivos. E isso, tanto para aplicação ou afastamento da aplicação dos precedentes.

Ademais, o novo CPC enterrou de vez o entendimento do Supremo Tribunal Federal exposto na questão de ordem no AI 760.358, com a disciplina do agravo em recurso especial e em recurso extraordinário, conforme art. 1.042.

Nos seus incisos II e III, há clara previsão de agravo, dirigido ao STF ou STJ, contra a decisão da presidência do Tribunal *a quo* que inadmitir recurso extraordinário ou recurso especial, respectivamente, sob fundamento de que o acórdão atacado coincide com a orientação do tribunal superior ou que reconheça a inexistência de repercussão geral da questão constitucional debatida.

1.13.4.3   Fungibilidade do recurso extraordinário e do recurso especial: arts. 1.032 e 1.033 do novo CPC

Outra inovação do novo Código refere-se a uma espécie de fungibilidade criada pelos arts. 1.032 e 1.033. Durante o juízo de admissibilidade do recurso especial, caso o ministro do STJ verifique que se trata de questões constitucionais, "deverá conceder prazo de 15 dias para que o recorrente demonstre a existência de repercussão geral e se manifeste sobre a questão constitucional" (art. 1.032), em seguida encaminhando os autos ao STF.

Por sua vez, durante o juízo de admissibilidade no Supremo Tribunal Federal, caso se perceba que a tese exposta no recurso corresponda a violação reflexa do texto constitucional, "por pressupor a revisão da interpretação da lei federal ou de tratado", caberá à Corte Suprema determinar a remessa do recurso ao Superior Tribunal de Justiça para julgamento como recurso especial (art. 1.033).

Comentando os citados dispositivos, concluíram Teresa Arruda Alvim Wambier, Maria Lúcia Lins Conceição, Leonardo Ferres da Silva Ribeiro e Rogério Licastro Torres de Mello que tais dispositivos evitarão que "decisões flagrante inconstitucionais ou ilegais transitem em julgado, porque nenhum dos dois Tribunais admite os recursos inter-

O STF NO PERÍODO REPUBLICANO 83

postos, que já são dois, às vezes, justamente por causa deste justificável receio".[115]

Realmente, o *ius litigatoris* foi exponencialmente valorizado por tais dispositivos, que garantem verdadeira fungibilidade entre os recursos extraordinário e especial. A partir de agora, o recorrente ficará desobrigado da interposição conjunta de ambos os recursos, bastando interpor um deles, para que sua irresignação seja decidida no tocante ao mérito, não só pelas instâncias inferiores, mas também pelos Tribunais Superiores. Com tais dispositivos, parece que efetivamente se concretiza um direito subjetivo de acesso às Cortes Superiores – cabendo a elas próprias decidirem sobre qual será competente para apreciar o recurso fungível interposto.

Sobre o citado procedimento, é certo que "a última palavra a respeito da natureza da matéria do recurso é, como é natural, do STF".[116] Em solução semelhante ao procedimento previsto para a interposição simultânea de ambos os recursos (arts. 1.031, §§ 2º e 3º, do novo CPC e 543, §§ 2º e 3º, do CPC de 1973),[117] prevê o parágrafo único do art. 1.032 que, remetido o recurso especial adaptado em recurso extraordinário ao STF, em juízo de admissibilidade, poderá ser determinada sua devolução ao STJ, para julgamento como recurso especial (não havendo previsão semelhante no tocante ao art. 1.033, presumindo-se, assim, que ao STJ não é permitido recusar o julgamento do recurso extraordinário como recurso especial na hipótese de o Supremo entender que se trata de *ofensa reflexa* ao texto constitucional).

1.13.4.4 Regularização do recurso extraordinário ou especial tempestivo: art. 1.029, § 3º, do novo CPC

Também inovou o novo CPC ao expressamente dispor, ainda que timidamente, ser possível ao STF ou ao STJ desconsiderar vício formal ou determinar a sua correção, desde que a irregularidade não consista em intempestividade ou não seja reputada *grave*.

---

115. *Primeiros Comentários ao Novo Código de Processo Civil*, p. 1.499.

116. Idem, ibidem.

117. Havendo interposição simultânea dos recursos, o julgamento se iniciará no STJ, mas podendo o relator suspender o trâmite do recurso especial se verificar que há questão constitucional prejudicial debatida no recurso extraordinário e remeter os autos ao STF. No entanto, se o relator do recurso extraordinário entender que não há tal prejudicialidade, simplesmente devolverá os autos ao STJ, para julgamento do recurso especial.

84 REPERCUSSÃO GERAL DAS QUESTÕES CONSTITUCIONAIS

A intenção do legislador, mais uma vez, é nitidamente combater a jurisprudência defensiva, principalmente quando relacionadas com a negativa de seguimento a recursos por equívocos no preenchimento de formulários em guias de custas, falhas na digitalização de documentos, "carimbos borrados",[118] dentre outros vícios de pequena ou nenhuma relevância processual, e que poderiam ser facilmente regularizados pela parte recorrente.

Todavia, o legislador valeu-se de um conceito jurídico indeterminado e não estipulou um procedimento legal para regularização do vício. De fato, da forma como está disposto no art. 1.029, caberá à própria Corte, se assim entender, ter o cuidado de intimar a parte recorrente para regularizar ou justificar determinado vício, antes de negar seguimento ao recurso apreciado.

1.13.4.5 Necessidade de detalhada fundamentação dos acórdãos
– Hipótese de cabimento de recurso especial por violação aos arts. 489, § 1º, e 1.022, parágrafo único, inciso II, do novo CPC

O polêmico art. 489 do CPC versa sobre a necessidade de detalhada fundamentação das decisões judiciais, em disposição claramente contrária à jurisprudência que atualmente dispõe ser desnecessário ao julgador rebater cada uma das diversas teses apresentadas pelas partes, "desde que os fundamentos utilizados tenham sido suficientes para embasar a decisão".[119]

De acordo com o art. 489, § 1º, do novo CPC:

(...) § 1º. Não se considera fundamentada qualquer decisão judicial, seja ela interlocutória, sentença ou acórdão, que:
I – se limitar à indicação, à reprodução ou à paráfrase de ato normativo, sem explicar sua relação com a causa ou a questão decidida;
II – empregar conceitos jurídicos indeterminados, sem explicar o motivo concreto de sua incidência no caso;
III – invocar motivos que se prestariam a justificar qualquer outra decisão;
IV – não enfrentar todos os argumentos deduzidos no processo capazes de, em tese, infirmar a conclusão adotada pelo julgador;

---

118. Teresa Arruda Alvim Wambier et. al., *Primeiros Comentários ao Novo Código de Processo Civil*, p. 1.496.
119. STJ, ED-ED-RMS 21.742/ES, rel. Min. Luiz Fux, 1ª T., *DJe* 3.11.2008.

O STF NO PERÍODO REPUBLICANO 85

V – se limitar a invocar precedente ou enunciado de súmula, sem identificar seus fundamentos determinantes nem demonstrar que o caso sob julgamento se ajusta àqueles fundamentos;

VI – deixar de seguir enunciado de súmula, jurisprudência ou precedente invocado pela parte, sem demonstrar a existência de distinção no caso em julgamento ou a superação do entendimento.

E a falta ou insuficiência de fundamentação poderá ser objeto de embargos de declaração, nos termos do art. 1.022, parágrafo único, inciso II, do novo CPC, pelo qual se considera omissa a decisão que incorra em qualquer das condutas descritas no art. 489, § 1º.

Ademais, há expressa regulamentação dos embargos de declaração cujo acolhimento e provimento possa ensejar a *modificação da decisão embargada*, no art. 1.023, § 2º, ou seja, cuida-se dos conhecidos *efeitos infringentes* dos embargos de declaração, que agora passam a ser legalmente reconhecidos e disciplinados, mediante a necessidade de prévia intimação da parte embargada.

Os citados dispositivos também valorizam a função *dikelógica* dos Tribunais Superiores, tendo em vista que se voltam precipuamente à correção do direito em favor do litigante no caso concreto. Aliás, a ampliação da necessidade de fundamentação dos acórdãos dos Tribunais de segunda instância acabará por justificar uma quantidade ainda maior de interposição e admissão de recursos especiais por violação ao art. 1.022 (correspondente ao art. 535 do CPC de 1973), favorecendo, efetivamente, a realização de justiça e boa aplicação do direito ao caso concreto.

1.13.4.6 Críticas às mudanças introduzidas pelo novo CPC quanto ao procedimento nos tribunais superiores

Sob a perspectiva dos arts. 926 e 927 do novo CPC e das técnicas processuais comentadas, deixa-se de lado o processo civil voltado apenas para litígios individuais, reduzindo a função *dikelógica* dos tribunais superiores, mas efetivamente preparando tais Cortes para solução dos denominados *conflitos de massa,* ante a nítida insuficiência estrutural dos tribunais para enfrentarem o crescente e excessivo número de demandas judiciais e correlatos recursos.

No entanto, paradoxalmente, o legislador também inovou ao prever diversos dispositivos garantidores de maior acesso ao STF e ao STJ, principalmente ao extinguir o juízo de admissibilidade perante os Tribunais de segunda instância, ampliar as hipóteses de cabimento de reclamação constitucional e agravos, possibilitar a regularização de vícios que não

86 REPERCUSSÃO GERAL DAS QUESTÕES CONSTITUCIONAIS

sejam reputados graves e criar verdadeiro regime de fungibilidade entre os recursos extraordinário e especial, determinando que o STF, nas hipóteses de violação reflexa a dispositivos constitucionais, envie o recurso ao STJ para que seja julgado como recurso especial.

Na realidade, pretendeu o legislador efetivamente *cercar* os ministros do STF e do STJ, por todos os lados, evitando cada um dos entendimentos denominados de *jurisprudência defensiva* e que, durante a vigência do CPC de 1973, acarretaram o juízo de inadmissibilidade de grande parte dos recursos distribuídos às Cortes Superiores.

Entretanto, se tais dispositivos, em um primeiro momento, parecem se ajustar a um modelo de procedimento justo, havendo inclusive quem tenha dito que "é isso que a parte quer e é disso que a sociedade brasileira precisa: processos que gerem real e efetiva solução aos conflitos subjacentes",[120] não menos verdade é o fato de que os Tribunais Superiores encontram-se assolados de processos e recursos, em verdadeira situação de *crise*.

Neste contexto, é possível entender que as reformas trazidas pelo novo CPC, especialmente no tocante à possibilidade de reclamação constitucional e agravo para discutir a aplicação dos precedentes do STF e STJ decorrentes do julgamento de recursos repetitivos (arts. 988, inciso IV e § 4º, e 1.042, incisos II e III, do novo CPC), poderão intensificar o cenário de crise desses Tribunais, mediante a valorização da função *dikelógica* dos recursos extraordinário e especial.

---

120. Teresa Arruda Alvim Wambier *et. al.*, *Primeiros Comentários ao Novo Código de Processo Civil*, p. 1.496.

Capítulo 2

ANTECEDENTES
DA REPERCUSSÃO GERAL

2.1 No Direito estrangeiro: 2.1.1 Estados Unidos ("writ of certiorari"): 2.1.1.1 Jurisdição constitucional norte-americana e "writ of certiorari" – 2.1.1.2 Procedimento do "writ of certiorari" – 2.1.1.3 Critérios para concessão do "certiorari". 2.1.2 Argentina: 2.1.2.1 Introdução ao "recurso extraordinario federal" – 2.1.2.2 Outras hipóteses de cabimento, além da "questão federal": "gravedad institucional" e "sentencia arbitraria" – 2.1.2.3 O "certiorari" argentino. 2.1.3 Experiências similares de alguns outros ordenamentos estrangeiros. 2.2 A arguição de relevância na Constituição de 1969 (EC 1 à Constituição de 1967). 2.3 A relevância do fundamento da controvérsia constitucional como pressuposto de admissibilidade da arguição de descumprimento de preceito fundamental ("ADPF") – art. 1º, I, da Lei 9.882/1999. 2.4 A transcendência do recurso de revista no direito processual do trabalho.

2.1 No Direito estrangeiro

2.1.1 Estados Unidos ("writ of certiorari")

Assim como a arguição de relevância,[1] também a exigência de demonstração da repercussão geral das questões constitucionais tem influência direta do procedimento do *writ of certiorari*, que permite à Suprema Corte norte-americana selecionar discricionariamente quais processos serão por ela decididos.

---

1. "Indubitavelmente, o dispositivo do Regimento Interno do STF (arguição de relevância, cf. Emenda Regimental n. 3, de 1975) é de inspiração norte-americana" (Sergio Bermudes, *Comentários ao Código de Processo Civil*, 2ª ed., vol. VII, p. 299).

88 REPERCUSSÃO GERAL DAS QUESTÕES CONSTITUCIONAIS

2.1.1.1 Jurisdição constitucional norte-americana e *writ of certiorari*

O sistema judicial dos Estados Unidos se divide em 51 sistemas: o federal e os sistemas judiciais dos 50 Estados,[2] cada um com características peculiares e distintas dos demais. Apenas com relação à legislação federal é que se poderia apontar um sistema judicial único, tendo em vista que originariamente pode ser aplicada pelas cortes estaduais ou federais, mas a última instância será sempre a Suprema Corte Norte-Americana.

Quanto aos "tribunais", em geral existem dois tipos: *trial courts* e *appellate courts*, sendo que o trabalho das *trial courts* busca a decisão final em primeira instância. Em instâncias recursais, as *appellate courts* podem ser intermediárias ou supremas e não possuem júri.[3]

Como órgão de cúpula, encontra-se a Suprema Corte, que possui esse nome em razão da denominação utilizada pela Constituição Americana de 1776, apesar de sua composição ser determinada pelo Congresso,[4] distintamente das demais cortes norte-americanas. Desde 1868, sua composição regular é de nove juízes, sendo oito *justices* e um *Chief of Justice of the United States*, todos vitalícios.

A Suprema Corte possui competência originária e recursal (*originary* e *appellate*), sendo que a Constituição norte-americana lista as hipóteses de competência originária, as quais não podem ser acrescidas ou reduzidas por lei do Congresso, mas somente por emenda constitucional.[5] A competência recursal é regulamentada por legislação infraconstitucional, passível de modificação por um procedimento legislativo mais simples, portanto.

No entanto, por mais de um século a Suprema Corte não teve competência para selecionar os casos que seriam por ela apreciados. Nesses primeiros anos de vigência da Constituição Americana, a competência da Corte foi definida de modo enumerativo, conforme previsão da Seção 2 do texto constitucional. Isso porque o *writ of certiorari* somente

---

2. William Burnham, *Introduction to the Law and Legal System of the United States*, 5ª ed., p. 167.

3. Idem, ibidem, p. 169.

4. Para resolver um impasse entre os federalistas, pois alguns temiam que a eleição de juízes pelo Congresso poderia comprometer a sua independência, uma vez que dessa forma ficariam sujeitos às pressões dos congressistas, a solução encontrada foi dividir a responsabilidade entre o Presidente e o Congresso, cabendo ao primeiro indicar os juízes federais, que assumiriam mediante anuência do Congresso, o qual também possui o poder de removê-los por meio de impeachment.

5. Conforme decidido no precedente Marbury *v.* Madison.

ANTECEDENTES DA REPERCUSSÃO GERAL 89

foi introduzido com o *Judiciary Act* de 1891. De acordo com as normas ali previstas, a Corte recebeu o poder de conhecer casos que não seriam ordinariamente a ela submetidos para julgamento.

Apesar de instituído em 1891, tal instituto adquiriu a relevância que possui nos tempos atuais somente após o *Judiciary Act* de 1925, conhecido como *Judge's Bill.* Pelas disposições dessa lei, a Corte ampliou sobremaneira sua discricionariedade na seleção das questões a serem apreciadas.[6]

Relativamente ao sucesso de tal filtro de acesso à Suprema Corte, é importante salientar que, exemplificativamente, no ano de 2008 apenas 87 das 7.728 petições de *certiorari* foram acolhidas, ou seja, aproximadamente um por cento.[7] Por isso, pode-se dizer que há uma presunção de que os casos que chegam anualmente à Corte não serão conhecidos,[8] pois o índice de admissão das petições sempre fica abaixo de cinco por cento, correspondendo a aproximadamente 150 casos julgados anualmente.[9]

Por outro lado, progressivamente a Corte vem aumentando o número de decisões declarando a invalidade de leis federais. Nos seus primeiros 75 anos, entre 1789 e 1864, foi declarada a invalidade de apenas dois atos do Congresso. Entre 1889 e 1952, foram 55, sendo que, entre 1953 e 2004, 97 leis federais foram invalidadas, quase duas por ano.[10]

Isso parece comprovar que os mecanismos de seleção de assuntos a serem apreciados pela Suprema Corte provocam uma certa politização. Diferentemente do Congresso, é verdade que a Corte não pode lidar com quaisquer assuntos políticos. Todavia, de uma forma mais assemelhada ao Congresso que a outros tribunais americanos, pode selecionar questões e rejeitar as demais, sendo ampla a gama de temas, pois muitos são os recursos que chegam anualmente: "como são levados à Corte muitos casos, os juízes, provavelmente, encontram nestes casos quase todas as questões que gostariam de apreciar".[11]

6. Saul Brenner, "Granting certiorari by the United States Supreme Court: an overview of the social Science studies", *Law Library Journal*, v. 92, p. 193.

7. William Burnham, *Introduction to the Law and Legal System of the United States*, 5ª ed., p. 177.

8. José Guilherme Berman C. Pinto, "O writ of certiorari", *Revista Jurídica*, v. 9, p. 6.

9. Lawrence Baum, *A Suprema Corte Americana*, p. 113.

10. William Burnham, *Introduction to the Law and Legal System of the United States*, 5ª ed., p. 10.

11. Lawrence Baum, *A Suprema Corte Americana*, p. 115.

90 REPERCUSSÃO GERAL DAS QUESTÕES CONSTITUCIONAIS

2.1.1.2 Procedimento do "writ of certiorari"

Vencida em um Tribunal inferior, se a parte sucumbente pretender que a Suprema Corte reveja a decisão, deverá apresentar petição de *writ of certiorari* ou então interpor uma apelação. Escolhida a via do *certiorari*, a petição será distribuída simultaneamente a todos os juízes.[12]

Com efeito, segundo William Burnham, existem basicamente duas vias de acesso à Suprema Corte: apelação em matéria de direito e a concessão discricionária do *writ of certiorari*, sendo que, na verdade, esse último caminho é praticamente o único, tão raros são os casos admitidos por outro procedimento.[13] Por isso se afirma que é mediante o *certiorari* que a Corte mantém a supremacia da Constituição Norte-Americana.[14]

O prazo para a propositura da petição para o *writ of certiorari* é de 90 dias, contados a partir do julgamento, por uma Corte de Apelação Federal ou por uma Corte Estadual. A parte contrária terá 30 dias para apresentar sua eventual oposição ao pedido, sendo comum que a Suprema Corte admita terceiros interessados como *amicus curiae*, seja a favor ou contrariamente à petição apresentada.[15]

Em seguida, o assessor responsável por uma petição de *certiorari* elaborará um memorial a ser encaminhado aos demais juízes da Corte, reunidos no que se denominou *certiorari pool*, um comitê criado em 1972 em que os juízes designam assessores para estudar a admissibilidade das petições relativas ao *writ of certiorari*. Os demais assessores recebem esse memorial e, depois de analisá-lo, encaminham a seus respectivos juízes, apontando, justificadamente, se concordam ou não com a posição indicada no memorial.[16]

No entanto, diferentemente das técnicas tradicionais de elaboração das decisões judiciais no sistema americano, a seleção de casos pela Suprema Corte é realizada de forma sigilosa e dispensada de fundamen-

12. Ryan C. Black e Ryan J. Owens, "Join-3 votes and Supreme Court agenda setting", p. 5.

13. William Burnham, *Introduction to the Law and Legal System of the United States*, 5ª ed., p. 176.

14. Almost all the cases heard and ultimately decided by the United States Supreme Court come to the Court after it has granted a petition for a writ of certiorari. This writ is granted by the Court as its discretion (Saul Brenner, "Granting certiorari by the United States Supreme Court: an overview of the social Science studies", *Law Library Journal*, v. 92, p. 193).

15. Idem, ibidem, p. 194.

16. Idem, ibidem, pp. 194-195.

ANTECEDENTES DA REPERCUSSÃO GERAL 91

tação. Excepcionalmente, a Corte divulga breves considerações sobre o julgamento, mas sem expor uma fundamentação substancial.[17]

Diante dessas características do procedimento, cada *justice* é livre para votar pela admissão ou não da petição de *certiorari*. Por isso, muitas vezes, valem-se de estratégias para se posicionar, analisando fatores administrativos e jurisprudenciais para tentar prever o resultado final de mérito da questão colocada perante a Corte.[18] De acordo com expressa previsão da *Rule 10*,[19] "a decisão sobre o *writ of certiorari* não é uma matéria de direito, mas de discricionariedade judicial".

No que tange ao quórum, para a concessão do *certiorari*, aplica-se a "regra dos quatro" (*rule of four*), isto é, basta que quatro juízes votem a favor da concessão para que a questão seja julgada pela Corte. Como são nove juízes ao todo, a regra dos quatro se mostra democrática ao garantir que a minoria tenha poder suficiente para interferir decisivamente a respeito de quais casos serão julgados pela via do *writ of certiorari*.

Contudo, no dia a dia, consolidou-se a prática segundo a qual, votando três juízes pela concessão do *certiorari*, o presidente da Corte a eles adere, mesmo que anteriormente já tenha manifestado posição contrária. É o que se denomina *join-three votes*.

2.1.1.3 Critérios para concessão do "certiorari"

Na busca dos critérios utilizados pela Suprema Corte na análise das petições de *certiorari*, inicialmente é preciso citar a regra 10 do Regimento da Suprema Corte (*Rules of the Supreme Court of the United States*), a qual estabelece parâmetros para a admissão do *certiorari*:

> uma petição de *writ of certiorari* somente será admitida se houver fortes razões. As seguintes disposições, embora não controlem ou limitem completamente a discricionariedade da Corte, indicam a característica das razões que a Corte considera:
> (a) uma Corte de Apelação dos Estados Unidos proferiu uma decisão em conflito com a decisão de outra Corte de Apelação sobre a mesma importante matéria; decidiu uma importante questão federal de uma forma que conflita com a decisão de uma corte estadual de última

17. Margaret Meriwether Cordray e Richard Cordray, "Strategy in Supreme Court case selection", *Ohio State Law Journal*, v. 69, pp. 2-4.

18. Idem, ibidem, p. 2.

19. A Parte III do Regimento da Suprema Corte (Rules of the Supreme Court of the United States), composta pelas Regras 10 a 16, trata da *jurisdiction on Writ of Certiorari*.

instância, ou se afastou do curso aceito e comum do procedimento judicial, ou ratificou um tal afastamento por uma corte inferior, ao ser chamada para o exercício do poder de revisão da Corte;

(b) uma corte estadual de última instância tenha decidido uma importante questão federal de uma forma que conflita com a decisão de outra corte estadual de última instância ou de uma corte de apelação dos Estados Unidos;

(c) uma corte estadual ou uma corte de apelação dos Estados Unidos tenha decidido uma importante questão de direito federal que não tenha sido, mas deveria ser, resolvida por esta Corte, ou tenha decidido uma importante questão de direito federal de uma maneira conflitante com decisões relevantes desta Corte; e

Uma petição de *writ of certiorari* raramente é aceita quando o erro alegado consiste em uma apreciação fática errônea ou na má aplicação de uma regra de direito propriamente estabelecida.[20]

Como se nota, são basicamente dois os critérios principais: (i) questões decorrentes de divergência jurisprudencial entre os tribunais inferiores. Mas, ainda assim, muitos são os casos denegados, sendo necessário que os temas debatidos chamem a atenção da Corte; e (ii) importância das questões trazidas à Corte, isto é, "casos que afetam a maioria das pessoas

20. Tradução livre do original: "Rule 10. Considerations Governing Review on Writ of Certiorari.

Review on a writ of certiorari is not a matter of right, but of judicial discretion. A petition for a writ of certiorari will be granted only for compelling reasons. The following, although neither controlling nor fully measuring the Court's discretion, indicate the character of the reasons the Court considers:

(a) a United States court of appeals has entered a decision in conflict with the decision of another United States court of appeals on the same important matter; has decided an important federal question in a way that conflicts with a decision by a state court of last resort; or has so far departed from the accepted and usual course of judicial proceedings, or sanctioned such a departure by a lower court, as to call for an exercise of this Court's supervisory power;

(b) a state court of last resort has decided an important federal question in a way that conflicts with the decision of another state court of last resort or of a United States court of appeals;

(c) a state court or a United States court of appeals has decided an important question of federal law that has not been, but should be, settled by this Court, or has decided an important federal question in a way that conflicts with relevant decisions of this Court.

A petition for a writ of certiorari is rarely granted when the asserted error consists of erroneous factual findings or the misapplication of a properly stated rule of law."

ANTECEDENTES DA REPERCUSSÃO GERAL   93

e que incluam questões de política mais significativas",[21] como aquelas que envolvem o federalismo e liberdades civis.

De todo modo, os parâmetros da *Rule 10* são apenas um ponto de partida, não deixando muito claro quais exatamente os critérios adotados pela Corte para a admissibilidade ou não do *certiorari.* Ademais, a ausência de fundamentação e publicação das decisões da Suprema Corte sobre a admissibilidade das petições de *certiorari* dificulta verificar exatamente quando um caso terá seu exame de mérito realizado ou não pela Corte.

Apesar disso, existem alguns trabalhos científicos que procuram identificar as principais situações que permitam prever se um caso será ou não admitido pela Suprema Corte.

No ano de 1988, Gregory Caldiera e John Wright publicaram um estudo estatístico com a conclusão de que a Suprema Corte tende a selecionar casos com grande relevância social, econômica ou política, sendo que tal relevância pode ser aferida pela quantidade de *amici curiae* intervenientes: quanto maior o número de *amici curiae*, maiores as chances de admissibilidade.[22]

E também se apontou que as chances de admissibilidade do *writ of certiorari* aumentam quando: (i) a União é parte autora do pedido ou então quando manifesta interesse na revisão do julgado; (ii) há um conflito atual (a) entre dois ou mais tribunais federais, (b) entre dois ou mais tribunais estaduais, (c) entre um tribunal federal e um tribunal estadual ou (d) entre a Corte de instância inferior e um precedente da Suprema Corte; e (iii) o caso foi julgado em um "sentido liberal" pelo Tribunal inferior; entre outras situações.

Conclusões parecidas foram obtidas por H. W. Perry Jr.[23] ao entrevistar diversos agentes públicos relacionados com o processo de análise e julgamento dos casos que chegam à Suprema Corte, incluindo cinco *justices* e diversos assessores (*clerks*).

Porém, segundo o autor, para a concessão do *certiorari* não basta a presença de um desses critérios isoladamente. É preciso uma combinação de fatores, além de alguma das situações acima, tal como o comportamento estratégico dos juízes.

21. Lawrence Baum, *A Suprema Corte Americana*, p. 152.
22. Gregory Caldiera e John Wright, "Organized interests and agenda setting in the U.S. Supreme Court", *American Political Science Review*, v. 82, pp. 1.122-1.123.
23. H. W. Perry Jr., *Deciding do to Decide: Agenda Setting in the United States Supreme Court*, pp. 32-33.

94 REPERCUSSÃO GERAL DAS QUESTÕES CONSTITUCIONAIS

Por outro lado, o trabalho de Perry aponta situações em que o caso certamente não será conhecido pela Suprema Corte. São casos em que: (i) busca-se mero reexame fático; (ii) não há prova suficiente para a condenação imposta (direito penal); (iii) pretende-se corrigir má aplicação de direito estadual; (iv) o assunto versado já foi objeto de reiterada rejeição pela Suprema Corte, que não demonstra qualquer interesse em apreciá-lo; (v) a matéria arguida é inédita ou foi pouco discutida pelas cortes inferiores e/ou na doutrina; e (vi) a situação fática seja muito complicada, dificultando a elaboração de uma decisão clara a respeito do tema.[24]

De um modo geral, podem ser apontados os critérios acima como indicadores de admissibilidade ou não do *writ of certiorari*. Contudo, os trabalhos mencionados são unânimes no sentido de que as decisões da Suprema Corte são, ao mesmo tempo, jurídicas e políticas,[25] pois os juízes atuam com elementos técnicos e estratégicos, de modo que tais indicações estatísticas não podem ser entendidas como infalíveis ou totalmente seguras.

2.1.2 Argentina

2.1.2.1 Introdução ao "recurso extraordinario federal"

Influenciado pelo Direito norte-americano, o sistema de controle de constitucionalidade na Argentina é classificado como jurisdicional e difuso, de forma que todos os órgãos judiciais da República Argentina possuem competência para declarar eventual inconstitucionalidade de um ato normativo, sejam órgãos jurisdicionais provinciais ou nacionais.[26-27]

---

24. Idem, ibidem, pp. 221-245.

25. Para Lawrence Baum (*A Suprema Corte Americana*), a Suprema Corte é política e não teria como não ser, pois, sendo órgão do Estado, pertence à estrutura política. Além disso, embora os *justices* não se envolvam em atividades partidárias, não raras as vezes foram ativistas políticos.

26. Lino Enrique Palacio, *El Recurso Extraordinario Federal – Teoría y Tecnica*, 2ª ed., p. 15; e Mirta Beatriz Valdez e Nelson Omar Monza, "Recurso extraordinario federal", p. 410.

27. Cumpre esclarecer que o principal estatuto processual argentino corresponde ao *Código Procesal Civil y Comercial de la Nación*, que tem aplicação nas causas de competência da Justiça Federal e na Capital Federal. Todavia, cada província tem competência para estabelecer sua própria legislação processual, de modo que na Argentina vigoram diversos códigos de processo civil.

ANTECEDENTES DA REPERCUSSÃO GERAL   95

No ápice da estrutura judicial argentina se encontra a Corte Suprema,[28] que detém a última palavra em termos de controle de constitucionalidade, sendo que o fundamento da função revisora da Corte sobre as decisões dos juízes e tribunais inferiores se encontra nos arts. 31 e 116 da Constituição da Nação Argentina, que asseguram a primazia das disposições constitucionais e das leis federais sobre os demais atos e normas.

De acordo com o texto constitucional argentino, o controle de constitucionalidade pode ser realizado originariamente pela Corte, "*en todos los asuntos concernentes a embajadores, ministros y cónsules extranjeros, y en los que alguna provincia fuese parte*" (art. 117 da Constituição), ou pela via recursal, destacando-se o recurso extraordinário federal, nas hipóteses previstas no art. 14 da Lei 48, de 25.8.1863 (questão federal), de *sentencia arbitraria* e *gravedad institucional*, sendo essas duas últimas de criação pretoriana.[29]

O art. 14 da Lei 48 permite a interposição de recurso extraordinário federal contra as decisões definitivas proferidas pelos tribunais superiores das províncias, com a finalidade de manter a ordem hierárquica estabelecida no art. 31 da Constituição (supremacia do bloco de constitucionalidade sobre o restante das normas argentinas).[30]

E, da mesma forma que o recurso extraordinário previsto no art. 102 da Constituição brasileira, o *recurso extraordinario federal* argentino corresponde a um meio de impugnação destinado a reformar, total ou parcialmente, uma decisão judicial ainda não transitada em julgado, ou seja, dentro do mesmo processo em que proferida a decisão recorrida, razão pela qual a doutrina argentina se posiciona em favor de sua natu-

28. A organização judiciária argentina é bastante complexa, composta pela Justiça Federal, Justiças Locais provinciais, aqui se incluindo a estrutura judiciária da cidade autônoma de Buenos Aires, e Justiça Nacional, com jurisdição apenas no Distrito Federal. Quanto à organização provincial, além da competência recursal relativa ao duplo grau de jurisdição, também se verifica a existência de um Tribunal Superior de Justiça ou Suprema Corte. A Corte Suprema da Nação corresponde ao órgão de cúpula do Poder Judiciário.

29. Mirta Beatriz Valdez e Nelson Omar Monza, "Recurso extraordinario federal", p. 415.

30. "Artículo 31. Esta Constitución, las leyes de la Nación que en su consecuencia se dicten por el Congreso y los tratados con las potencias extranjeras son la ley suprema de la Nación; y las autoridades de cada provincia están obligadas a conformarse a ellas, no obstante cualquiera disposición en contrario que contengan las leyes o constituciones provinciales, salvo para la provincia de Buenos Aires, los tratados ratificados después del Pacto de 11 de noviembre de 1859."

96 REPERCUSSÃO GERAL DAS QUESTÕES CONSTITUCIONAIS

reza recursal.[31] De acordo com a definição de Esteban Ymaz e Ricardo E. Rey, trata-se de *"una apelación excepcional que tiene por objeto el mantenimiento de la supremacía constitucional"*.[32]

Ademais, quanto à sua admissibilidade, a doutrina portenha menciona diversos requisitos necessários para o conhecimento do *recurso extraordinario federal*, pela existência de uma questão federal (Lei 48/1863), classificando-os em comuns e próprios.[33]

São requisitos comuns: (i) intervenção prévia de um tribunal de justiça do qual emane a decisão recorrida; (ii) que se trate de uma questão jurisdicional; (iii) um gravame atual em desfavor do recorrente; e (iv) persistência dos requisitos no momento da decisão.[34] Importante salientar que as questões federais suscitadas devem ser concretas, ou seja, não podem se referir a situações hipotéticas, abstratas ou mesmo futuras,[35] sendo que a atualidade do gravame deve persistir até o momento de julgamento do recurso pela Corte.

Por outro lado, os seguintes requisitos são denominados de próprios, por se referirem especificamente ao *recurso extraordinario federal*: (i) existência de questão federal que verse sobre questões de direito; (ii) relação direta e imediata com o mérito da lide; (iii) que a decisão recorrida seja contrária ao direito federal invocado pelas partes; (iv) que o recurso tenha sido interposto contra uma sentença definitiva, que coloca fim à demanda; e (v) que tenha havido o esgotamento das instâncias inferiores.

Entende-se que o pressuposto da questão federal está presente nos casos em que se mostra necessário interpretar normas ou atos de natureza federal, ou resolver conflitos entre a Constituição e outras normas ou atos de autoridades nacionais ou locais,[36] conforme as situações descritas

31. Por todos, ver Lino Enrique Palacio, *El Recurso Extraordinario Federal – Teoría y Tecnica*, 2ª ed., p. 21.

32. El recurso extraordinario.

33. Mirta Beatriz Valdez e Nelson Omar Monza esclarecem que os requisitos comuns são aqueles necessários para todo recurso de apelação judicial ("Recurso extraordinario federal", p. 418).

34. Ob. cit., p. 7.

35. Mirta Beatriz Valdez e Nelson Omar Monza, "Recurso extraordinario federal", pp. 429-430.

36. Neste ponto, cumpre mencionar o art. 121 da Constituição Nacional Argentina, prevendo que as províncias conservam todo o poder que não foi delegado pela própria Constituição Nacional ao Governo federal. Desse modo, existe uma legislação provincial ao lado da legislação federal, sendo que a Cidade Autônoma de Buenos Aires possui sua própria Constituição e corresponde a um *tertium genus* na estrutura federal argentina.

ANTECEDENTES DA REPERCUSSÃO GERAL   97

nos incisos do art. 14 da Lei 48, tendo-se por escopo proteger o regime federal de governo:

> Art. 14. Una vez radicado un juicio ante los Tribunales de Provincia, será sentenciado y fenecido en la jurisdicción provincial, y sólo podrá apelarse a la Corte Suprema de las sentencias definitivas pronunciadas por los tribunales superiores de provincia en los casos siguientes:
>
> 1º. Cuando en el pleito se haya puesto en cuestión la validez de un Tratado, de una ley del Congreso, o de una autoridad ejercida en nombre de la Nación y la decisión haya sido contra su validez.
>
> 2º. Cuando la validez de una ley, decreto o autoridad de Provincia se haya puesto en cuestión bajo la pretensión de ser repugnante a la Constitución Nacional, a los Tratados o leyes del Congreso, y la decisión haya sido en favor de la validez de la ley o autoridad de provincia.
>
> 3º. Cuando la inteligencia de alguna cláusula de la Constitución, o de un Tratado o ley del Congreso, o una comisión ejercida en nombre de la autoridad nacional haya sido cuestionada y la decisión sea contra la validez del título, derecho; privilegio o exención que se funda en dicha cláusula y sea materia de litigio.

Portanto, à Corte Suprema compete a última palavra não apenas sobre o texto da Constituição, mas também acerca da interpretação da legislação federal extraconstitucional, editada pelo Congresso Nacional, e de tratados internacionais.

Em regra, a questão federal deve ser apresentada pelas partes, na primeira oportunidade que o procedimento permitir, ou seja, geralmente na petição inicial, reconvenção ou contestação. Nesse sentido, há obrigação dos órgãos jurisdicionais de apreciar todas as questões apresentadas, sob pena de configurar uma *sentença arbitraria*, havendo a possibilidade de se interpor o recurso extraordinário com fundamento nessa omissão.[37]

2.1.2.2 Outras hipóteses de cabimento, além da "questão federal": "gravedad institucional" e "sentencia arbitraria"

Com o passar do tempo, além do âmbito clássico do recurso extraordinário, relacionado com as questões federais previstas nos incisos do art. 14 da Lei 48, a jurisprudência da Corte Suprema também passou a admitir o recurso extraordinário com fundamento em outros pressupostos:

---

37. Mirta Beatriz Valdez e Nelson Omar Monza, "Recurso extraordinario federal", pp. 458-459 e 480.

98   REPERCUSSÃO GERAL DAS QUESTÕES CONSTITUCIONAIS

(i) *sentencia arbitraria*, que permite a inclusão de questões de direito comum, de fato e de apreciação da prova ou trâmite da causa; e (ii) *gravedad institucional*, referente a questões de ordem institucional que não configurem questões federais.

A teoria da *gravedad institucional* autoriza à Corte Suprema argentina conhecer recursos extraordinários apesar da ausência de requisitos comuns ou próprios, quando as questões debatidas excederem o mero interesse individual das partes e se projetarem sobre a comunidade. Exemplificativamente, a Corte poderia superar deficiências formais na interposição do recurso, eventual ilegitimidade recursal ou mesmo a insubsistência das questões federais afirmadas.

O recurso extraordinário com fundamento na *gravedad institucional* tem sido admitido pela Corte Suprema com relação aos seguintes temas: (i) preservação dos princípios constitucionais fundamentais (ampla defesa, propriedade, liberdade de imprensa, entre outros); (ii) inconstitucionalidade de normas; (iii) prestação de serviços públicos; (iv) divergência jurisprudencial; e (v) assuntos que afetam o bom funcionamento das instituições.[38]

Mas, além desse fundamento, a jurisprudência da Corte ainda admite a interposição de recurso extraordinário federal de acordo com a teoria da *sentencia arbitraria*, também referida como sentença insustentável, irregular, anômala, carente de fundamentos suficientes ou desprovida de apoio legal. Por isso, toda sentença qualificada como arbitrária guarda relação direta e imediata com algum dispositivo constitucional.[39]

Contudo, não se confunde a arbitrariedade com o erro de interpretação das leis ou de apreciação da prova, o que levaria a uma sentença equivocada, mas não *arbitrária*. Genaro e Alejandro Carrió[40] apontam as seguintes hipóteses de configuração de uma sentença arbitrária: (i) omissão quanto às questões federais aduzidas; (ii) decisão quanto a questões não apresentadas pelas partes; (iii) ausência de fundamentação legal; (iv) aplicação de uma norma derrogada ou não vigente; (v) má apreciação das provas, dispensando-se provas decisivas para o julgamento da causa ou

38. Idem, ibidem, pp. 475-476.

39. "La posibilidad de descalificar una sentencia judicial por razón de arbitrariedad reconoce fundamento en la garantía constitucional de la defensa en juicio" (Lino Enrique Palacio, *El Recurso Extraordinario Federal – Teoría y Tecnica*, 2ª ed., p. 228).

40. Genaro Rubén Carrió e Alejandro D. Carrió, *El Recurso Extraordinario por Sentencia Arbitraria en la Jurisprudencia de la Corte Suprema*.

ANTECEDENTES DA REPERCUSSÃO GERAL 99

então invocando-se provas inexistentes; (vi) autocontradição, que segundo os autores configura a forma máxima de arbitrariedade.[41]

Interessante apontar que, no caso do *recurso extraordinario federal* com fundamento em *sentencia arbitraria*, autoriza-se à Corte versar sobre questões relativas à apreciação de matéria fática ou probatória, assim como à interpretação e à aplicação de legislação local ou processual, questões essas que normalmente são vedadas ao conhecimento da Corte pela via do recurso extraordinário.[42]

2.1.2.3 O "certiorari" argentino

Para que o recurso extraordinário seja conhecido, além de guardar relação direta e imediata com o resultado da causa, desde 1990 – quando foi introduzido o *certiorari* no Direito argentino – a questão federal também deve ser, a juízo da Corte Suprema, *suficiente, substancial* e *transcendente*.

Assim como todos os demais países da América Latina – e talvez de praticamente todo o Ocidente –, o Judiciário argentino sofre com a enorme quantidade de processos pendentes de julgamento. E com o objetivo de enfrentar o grande número de recursos extraordinários interpostos, o art. 280 do *Código Procesal Civil y Comercial de la Nación* foi alterado pela Lei 23.774, em abril de 1990, autorizando-se, a partir de então, que a Suprema Corte negue seguimento a recursos extraordinários, discricionariamente,[43] *"por falta de agravio federal suficiente o cuando las cuestiones planteadas resultaren insustanciales o carentes de trascendencia"*.

Como se percebe, a influência do Direito norte-americano mais uma vez se faz presente, mencionando a doutrina argentina que a referida Lei positivou uma espécie de *writ of certiorari*, o *"certiorari"* argentino". Aliás, Lino Enrique Palacio menciona que o *writ of certiorari* norte-americano foi invocado textualmente nos debates parlamentares que precederam à aprovação da Lei 23.774.

---

41. Verifica-se a autocontradição quando a decisão declara aplicável uma disposição normativa e em seguida omite sua aplicação ao caso concreto, ou então quando afirma que um fato é relevante e depois não o considera no julgamento, ou quando omite, no dispositivo, questões necessariamente decorrentes da sua fundamentação.

42. Mirta Beatriz Valdez e Nelson Omar Monza, "Recurso extraordinario federal", p. 478.

43. A lei se vale da expressão *según su sana discreción*.

100 REPERCUSSÃO GERAL DAS QUESTÕES CONSTITUCIONAIS

Todavia, aponta o aludido autor que muitas são as diferenças entre o *writ of certiorari* norte-americano e o filtro introduzido pela Lei argentina 23.774. Em primeiro lugar, o *certiorari* se refere a um procedimento de avocação de questões a serem julgadas pela Suprema Corte norte--americana, cujo quórum de aprovação corresponde a quatro votos, dentre os nove juízes. O procedimento introduzido na Lei Processual argentina corresponde a uma hipótese de indeferimento do recurso, a ser decidida pela maioria dos ministros da Corte Suprema.

Ademais, o *certiorari* se inicia por meio de petição diretamente apresentada à Suprema Corte, sendo que o recurso extraordinário federal argentino é interposto perante o tribunal da causa. E a legislação norte--americana não se refere a termos como "ofensa relevante", "questão insubstancial" ou "transcendência".

No que tange à primeira hipótese de inadmissibilidade do recurso, a falta de *agravio suficiente* se refere a situações em que a decisão recorrida carece da questão federal, elemento básico para a admissibilidade do recurso extraordinário. Todavia, parte da doutrina critica a ambiguidade do termo utilizado pelo legislador argentino, notadamente porque ou as questões federais existem, ou não, em determinado caso concreto, não sendo suscetível de mensuração quantitativa. De acordo com tais críticos, a expressão genericamente construída seria facilitadora do trabalho da Corte, que vem combatendo a sobrecarga de processos mediante simples referência à fórmula, sem que haja a necessidade de maiores esclarecimentos.[44]

A questão federal insubstancial se relaciona com a existência de jurisprudência reiterada e dominante da Corte Suprema a respeito do tema debatido, em sentido diverso daquele pretendido pelo recorrente, de modo que inclusive inexistiria, a rigor, qualquer controvérsia acerca da questão federal submetida à Corte.[45] De acordo com precedentes da Corte Suprema, as questões federais se tornam insubstanciais quando, além de a jurisprudência reiterada indicar a improcedência das razões do recorrente, esse último não aduzir novos fundamentos que possam levar à modificação do posicionamento sobre o tema.[46]

---

44. Segundo Lino Enrique Palacio, "*se trata, en rigor, de un lenguaje desprovisto de mayor significación jurídica*" (*El Recurso Extraordinario Federal – Teoría y Técnica*, 2ª ed., p. 208).

45. Eduardo Oteiza, "El *certiorari* o el uso de la discrecionalidad por la Corte Suprema de Justicia de la Nación sin un rumbo preciso", *Revista Jurídica da Universidad de Palermo*, n. 1, p. 75.

46. "Fallos", 303-907.

ANTECEDENTES DA REPERCUSSÃO GERAL

Quanto ao terceiro pressuposto negativo, a transcendência, tem sido relacionada com a ideia de *gravedad institucional* desenvolvida pela Corte a partir dos anos 1960. Como explicado acima, essa teoria decorre da necessidade da Corte Suprema argentina em conhecer recursos extraordinários, ainda que ausentes alguns pressupostos ou requisitos de admissibilidade, quando as questões debatidas excederem o mero interesse individual das partes e se projetarem sobre a comunidade.

No entanto, Lino Enrique Palacio afirma se tratar de um conceito mais amplo que o de *gravedad institucional*, abarcando assuntos que exibem significativa importância jurídica ou econômica.[47] No que é corroborado por Augusto Morello, ao defender que todas as hipóteses de gravidade institucional possuem transcendência, mas que o inverso nem sempre é verdadeiro.[48]

A Corte Suprema argentina vem admitindo casos relacionados com a preservação de direitos e garantias constitucionais, tais como violações ao direito de propriedade, à liberdade de imprensa ou à ampla defesa em juízo, e alguns temas referentes à organização, à divisão e ao funcionamento dos poderes.

Detalhadamente, Néstor Sagües[49] aponta que as seguintes questões já tiveram sua transcendência reconhecida pela Corte Suprema:

(i) todas as causas que envolvam a declaração de inconstitucionalidade de uma norma jurídica;

(ii) princípio da separação de poderes, defesa do sistema de assistência e seguridade social, autonomia das províncias, organização e funcionamento dos poderes que integram o governo federal, os quais se referem a instituições básicas da nação;

(iii) proteção de todos os princípios, declarações, direitos e garantias inseridos na Carta Constitucional;

(iv) perturbação na prestação de serviços públicos;

(v) exorbitância, ilegalidade ou iniquidade na cobrança de tributos;

(vi) jurisprudência contraditória; e

(vii) violação do Estado a suas obrigações internacionais.

47. Lino Enrique Palacio, *El Recurso Extraordinario Federal – Teoría y Tecnica*, 2ª ed., p. 212.

48. *"Existen otras cuestiones federales igualmente trascendentes que sin revestir el carácter de gravedad institucional, podrán o deberán ser admitidas para el tratamiento de la apelación federal"* (*La Nueva Etapa del Recurso Extraordinario: el* Certiorari, p. 163).

49. Néstor Sagües, *Derecho Procesal Constitucional: Recurso Extraordinario*, 4ª ed., vol. 2, pp. 286-295.

102   REPERCUSSÃO GERAL DAS QUESTÕES CONSTITUCIONAIS

Além disso, de acordo com a doutrina majoritária e com a jurisprudência da Corte Suprema argentina, se a ausência da transcendência
autoriza a inadmissibilidade do recurso, a presença desse elemento pode
justificar a excepcional admissibilidade de recursos extraordinários que,
a princípio, seriam inadmissíveis, considerando-se os demais requisitos
formais de admissibilidade. Trata-se do chamado *certiorari* positivo, em
contraposição ao *certiorari* negativo.[50]

Nesse contexto, Mirta Beatriz Valdez e Nelson Omar Monza anotam
que essa excepcional admissibilidade de recursos, a princípio inadmissíveis, encontra-se estreitamente relacionada com a teoria da *gravedad
institucional*, a qual permite superar eventuais óbices processuais ao
conhecimento das questões de mérito.

Outro ponto a se destacar do Direito argentino se refere à desnecessidade de fundamentação da decisão que rechaçar o recurso extraordinário
com fundamento no art. 280 no CPN, uma das poucas semelhanças com
o procedimento do *writ of certiorari* norte-americano.

2.1.3   Experiências similares de alguns outros
ordenamentos estrangeiros

Os sistemas jurídicos de alguns outros países também preveem requisitos de acesso aos tribunais de cúpula fundamentados na relevância das
questões debatidas, tais como Alemanha, Inglaterra e Japão.[51] Mas, como
não tiveram a mesma influência que o Direito americano e argentino para
a adoção da repercussão geral no Direito brasileiro, entendemos suficiente
apenas mencioná-los sucintamente.

No Direito alemão, a revisão (*Revision*) à Corte Federal de Justiça (*Bundesgerichtshof*) pode ser interposta contra decisões de última
instância proferidas pelas cortes regionais de recursos, sendo que a sua
admissibilidade está condicionada a valores mínimos de alçada ou à
demonstração de que a discussão jurídica envolvida está dotada de significação fundamental (*Rechtassache grundsätzliche Bedeutung*). Cumpre

50. Mirta Beatriz Valdez e Nelson Omar Monza, "Recurso extraordinario
federal", pp. 508-509.
51. Bruno Dantas (*Repercussão Geral*, 3ª ed., pp. 136-138) também relaciona
os sistemas jurídicos canadense e australiano. Quanto ao sistema canadense, consta a
exigência de licença para recorrer à Suprema Corte do Canadá, nos moldes do Direito
inglês, exigindo-se a demonstração de "importância pública". A respeito do Direito
australiano, há previsão de institutos semelhantes ao *writ of certiorari* norte-americano
e à licença para recorrer inglesa.

ANTECEDENTES DA REPERCUSSÃO GERAL   103

salientar que a Corte Federal de Justiça não integra o Poder Judiciário, sendo considerada um órgão político.[52]

No tocante ao Direito inglês, a interposição de *Appeal Comittee* à Câmara dos Lordes depende de concessão de licença para recorrer, a ser fornecida pelo tribunal *a quo*. Se rejeitado o pedido de licença, a parte poderá acionar a Câmara diretamente, a qual poderá conceder a licença para recorrer, desde que entenda presente *general public importance*, isto é, relevância pública geral. Esse procedimento está regulamentado na instrução 4.7 da *House of Lords Practice Directions and Standing Orders Applicable to Civil Appeals*.[53]

Com relação ao Direito japonês, também há restrições ao acesso recursal à Suprema Corte desse país, apenas se admitindo tais recursos quando presentes controvérsias constitucionais ou algum dos vícios processuais enumerados pelo código de processo civil. Fora dessas duas hipóteses, a admissibilidade dos recursos dirigidos à Corte estará sujeita à sua discricionariedade.[54]

2.2 A arguição de relevância na Constituição de 1969 (EC 1 à Constituição de 1967)

Diante da *crise* do Supremo, ao menos desde 1958 tem-se buscado adotar medidas remediadoras. Foi naquele ano que foi editada a Lei 3.396, atribuindo aos presidentes dos Tribunais locais competência para examinar os pressupostos de admissibilidade dos recursos extraordinários. Poucos anos depois, em 1963, foi instituída a Súmula de jurisprudência predominante da Corte, facilitando a inadmissibilidade de recursos e veiculando teses contrárias às Súmulas editadas. Em 1965, houve emenda

52. Cf. Artur May, *Die Revision in den zivil-und verwaltungsgerichtlichen Verfahren*, 2ª ed.; Alvaro Ragone, "El nuevo proceso civil alemán: principios y modificaciones al sistema recursivo", *Revista Genesis*, n. 32.

53. "4.7 Leave to appeal is granted to petitions that, in the opinion of the Appeal Committee, raise an arguable point of law of general public importance which ought to be considered by the House at this time, bearing in mind that the matter will already have been the subject of judicial decision and may have already been reviewed on appeal. A petition which in the opinion of the Appeal Committee does not raise such a point of law is refused on that ground. The Appeal Committee gives brief reasons for refusing leave to appeal but does not otherwise explain its decisions", disponível em <http://www.publications.parliament. uk/pa/ld199697/ldinfo/ld08judg/bluebook/bluebk-1.htm>, acesso em 1º.12.2013.

54. Yasuhei Taniguchi, "O código de processo civil japonês de 1996: um processo para o próximo século?", *Revista Forense*, v. 350.

104   REPERCUSSÃO GERAL DAS QUESTÕES CONSTITUCIONAIS

ao regimento interno do STF para permitir aos relatores intimar as partes litigantes sobre o interesse no prosseguimento de recursos pendentes de julgamento há mais de dez anos, sendo que, na hipótese de silêncio, o respectivo recurso seria arquivado.[55]

Nesse contexto, a Constituição de 1969 (Emenda Constitucional 1 à Constituição de 1967) trouxe nova medida buscando solucionar o problema de congestionamento do Supremo, concedendo à Corte competência para regulamentar as hipóteses em que, em razão da natureza, espécie ou valor da causa, seria cabível o recurso extraordinário com fundamento no inciso III, alíneas "a" e "d", isto é, quando a decisão era contrária ao dispositivo da Constituição, negava vigência a tratado ou lei federal ou dava à lei federal interpretação divergente da que lhe dera outro Tribunal.[56]

No RISTF de 1970, foram previstas as causas em que não se admitiria a interposição de recurso extraordinário, conforme o rol de incisos do art. 308. Exemplificativamente, era inadmissível nos processos criminais envolvendo delitos puníveis com multa, prisão simples ou detenção, em litígios decorrentes de acidente de trabalho, ou nas causas cujo valor não excedia a 60 vezes o maior salário-mínimo vigente.

Porém, mesmo nessas hipóteses, previu-se que o recurso extraordinário excepcionalmente poderia ser admitido quando se tratasse de ofensa à Constituição ou discrepância manifesta da jurisprudência predominante no STF.

Em 1º de agosto de 1975, passou a viger a Emenda Regimental 3, aumentando consideravelmente as hipóteses de inadmissibilidade do recurso extraordinário, conforme a competência normativa outorgada pelo parágrafo único do art. 119 da Constituição de 1969. Mas além de

55. Sobre as tentativas de solução da "crise", ver Calmon de Passos, "Da arguição de relevância no recurso extraordinário", *Revista Forense*, v. 259, pp. 12-13.
56. "Art. 119. Compete ao Supremo Tribunal Federal:
I – processar e julgar originariamente (...);
II – julgar em recurso ordinário (...);
III – julgar, mediante recurso extraordinário, as causas decididas em única ou última instância por outros tribunais, quando a decisão recorrida: *a*) contrariar dispositivo desta Constituição ou negar vigência de tratado ou lei federal; *b*) declarar a inconstitucionalidade de tratado ou lei federal; *c*) julgar válida lei ou ato do governo local contestado em face da Constituição ou de lei federal; ou d) der à lei federal interpretação divergente da que lhe tenha dado outro Tribunal ou o próprio Supremo Tribunal Federal.
Parágrafo único. As causas a que se refere o item III, alíneas *a* e *d*, deste artigo, serão indicadas pelo Supremo Tribunal Federal no regimento interno, que atenderá à sua natureza, espécie ou valor pecuniário."

ANTECEDENTES DA REPERCUSSÃO GERAL 105

aumentar o rol do art. 308 do regimento interno, a Emenda Regimental 3 também modificou as exceções à inadmissibilidade: a partir de então seriam admissíveis os recursos extraordinários nos casos de ofensa à Constituição ou relevância das questões federais debatidas. Ou seja, foi retirada a referência à manifesta divergência jurisprudencial e introduzida a relevância da questão federal. Criou-se, assim, o chamado incidente de arguição de relevância, cuja verificação competiria privativamente ao Supremo Tribunal Federal (art. 308, § 3º, do RISTF[57]).

Em outubro de 1980 foi publicado o novo regimento interno do STF, tendo sido inicialmente mantida a sistemática quanto às hipóteses de cabimento e de inadmissibilidade de recurso extraordinário. Uma diferença foi que, além dos casos de ofensa à Constituição e relevância da questão federal, foi previsto o cabimento de recurso extraordinário quando houvesse "manifesta divergência com a Súmula do Supremo Tribunal Federal" (art. 325).

Após cinco anos, foi editada a Emenda Regimental 2, de 1985, invertendo a lógica da arguição de relevância. Com a nova redação do art. 325, o regimento interno passou a prever as hipóteses de cabimento do recurso extraordinário – e não mais de inadmissibilidade:

57. "Art. 308. Salvo nos casos de ofensa à Constituição ou relevância da questão federal, não caberá o recurso extraordinário, a que alude o seu art. 119, parágrafo único, das decisões proferidas:

I – nos processos por crime ou contravenção a que sejam cominadas penas de multa, prisão simples ou detenção, isoladas, alternadas ou acumuladas, bem como as medidas de segurança com eles relacionadas;

II – nos *habeas corpus*, quando não trancarem a ação penal, não lhe impedirem a instauração ou a renovação, nem declararem a extinção da punibilidade;

III – nos mandados de segurança, quando não julgarem o mérito;

IV – nos litígios decorrentes: *a*) de acidente do trabalho; *b*) das relações de trabalho mencionadas no art. 110 da Constituição; *c*) da previdência social; *d*) da relação estatutária de serviço público, quando não for discutido o direito à Constituição ou subsistência da própria relação jurídica fundamental;

V – nas ações possessórias, nas de consignação em pagamento, nas relativas à locação, nos procedimentos sumaríssimos e nos processos cautelares;

VI – nas execuções por título judicial;

VII – sobre extinção do processo, sem julgamento do mérito, quando não obstarem a que o autor intente de novo a ação;

VIII – nas causas cujo valor, declarado na petição inicial, ainda que para efeitos fiscais, ou determinado pelo juiz, se aquele for inexato ou desobediente aos critérios legais, não exceda de 100 vezes o maior salário mínimo vigente no País, na data do seu ajuizamento, quando uniformes as decisões das instâncias ordinárias; e de 50, quando entre elas tenha havido divergência, ou se trate de ação sujeita a instância única."

106   REPERCUSSÃO GERAL DAS QUESTÕES CONSTITUCIONAIS

Art. 325. Nas hipóteses das alíneas "a" e "d" do inciso III do artigo 119 da Constituição Federal, cabe recurso extraordinário:

I – nos casos de ofensa à Constituição Federal;

II – nos casos de divergência com a Súmula do Supremo Tribunal Federal;

III – nos processos por crime a que seja cominada pena de reclusão;

IV – nas revisões criminais dos processos de que trata o inciso anterior;

V – nas ações relativas à nacionalidade e aos direitos políticos;

VI – nos mandados de segurança julgados originariamente por Tribunal Federal ou Estadual, em matéria de mérito;

VII – nas ações populares;

VIII – nas ações relativas ao exercício de mandato eletivo federal, estadual ou municipal, bem como às garantias da magistratura;

IX – nas ações relativas ao estado das pessoas, em matéria de mérito;

X – nas ações rescisórias, quando julgadas procedentes em questão de direito material;

XI – em todos os demais feitos, quando reconhecida relevância da questão federal.

Veja que foi mantido o cabimento de recurso extraordinário nos casos de ofensa à Constituição e divergência com a Súmula do próprio STF. E, residualmente, foi inserido o inciso XI, prevendo o cabimento "em todos os demais feitos, quando reconhecida relevância da questão federal".

Portanto, ao se interpor o recurso extraordinário era necessário demonstrar a subsunção da tese exposta às exigências do art. 119, III, da Constituição de 1969. Estando-se diante das hipóteses das alíneas "a" e/ ou "d", seria ainda necessário demonstrar a subsunção a uma das hipóteses previstas no regimento interno do Supremo (art. 325). Nesses casos, incabível a arguição de relevância, pois estava expressamente previsto o cabimento de recurso extraordinário. Caso não se tratasse de nenhuma das situações descritas no art. 325, o recurso extraordinário apenas poderia ser excepcionalmente admitido nos casos de ofensa à Constituição, manifesta divergência à Súmula do STF ou relevância da questão federal.[58]

58. "Diante da configuração do RISTF, é constatável que um grande número de causas e questões federais, em princípio, e, como regra geral, resta excluído da esfera de cabimento do RE, uma vez que, clara e normalmente terá cabimento esse recurso só nas hipóteses discriminadas no RI, no seu art. 325, incs. I a X (redação da Em. Reg. n. 2/1985); o que não estiver descrito, como hipótese ensejadora de RE,

ANTECEDENTES DA REPERCUSSÃO GERAL 107

Essa estrutura normativa vigeu até a promulgação da Constituição de 1988, que transportou grande parte das competências do STF para o novel Superior Tribunal de Justiça, deixando ao STF basicamente competências relacionadas com a proteção da Constituição, sendo que o recurso extraordinário não mais estava condicionado à demonstração de qualquer relevância.[59] Por isso, a doutrina entendia que a arguição de relevância tinha natureza de "excludente da inadmissibilidade do recurso extraordinário".[60]

Os regimentos internos de 1970 e de 1980 possuem normas parecidas quanto ao procedimento para a arguição de relevância. Por razões práticas, abaixo serão tecidas breves considerações acerca do procedimento previsto no regimento interno de 1980, conforme a Emenda Regimental 2/1985, por ter sido o último procedimento aplicado à arguição de relevância.

Inicialmente, no que se refere à competência, previa o art. 326 do regimento que competiria ao presidente do Tribunal de origem examinar a admissibilidade do recurso extraordinário interposto com fundamento nos incisos I a X do art. 325, sendo que a competência para julgamento da arguição de relevância competia exclusivamente ao Supremo Tribunal Federal, conforme expressamente determinado no art. 327 (a arguição de relevância se referia ao inciso XI do art. 325, estando, pois, excluído do juízo de admissibilidade realizado pelo Tribunal local).

O recorrente deveria apresentar a questão relevante em capítulo destacado da petição do recurso extraordinário, onde também deveria já indicar as peças que deveriam integrar o eventual instrumento, sendo obrigatórios a sentença de primeiro grau, o acórdão recorrido, a petição do recurso extraordinário e a decisão relativa ao juízo de admissibilidade.

pela técnica da Em. Reg. n. 2/1985, não comporta RE, mas pode vir a comportar RE, se acolhida a relevância. Neste passo, a técnica adotada pelo atual regimento, difere daquela empregada nos regimentos anteriores, em que casuisticamente se excetuavam as hipóteses de não cabimento" (Arruda Alvim, *A Arguição de Relevância no Recurso Extraordinário*, p. 25).

59. Valendo ressaltar que a arguição de relevância sempre se relacionou com questões federais. Durante a vigência da Constituição de 1969 jamais se exigiu arguição de relevância para a admissibilidade de recurso extraordinário com fundamento em ofensa à Constituição, situação em que a relevância era presumida pelos respectivos regimentos internos então vigentes.

60. Cf. Arruda Alvim, *A Arguição de Relevância no Recurso Extraordinário*; Calmon de Passos, "Da arguição de relevância no recurso extraordinário", *Revista Forense*, v. 259; e Sergio Bermudes, *Comentários ao Código de Processo Civil*, 2ª ed., vol. VII.

108   REPERCUSSÃO GERAL DAS QUESTÕES CONSTITUCIONAIS

Na hipótese de inadmissibilidade do recurso extraordinário pelo presidente do Tribunal de origem, o recorrente deveria agravar da decisão e reproduzir a arguição de relevância em capítulo destacado da petição de agravo, quando então subiriam por um mesmo instrumento. Caso o juízo de admissibilidade tivesse sido positivo, a arguição seria apreciada nos próprios autos originais da demanda.

No Supremo, ao relator cabia preparar um extrato da arguição de relevância e encaminhar para todos os demais ministros. O julgamento deveria ocorrer em sessão de Conselho, sendo considerada acolhida quando houvesse manifestação, nesse sentido, de quatro ou mais ministros. Em qualquer hipótese, a decisão era irrecorrível (art. 328, § 5º, do regimento interno do STF de 1980, conforme Emenda Regimental 2, de 1985).

A questão mais polêmica envolvendo a arguição de relevância se relacionava com o julgamento pelo Conselho. Segundo o regimento de 1970 (o primeiro a regulamentar o tema), o julgamento seria secreto[61] e, da ata da sessão a ser publicada, deveria constar apenas a relação das arguições acolhidas e rejeitadas, dispensando-se motivação e não comportando pedido de vista (art. 308, § 4º, VIII e IX[62]).

A ausência de fundamentação e o julgamento secreto renderam muitas críticas ao modelo adotado, principalmente por parte da doutrina. Apesar de não haver na Constituição de 1969 norma expressa determinando a motivação e fundamentação das decisões judiciais, bem apontava J. J. Calmon de Passos que a "motivação é regra geral, sem exceção, em todos os feitos civis e penais, em nosso sistema jurídico, numa explicitação clara de princípio ínsito à garantia, assegurada pela Carta Magna, do devido processo legal".[63] Nessa linha, condenando a ausência de motivação nos

61. "O Conselho não é um órgão novo na estrutura do Supremo, mas sim uma forma e modo de se reunir e deliberar dos órgãos colegiados com poder decisório. (...) Reunir-se em Conselho, por conseguinte, não é reunir-se integrando um órgão diverso da Turma ou do Plenário, mas sim reunir-se em Turma ou em Plenário reservadamente, excluindo-se o público e as partes dos debates. Vê-se, pois, que decidir em Conselho importa apenas em subtrair ao público os debates, com vistas à formação da decisão colegiada" (Calmon de Passos, "Da arguição de relevância no recurso extraordinário", *Revista Forense*, v. 259, pp. 17-18).

62. "§ 4º. A arguição de relevância da questão federal processar-se-á por instrumento, da seguinte forma: (...) VIII – da ata da sessão do Conselho, que se publicará para ciência dos interessados, constará apenas a relação das arguições acolhidas e rejeitadas; IX – a apreciação em Conselho não comportará pedido de vista, dispensará motivação e será irrecorrível."

63. Calmon de Passos, "Da arguição de relevância no recurso extraordinário", *Revista Forense*, v. 259, p. 21.

ANTECEDENTES DA REPERCUSSÃO GERAL 109

julgamentos da arguição de relevância, também se manifestaram Barbosa Moreira, Arruda Alvim e Sergio Bermudes.[64]

Por outro lado, o então Ministro Sydney Sanches[65] apresentou as seguintes justificativas para tal procedimento:

a sessão pode ser administrativa porque o julgamento não é de índole jurisdicional. E, se tivesse de ser pública, sempre haveria de ser admitida a sustentação oral de ambas as partes. E, se a decisão tivesse que ser fundamentada, estaríamos ampliando consideravelmente o número de sessões plenárias do Tribunal, que já são duas por semana. E a avalancha de processo continuaria invencível. Os julgamentos retardados. E o problema insuperado (aliás, esclareço que o Conselho julga mais de 150 arguições de relevância por semana, após a sessão plenária pública de 4ª feira). Encontrou a Corte um meio-termo: fundamentar apenas os acolhimentos das arguições de relevância, mediante verbetes.

No artigo referido, o Ministro apresentou estatística demonstrando que das 4.148 arguições de relevância analisadas entre 1985 (após a vigência da Emenda Regimental 2) e outubro de 1987, foram acolhidas 885, ou seja, aproximadamente 27%, o que demonstraria a imparcialidade e o bom funcionamento da arguição de relevância.

Até a Emenda Regimental 2/1985, não houve definição normativa sobre quando a questão federal seria relevante. Como visto, limitavam-se nas normas regimentais a apresentar um rol de situações em que se presumiria a relevância, visto que em casos tais não seria necessário arguir a relevância como pressuposto de admissibilidade do recurso extraordinário.

E, como os enunciados do STF eram demasiadamente concisos, imotivados e concluídos em procedimento secreto, cabia à doutrina a difícil tarefa de tentar desvendar um conceito para a relevância da questão federal. Em palestra proferida em 1977, concluiu Calmon de Passos que "sua configuração [*da questão federal*] foi deixada, portanto, ao sabor dos critérios subjetivos das partes, ao formulá-la, e dos ministros, ao apreciá-la".[66]

64. Sergio Bermudes, *Comentários ao Código de Processo Civil*, 2ª ed., vol. VII, p. 312.

65. *Arguição de Relevância da Questão Federal*, p. 260.

66. Calmon de Passos, "Da arguição de relevância no recurso extraordinário", *Revista Forense*, v. 259, p. 14.

110 REPERCUSSÃO GERAL DAS QUESTÕES CONSTITUCIONAIS

Além disso, entendia que verificar a relevância ou irrelevância de uma questão federal correspondia a um trabalho bastante complexo e árduo ante a ausência de uma definição normativa, afirmando que

> a questão federal só é irrelevante quando dela não resulta violência à inteireza e à efetividade da lei federal. Fora disso, será navegar no mar incerto do "mais ou menos", ao sabor dos ventos e segundo a vontade dos deuses que geram os ventos nos céus dos homens.[67]

Corroborando as primeiras correntes doutrinárias sobre o tema, Sergio Bermudes apontou que a relevância da questão federal estaria relacionada com a ideia de interesse público:

> não basta que, nos limites da relação processual em que se proferiu o acórdão recorrido, a questão tenha relevo. É necessário que o interesse na sua solução transcenda os lindes do processo, para se projetar na vida social. (...) É da repercussão que o reexame do acórdão pelo Supremo tiver na vida social, na administração da justiça, que nascerá a relevância (...).[68]

Foi somente com a Emenda Regimental 2/1985, que surgiu uma resposta normativa para o que seria a "questão federal relevante". Conforme disposto no art. 327, § 1º, devia-se entender como relevante "a questão federal que, pelos reflexos na ordem jurídica, e considerados os aspectos morais, econômicos, políticos ou sociais da causa, exigir a apreciação do recurso extraordinário pelo Tribunal".

Apesar da inovação normativa,[69] como se percebe, tratava-se de *conceito elástico* e *impreciso*, continuando a merecer críticas da doutrina porque, aliado à ausência de necessária fundamentação, poderia levar a atos arbitrários do Supremo, pois a decisão quanto à arguição de relevância não estava sujeita a qualquer controle de legalidade.

Ademais, as críticas referentes à ausência de fundamentação também consideravam que o sigilo impedia a possibilidade de se apontar qual seria

---

67. Idem, ibidem, p. 16.

68. Sergio Bermudes, *Comentários ao Código de Processo Civil*, 2ª ed., vol. VII, p. 302.

69. De acordo com Arruda Alvim, "a identificação das hipóteses de relevância, e, mais ainda a explicitação do(s) motivo(s) do acolhimento das arguições de relevância, faz com que hajam de ser transpostas as barreiras do caso concreto" (*A Arguição de Relevância no Recurso Extraordinário*, p. 31).

ANTECEDENTES DA REPERCUSSÃO GERAL 111

o conceito de "relevância da questão federal" adotado pelo Supremo.[70] Lembrando que, das mais de 30.000 arguições de relevância analisadas pelo Supremo, apenas aproximadamente 5% foram acolhidas, sendo que 75% foram rejeitadas e 20% não foram conhecidas por questões procedimentais.[71]

Mesmo assim, em que pese todo o esforço do STF em obstar a interposição de recursos extraordinários e com isso tentar aliviar o seu congestionamento, a arguição de relevância não alcançou os fins pretendidos:

em suma, o *writ of certiorari* impede que numerosas e importantes causas sejam debatidas e decididas pela Suprema Corte, mas em contrapartida aquele tribunal julga detidamente cerca de cento e cinquenta, tidas como relevantes. A arguição de relevância, por seu turno, impossibilita que se abra a instância extraordinária a um grande número de feitos, como se neles a lei federal fosse irrelevante, mas, ao mesmo tempo, não consegue fazer com que o Supremo Tribunal se desvencilhe de excessiva carga de trabalho, que prejudica, inelutavelmente, seu desempenho.[72]

Tal fato, aliado aos graves problemas procedimentais da arguição de relevância, levou o constituinte de 1988 a livrar o recurso extraordinário de tal requisito. Outras medidas foram pensadas, sendo a principal delas a criação de um Tribunal superior competente basicamente para uniformizar a interpretação da legislação federal, o Superior Tribunal de Justiça, deixando ao Supremo praticamente apenas a discussão de questões constitucionais.

Finalizando, em rápida comparação com o instituto da repercussão geral, pode-se dizer que, apesar de a experiência da arguição de relevância poder ser apontada como uma das fontes de inspiração para a EC 45/2004, muitas são as diferenças, principalmente quanto aos equívocos ora evitados.

De início, se a finalidade de ambos os institutos é semelhante, no sentido de aliviar a carga de processos distribuídos ao STF, utilizam-se

---

70. Nesse sentido, Antônio Carlos Marcondes Machado, "Arguição de relevância: a competência para o seu exame – O ulterior conhecimento do recurso extraordinário", *Revista de Processo*, n. 42, pp. 71-73.

71. Ives Gandra da Silva Martins Filho, "Critério de transcendência no recurso de revista – Projeto de Lei 3.267/2000", *LTr*, v. 65, p. 912.

72. Antônio Carlos Marcondes Machado, "Arguição de relevância: a competência para o seu exame – O ulterior conhecimento do recurso extraordinário", *Revista de Processo*, n. 42, p. 63.

112 REPERCUSSÃO GERAL DAS QUESTÕES CONSTITUCIONAIS

de técnicas completamente invertidas. A arguição de relevância correspondia a uma hipótese excepcional de admissibilidade de recursos extraordinários *a priori* inadmissíveis. Já a repercussão geral é presumida existente em todos os recursos extraordinários, sendo que, na realidade, os ministros votam sobre eventual inexistência de repercussão geral das questões veiculadas em determinado recurso.

Além disso, interessante notar que a primeira hipótese de expresso cabimento listada no art. 325 do regimento interno se referia aos casos em que o recorrente alegasse violação à Constituição. Isto é, diferentemente da repercussão geral introduzida pela EC 45/2004, a arguição de relevância da Constituição de 1969 apenas restringia o cabimento de recurso extraordinário debatendo questões da legislação federal – e não questões constitucionais. Pode-se concluir que a legislação presumia relevante toda e qualquer eventual violação à Constituição.

Outrossim, principalmente em razão do art. 93, IX, do atual texto constitucional, todo julgamento quanto à repercussão geral é público e fundamentado, havendo ampla disponibilização de informações no sítio eletrônico do Supremo, ou seja, há livre acesso a qualquer pessoa, em qualquer lugar do mundo.

2.3 *A relevância do fundamento da controvérsia constitucional como pressuposto de admissibilidade da arguição de descumprimento de preceito fundamental ("ADPF") – art. 1º, I, da Lei 9.882/1999*

A ADPF é um instituto novo no Direito brasileiro, introduzido pela Constituição de 1988 e originariamente previsto no seu art. 102, parágrafo único, sendo que atualmente está no § 1º, conforme alteração dada pela EC 3/1993: "a arguição de descumprimento de preceito fundamental, decorrente desta Constituição, será apreciada pelo Supremo Tribunal Federal, na forma da lei". Em razão de tal disposição, o STF firmou entendimento de que se trata de norma de eficácia limitada, carente de regulamentação legal para ser aplicada.[73] Em 1999, foi então editada a Lei 9.882, disciplinando o processo e julgamento da ADPF.

Em síntese, a lei previu duas modalidades de processo e julgamento da ADPF. Uma primeira, seguindo o sistema de controle concentrado-incidental junto ao STF, onde se permitiria o "julgamento antecipado"

73. STF, AgRegAI 145.860, rel. Min. Marco Aurélio, j. 9.2.1993.

ANTECEDENTES DA REPERCUSSÃO GERAL 113

de controvérsias constitucionais relevantes (art. 1º, parágrafo único, I, da Lei 9.882/1999). E a outra, seguindo o sistema abstrato de controle de atos infralegais e concretos, de quaisquer entidades políticas, inclusive dos Municípios (art. 1º, *caput*, do citado estatuto legislativo).

No que interessa ao presente trabalho, será analisada a ADPF de controle concentrado-incidental, especificamente quanto à exigência de demonstração de que a controvérsia constitucional é relevante, para fins de sua admissibilidade. Todavia, desde já cumpre ressaltar que tal procedimento ainda não encontrou guarida no dia a dia do Supremo Tribunal Federal, tendo em vista que, no bojo da ADI 2.231-DF, proposta pelo Conselho Federal da Ordem dos Advogados do Brasil, foi concedida medida liminar para suspender o art. 1º, parágrafo único, I, da Lei 9.882/1999, excluindo a possibilidade de ADPF envolvendo controvérsia constitucional concretamente já judicializada.[74]

Por meio da ADPF incidental, levar-se-ia ao conhecimento imediato do STF as questões constitucionais que, a princípio, apenas seriam suscitadas em sede de controle difuso-incidental de constitucionalidade. Ou seja, de modo semelhante ao incidente de inconstitucionalidade perante os tribunais, seria possível levar ao conhecimento do Supremo as questões constitucionais debatidas no processo ainda em curso. No entanto, diferentemente do incidente de inconstitucionalidade, a decisão que viesse a ser proferida no julgamento da ADPF emanaria efeitos *erga omnes* e vinculantes (art. 10, § 3º, da Lei 9.882/1999). Dessa forma, seria inaugurado em nosso ordenamento um sistema misto de controle de constitucionalidade, conjugando as dimensões abstrata e concreta.[75]

No entanto, segundo o art. 1º, parágrafo único, I, da Lei 9.882/1999, apenas seria admissível a ADPF incidental se as questões constitucionais debatidas naquele determinado caso concreto se mostrassem *relevantes*, de forma a justificar o seu julgamento antecipado pela Corte.

De acordo com Dirley da Cunha Jr., com tal pressuposto, seria permitido ao Supremo "avaliar e selecionar questões compreendidas como efetivamente relevantes"[76] à semelhança da arguição de relevância vigente sob a Constituição de 1967 e do recente instituto da repercussão geral.

74. Em síntese, a respeito desse tema, aduz-se na ADI 2.231-DF que a arguição incidental em processo em curso não poderia ter sido criada por lei ordinária, mas tão somente por meio de emenda constitucional. A decisão consta no Informativo STF 253, de 3 a 7 de dezembro de 2001.

75. Dirley da Cunha Jr., *Curso de Direito Constitucional*, 6ª ed., p. 491.

76. Idem, ibidem, p. 496.

114   REPERCUSSÃO GERAL DAS QUESTÕES CONSTITUCIONAIS

Todavia, como o pressuposto da relevância não se estende à *ADPF como ação autônoma* (única modalidade que efetivamente vem sendo aplicada, em razão dos efeitos da decisão liminar na ADI 2.231-DF), o Supremo Tribunal Federal não alterou o RISTF nem sedimentou na jurisprudência parâmetros quanto a esse conceito.

2.4 A transcendência do recurso de revista no direito processual do trabalho

O recurso de revista tem origem praticamente concomitante com a instituição do Tribunal Superior do Trabalho, atualmente competente para o seu julgamento. O art. 76 do Decreto-lei 1.237/1939 introduziu um recurso inominado no âmbito da Justiça Trabalhista, o qual, a partir da Consolidação das Leis Trabalhistas, editada no ano de 1943, passou a ser chamado *recurso extraordinário*, conforme a redação originária do art. 896 da CLT.

Sob a vigência da Constituição de 1946 – quando pela primeira vez se integrou a Justiça do Trabalho à estrutura do Poder Judiciário[77] –, o recurso ganhou a expressão de *recurso de revista*, após alteração do art. 896 da CLT pela Lei 861/1949, que passou à seguinte redação:

Art. 896. Cabe recurso de revista das decisões de última instância, quando: *a*) derem à mesma norma jurídica interpretação diversa da que tiver sido dada pelo mesmo Tribunal Regional ou pelo Tribunal Superior do Trabalho; *b*) proferida com violação da norma jurídica ou princípios gerais de direito.

77. A origem do TST remonta ao Conselho Nacional do Trabalho, criado pelo Decreto 16.027/1923, órgão ligado ao Ministério da Agricultura, Indústria e Comércio e que tinha como finalidade: "a) ser órgão consultivo do Ministério em matéria trabalhista; b) funcionar como instância recursal em matéria previdenciária; e c) atuar como órgão autorizador das demissões dos empregados que, no serviço público, gozavam de estabilidade" (Ives Gandra da Silva Martins Filho, "Critério de transcendência no recurso de revista – Projeto de Lei 3.267/2000", *LTr*, v. 65, p. 913). Posteriormente, em 1º maio de 1941, a Justiça do Trabalho foi institucionalizada, permanecendo o Conselho Nacional do Trabalho como órgão superior, composto por 19 membros e dividido em duas câmaras: uma Câmara de Justiça do Trabalho e uma Câmara de Previdência Social. Nessa época, ao CNT foi atribuída a função de interpretação do ordenamento jurídico-trabalhista, por meio dos prejulgados, que tinham força vinculante sobre as instâncias inferiores. Pouco tempo depois, foi a Constituição de 1946 a primeira a instituir o Tribunal Superior do Trabalho como órgão de cúpula da Justiça do Trabalho, finalmente incluída entre os órgãos do Poder Judiciário.

ANTECEDENTES DA REPERCUSSÃO GERAL 115

Desde então, a doutrina costuma mencionar duas hipóteses de cabimento do recurso de revista, as quais, apesar das nítidas alterações ao longo do tempo até a atual redação,[78] em linhas gerais são: (i) interpretação divergente entre dois tribunais, constituindo o chamado "recurso de revista de divergência"; e (ii) violação à norma jurídica, correspondendo ao "recurso de revista de nulidade".

Mas, como órgão de cúpula da Justiça do Trabalho, desde seus primórdios o TST enfrentou problemas com relação ao excesso de processos. Constituído em 1946,

já no ano de 1952 chegou a ter 4.000 processos aguardando pauta para julgamento, com mais de 700 processos só de um dos juízes esperando ser relatados, o que ocasionava o inconformismo das partes e de seus advogados contra a morosidade do sistema.[79]

E a morosidade da Justiça do Trabalho ainda se agravava porque, além do longo período de julgamento perante o TST, muitas vezes também era necessário aguardar julgamento moroso pelo STF. Isso porque, contra as decisões do TST, cabia recurso extraordinário ao Supremo Tribunal Federal, com a finalidade de uniformização da interpretação da lei federal ou da Constituição.

Diante de tal contexto, em 1953 foi apresentada a Proposta de Emenda Constitucional 10, visando à extinção do TST, pois não havia motivos para essa dupla possibilidade de uniformização jurisprudencial. Todavia, a PEC foi rejeitada e, em 1965, foi aprovada a EC 16, prescrevendo a irrecorribilidade dos julgamentos realizados pelo TST com fundamento

78. "Art. 896. Cabe Recurso de Revista para Turma do Tribunal Superior do Trabalho das decisões proferidas em grau de recurso ordinário, em dissídio individual, pelos Tribunais Regionais do Trabalho, quando: *a*) derem ao mesmo dispositivo de lei federal interpretação diversa da que lhe houver dado outro Tribunal Regional, no seu Pleno ou Turma, ou a Seção de Dissídios Individuais do Tribunal Superior do Trabalho, ou a Súmula de Jurisprudência Uniforme dessa Corte; *b*) derem ao mesmo dispositivo de lei estadual, Convenção Coletiva de Trabalho, Acordo Coletivo, sentença normativa ou regulamento empresarial de observância obrigatória em área territorial que exceda a jurisdição do Tribunal Regional prolator da decisão recorrida, interpretação divergente, na forma da alínea a; *c*) proferidas com violação literal de disposição de lei federal ou afronta direta e literal à Constituição Federal. (...). § 6º. Nas causas sujeitas ao procedimento sumaríssimo, somente será admitido recurso de revista por contrariedade a súmula de jurisprudência uniforme do Tribunal Superior do Trabalho e violação direta da Constituição da República."

79. Ives Gandra da Silva Martins Filho, "Critério de transcendência no recurso de revista – Projeto de Lei 3.267/2000", *LTr*, v. 65, p. 913.

116   REPERCUSSÃO GERAL DAS QUESTÕES CONSTITUCIONAIS

na violação à legislação federal, restando cabível a interposição de recurso extraordinário somente nas hipóteses de violação ao texto constitucional. A partir de então, o TST se tornava detentor da última palavra sobre a legislação trabalhista infraconstitucional, o que se mantém até os dias atuais.

Contudo, tal reforma não foi suficiente para contornar a crise vivida pelo TST, que desde a sua instalação recebe anualmente cada vez mais recursos, à semelhança da situação dos demais Tribunais Superiores. Em 1950, o TST julgou 2.403 processos; em 1960, 7.803; em 1980, 13.915; em 1990, 20.473, sendo que tal número alcançou a impressionante cifra de 121.247 julgamentos no ano de 1999.[80]

Como se nota, os números são muito próximos daqueles verificados no STF e no STJ, de modo a se concluir que o TST também se encontra em situação de grave crise decorrente do excesso de processos recebidos, o que compromete a sua prestação jurisdicional. Assim como ocorre no âmbito do STF e do STJ, os recursos acabam sendo julgados pela enorme estrutura de assessores de cada um dos Ministros, ante a desumana tarefa de julgamento de um número tão expressivo de recursos.

Diante desse quadro, e no contexto da *reforma do Judiciário*, no ano 2000 foi apresentado o Projeto de Lei 3.267, com o objetivo de introduzir o critério da transcendência como requisito de admissibilidade do recurso de revista no Tribunal Superior do Trabalho. Segundo o projeto, seria acrescentado o art. 896-A à CLT, com a seguinte redação:

Art. 896-A. O Tribunal Superior do Trabalho não conhecerá de recurso oposto contra decisão em que a matéria de fundo não ofereça transcendência com relação aos reflexos gerais de natureza jurídica, política, social ou econômica.

§ 1º. Considera-se transcendência:

I – jurídica, o desrespeito patente aos direitos humanos, fundamentais ou aos interesses coletivos indisponíveis, com comprometimento da segurança e estabilidade das relações jurídicas;

II – política, o desrespeito notório ao princípio federativo ou à harmonia dos Poderes constituídos;

III – social, a existência de situação extraordinária de discriminação, de comprometimento do mercado de trabalho ou de perturbação notável à harmonia entre capital e trabalho;

IV – econômica, a ressonância de vulto da causa em relação a entidade de direito público ou economia mista, ou grave repercussão

80. Idem, ibidem, p. 914.

ANTECEDENTES DA REPERCUSSÃO GERAL   117

da questão na política econômica nacional, no segmento produtivo ou no desenvolvimento regular da atividade empresarial.

No entanto, em 4 de setembro de 2001, pouco antes da promulgação da EC 32/2001, que restringiu o uso de Medidas Provisórias, foi editada a MP 2.226, acrescendo à CLT o art. 896-A atualmente vigente, mas nos seguintes termos: "Art. 896-A. O Tribunal Superior do Trabalho, no recurso de revista, examinará previamente se a causa oferece transcendência com relação aos reflexos gerais de natureza econômica, política, social ou jurídica."

E conforme o art. 2º da aludida MP, caberia ao TST "regulamentar, em seu regimento interno o processamento da transcendência do recurso de revista".

Todavia, como até a presente data não houve regulamentação do procedimento relativo à demonstração de transcendência no recurso de revista, o art. 896-A jamais foi aplicado, em que pesem todas as discussões que ocorreram a seu respeito na doutrina e jurisprudência constitucional.[81]

Quanto ao originário PL 3.267/2000, encontra-se arquivado na Mesa Diretora da Câmara dos Deputados, após ter sido retirado de pauta em setembro de 2009.[82]

81. O STF liminarmente reputou a MP 2.226/2001 constitucional, nos autos da MC na ADI 2.527.
82. É possível verificar os andamentos do PL 3.267/2000 no sítio eletrônico da Câmara dos Deputados: <http://www.camara.gov.br/sileg/Prop_lista.asp?Pagina=781&Ass1=art>, acesso em 9.7.2012.

Capítulo 3
REPERCUSSÃO GERAL

3.1 Natureza jurídica – 3.2 Exame político ou jurisdicional? – 3.3 Conceitos jurídicos indeterminados – 3.4 Discricionariedade judicial? – 3.5 Critérios identificadores: 3.5.1 Repercussão qualitativa (relevância): primeiros elementos: 3.5.1.1 Relevância econômica – 3.5.1.2 Relevância jurídica stricto sensu – 3.5.1.3 Relevância política – 3.5.1.4 Relevância social. 3.5.2 Transcendência – 3.5.3 Parâmetros indicativos da repercussão geral conforme a jurisprudência do STF. 3.6 Repercussão geral presumida (art. 543-A, § 1º, do CPC-1973; art. 1.035, § 3º, inciso I, do novo CPC): 3.6.1 Outras presunções – 3.6.2 Situações em que há maior probabilidade de reconhecimento da repercussão geral: 3.6.2.1 Controle de constitucionalidade concentrado – 3.6.2.2 Divergência jurisprudencial entre as instâncias inferiores – 3.6.2.3 Ações coletivas – 3.6.2.4 Declaração de inconstitucionalidade de tratado ou lei federal (art. 102, III, "b", da Constituição). 3.6.3 Art. 324, § 2º, do RISTF: hipótese de presunção de inexistência de repercussão geral – 3.6.4 Presunções de repercussão geral no novo Código de Processo Civil (Lei 13.105/2015)). 3.7 Critérios negativos: hipóteses em que o STF vem negando o reconhecimento de repercussão geral – 3.8 Contrassensos da repercussão geral: 3.8.1 Repercussão geral das questões federais (STJ) – 3.8.2 As ações de competência originária do STF.

3.1 Natureza jurídica

A doutrina propõe o estudo cindido entre juízo de admissibilidade e juízo de mérito dos recursos.[1] No juízo de mérito, aprecia-se a irresig-

---

1. "Todo ato postulatório sujeita-se a exame por dois ângulos distintos: uma primeira operação destina-se a verificar se estão satisfeitas as condições impostas pela lei para que o órgão possa apreciar o conteúdo da postulação; outra, subsequente, a perscrutar-lhe o fundamento, para acolhê-la, se fundada, ou rejeitá-la, no caso contrário" (Barbosa Moreira, *Comentários ao Código de Processo Civil. Arts. 476 a 565*, 14ª ed., vol. V, p. 261).

REPERCUSSÃO GERAL 119

nação da parte recorrente contra a decisão impugnada. Mas é no juízo de admissibilidade, realizado previamente ao julgamento de mérito, que se verifica a presença de todos os requisitos processuais de regularidade formal do recurso.

Sendo um desdobramento do direito de ação, os recursos também dependem da verificação de determinadas condições necessárias ao seu exercício. Como decorrência das próprias condições da ação (legitimidade de parte, interesse processual e possibilidade jurídica do pedido), a doutrina aponta a necessidade de verificação de alguns pressupostos genéricos para o cabimento dos recursos,[2] extrínsecos (tempestividade, preparo, regularidade formal e inexistência de fato impeditivo ou extintivo do poder de recorrer) e intrínsecos (cabimento, legitimação para recorrer e interesse em recorrer).

Mas, além de tais pressupostos (ou requisitos) "genéricos" a quaisquer recursos, os recursos do tipo extraordinário (recurso extraordinário e recurso especial)[3] exigem também alguns pressupostos específicos, presentes nos arts. 102, III, e 105, III, da Constituição. Tais matérias são verificadas quando do juízo de admissibilidade dos recursos, de forma que o juízo de mérito apenas será realizado caso verificada a presença de todos os pressupostos genéricos e específicos necessários.

Com a introdução do requisito da repercussão geral, resta indagar qual a sua natureza jurídica, mais especificamente se corresponde a mais um pressuposto de admissibilidade do recurso extraordinário previsto no art. 102, III, da Constituição da República.

Ao longo dos treze anos de vigência da arguição da relevância, houve certa divergência quanto à sua natureza jurídica, se recurso ou mero incidente preliminar ao juízo de admissibilidade, tendo prevalecido essa segunda posição. No entanto, o debate existia porque a arguição de relevância se dava mediante a formação de um incidente autônomo ao STF, o que não se verifica na repercussão geral, invocada preliminarmente às razões do recurso extraordinário.

De acordo com a redação contida no § 3º do referido art. 102, III, o exame da repercussão geral deve ser realizado "a fim de que o Tribunal examine a admissão do recurso". Isto é, em um primeiro momento, parece que o legislador não teria incluído a repercussão geral no exame de

2. Por todos, Nelson Nery Jr., *Princípios Fundamentais: Teoria Geral dos Recursos*, 5ª ed.

3. Rodolfo de Camargo Mancuso, *Recurso Extraordinário e Recurso Especial*, 10ª ed., pp. 111-113.

120 REPERCUSSÃO GERAL DAS QUESTÕES CONSTITUCIONAIS

admissibilidade do recurso extraordinário. Seria uma necessidade prévia ao próprio juízo de admissibilidade.

Nessa linha se posicionaram alguns doutrinadores, como Rodolfo de Camargo Mancuso, ao afirmar que "a repercussão geral é um pré-requisito genérico ao juízo de admissibilidade do RE",[4] e também Arruda Alvim, para quem

> essa deliberação preliminar é inconfundível com a admissibilidade propriamente dita (verificação do cabimento/enquadramento do recurso nas hipóteses do art. 102 da CF e legislação ordinária), a qual é juízo preambular já dentro do procedimento do julgamento do recurso.[5]

Todavia, o art. 543-A do CPC-1973 (art. 1.035 do novo CPC) determina que o "Supremo Tribunal Federal, em decisão irrecorrível, não conhecerá do recurso extraordinário, quando a questão constitucional nele versada não oferecer repercussão geral". Ora, se a consequência da ausência de repercussão geral será o não conhecimento do recurso, pode-se concluir que a repercussão geral seria também um requisito de admissibilidade.

Nessa linha, Luiz Guilherme Marinoni e Daniel Mitidiero defendem que a repercussão geral corresponde a um novo "requisito intrínseco de admissibilidade recursal",[6] não necessariamente tendo prioridade de exame em relação aos demais requisitos de admissibilidade.

Realmente, após a distribuição do recurso extraordinário, não está o relator obrigado a imediatamente remeter o exame de repercussão geral à turma ou ao plenário do STF, caso constate a ausência de outros pressupostos de admissibilidade, como a intempestividade ou ausência de recolhimento de custas. Percebendo a inadmissibilidade do recurso por questões outras que não a repercussão geral, com fundamento nos arts. 557 do CPC-1973 (art. 932, inciso III, do novo CPC) e 323 do RISTF, caberá ao ministro relator monocraticamente negar seguimento ao recurso extraordinário, situação em que a repercussão geral dos temas constitucionais levantados pelo recorrente não será objeto de apreciação pela Corte. Veja que o citado art. 323 do RISTF é claro ao determinar que o relator ou

---

4. Rodolfo de Camargo Mancuso, *Recurso Extraordinário e Recurso Especial*, 10ª ed., p. 185.

5. Arruda Alvim, "A EC 45 e o instituto da repercussão geral", p. 64.

6. Luiz Guilherme Marinoni e Daniel Mitidiero, *Repercussão Geral no Recurso Extraordinário*, p. 39.

REPERCUSSÃO GERAL 121

o Presidente apenas submeterá a repercussão geral aos demais ministros "quando não for caso de inadmissibilidade do recurso por outra razão".

3.2 Exame político ou jurisdicional?

A teoria do ato de governo ou ato político se desenvolveu no Direito francês, durante o século XIX, justificando que determinados atos não seriam suscetíveis de recurso diante do Conselho de Estado, assim como não poderia gerar reclamação eficaz aos particulares, por prejuízos sofridos. Sendo assim, as discussões desse tema sempre tiveram sua razão de ser na ausência (ou pelo menos diminuta) responsabilidade do Estado pela prática de tais atos. Além disso, importante ressaltar que já houve quem defendesse a inexistência de atos políticos, constituindo a chamada corrente negativista.[7]

Com relação ao Direito brasileiro atual, é possível entender que a categoria dos atos políticos constitui espécie do gênero ato administrativo, sendo difícil apontar diferenças substanciais entre ambos. Na realidade, tanto o ato administrativo quanto o ato político visam à atuação da vontade do Estado, mediante a concretização do direito e da lei vigentes. No entanto, caracterizando os atos políticos como atos discricionários, as teorias que pretendem explicá-los verificam que sua razão de distinção estaria na menor esfera de controle jurisdicional dos atos políticos. Isto é, pretende-se apontar uma relação de atos que não poderiam ser objeto de revisão por parte do Poder Judiciário. Por se tratar de decorrência do Poder Político do Estado, não caberia ao Judiciário se imiscuir no mérito de tais determinações estatais.

Nesse sentido, seriam exemplos típicos de atos de governo: a decretação do estado de sítio; a convocação extraordinária do Congresso Nacional; a permissão a forças estrangeiras para que transitem pelo território nacional ou para que nele permaneçam, temporariamente, nos casos previstos em lei pelo Presidente da República, desde que autorizado pelo Congresso Nacional; a criação de comissões de inquérito pela Câmara dos Deputados ou pelo Senado Federal; a decretação de intervenção federal

---

7. Ver José Cretella Jr., "Teoria do ato político", RT, v. 77. Nesse artigo, o autor realiza breve estudo histórico da teoria do ato político. Além da corrente negativista, aponta a existência de ao menos outras duas: a) teleológica (o caráter governamental do ato depende do fim visado) e b) teoria da natureza do ato (o ato de governo é definido não pelo fim perseguido, mas pelo esclarecimento das noções governar e administrar, Governo e Administração). Em razão dessa última, diz-se que "ato político é aquele que promana do Governo, no exercício do poder político".

122 REPERCUSSÃO GERAL DAS QUESTÕES CONSTITUCIONAIS

pelo Presidente da República; a concessão de indulto e a comutação de penas pelo Presidente da República; a nomeação e a exoneração de ministros de Estado, do governador do Distrito Federal e dos governadores dos Territórios; entre outros.

Porém, como bem observado por José Cretella Jr.,

> a afirmação de que "os atos exclusivamente políticos são imunes à apreciação jurisdicional" precisa ser entendida em seu sentido exato, que é: "os atos exclusivamente políticos são imunes à apreciação jurisdicional apenas no que encerram *de político*", porque, integrando a ordem jurídica, à qual se submetem e adaptam, como atos jurídicos que são, devem concretizar-se de harmonia com o princípio da legalidade e conforme competência constitucional.[8]

A jurisdição, por sua vez, caracterizada por ser poder, função e atividade ao mesmo tempo,[9] relaciona-se com a capacidade de decidir e impor as respectivas decisões, pelos órgãos estatais destinados a promover a pacificação. Suas características elementares são: substitutividade; escopo jurídico de atuação do direito; existência de lide; inércia e definitividade. E, comparando a Administração com a Jurisdição,

> a diferença entre as duas atividades está em que: a) embora cumpra a lei, tendo-a como limite de sua atividade, o administrador não tem o escopo de atuá-la (o escopo é, diretamente, a realização do bem comum); b) quando a Administração Pública pratica ato que lhe compete, é o próprio Estado que realiza uma atividade relativa a uma relação jurídica de que é parte, faltando portanto o caráter substitutivo; c) os atos administrativos não são definitivos, podendo ser revistos jurisdicionalmente em muitos casos.[10]

Diante desse panorama, entende Arruda Alvim que o instituto da repercussão geral "se coloca como elemento prévio de avaliação política para a admissão propriamente dita do recurso extraordinário".[11] Contudo, conclui que, apesar do poder político conferido ao STF, o juízo quanto à repercussão geral não poderá ser discricionário, esclarecendo que

8. José Cretella Jr., "Teoria do ato político", *RT*, v. 77.
9. Araújo Cintra, Ada Pellegrini Grinover e Dinamarco, *Teoria Geral do Processo*, p. 165.
10. Idem, ibidem, p. 171.
11. Arruda Alvim, "A EC 45 e o instituto da repercussão geral", p. 82.

REPERCUSSÃO GERAL   123

esse poder político não deverá ter, pela sua regulamentação em lei ordinária, a margem de flexibilidade, de que se pode dizer inerente ao ajuizamento de questões políticas, vale dizer, a conveniência ao julgamento destas inerente, para utilizarmos a expressão clássica e constante do direito administrativo.

Todavia, não parece ser esse o entendimento mais correto.

É verdade que o Poder Judiciário também pratica atos administrativos e até mesmo atos políticos, sendo exemplo desses últimos a promoção de magistrados pelo critério de merecimento.[12] Mas, realmente, não parece ser esta a natureza das decisões proferidas no procedimento da repercussão geral.

Com efeito, apesar de possuir efeitos *sui generis*, uma vez que decisões versando unicamente sobre um pressuposto de admissibilidade do recurso extraordinário (dentre vários outros) repercutirão sobre todos os demais recursos extraordinários a respeito da mesma controvérsia (art. 543-B do CPC-1973; art. 1.036 do novo CPC), parece inegável que o STF apenas decidirá após provocado, com flagrante escopo de atuação do direito (e não a realização do bem comum), e substituindo a vontade das partes (isto é, não atua o STF como parte de uma relação jurídica). Ademais, inequívoca a definitividade dessa decisão.

Claro que, conforme mencionam Rodolfo de Camargo Mancuso e Bruno Dantas, há algum caráter político nas decisões do Supremo Tribunal Federal acerca do exame da repercussão geral, na medida em que se deve verificar a repercussão do tema sobre um grupo social relevante. Como corretamente anotado por esse último autor, permite-se ao STF "definir uma linha de política judiciária a ser adotada (...), todavia esse gesto do legislador não é suficiente para, automaticamente, conferir natureza política ao processo cognoscitivo tendente a aferir a existência de repercussão geral".[13]

3.3 Conceitos jurídicos indeterminados

A EC 45 delegou à legislação infraconstitucional a missão de definir o que se entenderia por "repercussão geral das questões constitucionais", o que foi observado pela Lei 11.418, inserindo o § 1º ao art. 543-A do CPC-1973 (art. 1.035, § 1º, do novo CPC): "para efeito da repercussão

12. José Cretella Jr., "Teoria do ato político", *RT*, v. 77.
13. Bruno Dantas, *Repercussão Geral*, 3ª ed., p. 240.

124 REPERCUSSÃO GERAL DAS QUESTÕES CONSTITUCIONAIS

geral, será considerada a existência, ou não, de questões relevantes do ponto de vista econômico, político, social ou jurídico, que ultrapassem os interesses subjetivos da causa". Dispositivo esse posteriormente quase inteiramente copiado no parágrafo único do art. 322 do RISTF.

De início, percebe-se que o legislador conceituou a repercussão geral por meio do binômio *relevância* e *transcendência*. Isto é, precisam ser relevantes do ponto de vista econômico, social ou jurídico; e também transcender aos limites subjetivos das partes envolvidas no recurso extraordinário. Apesar de a expressão *repercussão geral* remeter à ideia de transcendência, é preciso também que haja *relevância*.[14]

No entanto, além da previsão do art. 543-A do CPC-1973 (art. 1.035 do novo CPC), permite-se ainda que o Supremo Tribunal Federal reconheça a repercussão geral quando houver "multiplicidade de recursos com fundamento em idêntica controvérsia", na forma do art. 543-B (art. 1.036 do novo CPC), que não menciona a necessidade de se demonstrar relevância do tema versado no recurso.

A respeito desse conceito do art. 543-A, § 1º, do CPC-1973 (art. 1.035, § 1º, do novo CPC), a doutrina tem chamado de *repercussão geral qualitativa*, por levar em conta a importância do tema objeto do recurso extraordinário, do ponto de vista econômico, político, social ou jurídico. Em contraposição, o art. 543-B (art. 1.036 do novo CPC) delimitaria a denominada *repercussão geral quantitativa*, permitindo o reconhecimento da repercussão geral quando houver vários recursos sobre o mesmo tema, envolvendo pessoas "em idêntica ou semelhante situação jurídica ou fática".[15]

Mas o legislador se valeu de conceitos vagos, deixando ao intérprete, no caso, ao STF, a tarefa de definir com precisão o seu significado, razão pela qual inúmeros questionamentos surgiram desde a edição da Lei 11.418/2006.

A respeito dessa técnica, cabe tecer alguns comentários.

O homem vive em sociedade, sendo que a expressão de seus pensamentos e ideias se faz pela linguagem – o que ocorre quando profere algumas palavras –, de modo que não existe o Direito sem linguagem. E

---

14. Nesse sentido, Guilherme José Braz de Oliveira, *Repercussão Geral das Questões Constitucionais e suas Consequências para o Julgamento do Recurso Extraordinário*, p. 170; e Carolina Brambila Bega, *Repercussão Geral das Questões Constitucionais: Aspectos Processuais*, p. 65.

15. Guilherme José Braz de Oliveira, *Repercussão Geral das Questões Constitucionais e suas Consequências para o Julgamento do Recurso Extraordinário*, p. 171.

REPERCUSSÃO GERAL 125

como as normas têm por destinatários as pessoas, é preciso que o Direito se valha da linguagem comum, ordinária, para autorizar, dirigir, orientar e proibir condutas.

No entanto, a linguagem é uma ferramenta rica e complexa, podendo ser utilizada para diversos propósitos e por meio de variadas formas, verificando-se, inclusive, a existência de muitos conflitos em razão de incorretas comunicações. Mas no que toca ao tema ora abordado, cabe apontar que os conceitos, que podem ser definidos como *significado do termo*, muitas vezes são imbuídos de certa vaguidade ou indeterminação.

Com efeito, em regra, os conceitos necessitam de várias palavras para sua correta delimitação, de forma que é possível ao legislador se valer de palavras com significados mais abstratos que outras, de modo a atingir um número maior de pessoas e situações.

Assim, a estrutura do conceito é formada por um núcleo, que constitui seu significado primário, e um halo, composto por expressões de linguagem que se referem ao núcleo e delimitam o âmbito do conceito, podendo ampliar os seus limites. Analisando essa estrutura, percebe-se, então, que há uma zona de certeza, o núcleo, e um zona de dúvida, o halo. Exemplificando, podem ser mencionadas as expressões "valor histórico", "paz noturna" e também "repercussão geral".

De acordo com Eros Roberto Grau,[16] a indeterminação não se refere aos conceitos propriamente, mas às expressões utilizadas. Por isso, seria mais correto mencionar *termos indeterminados de conceitos*, e não *conceitos indeterminados*, pois são as expressões que são universais e não as ideias que contêm.[17] Para o autor, se o conceito é indeterminado, então não há sequer conceito.

Porém, corretamente, Celso Antônio Bandeira de Mello afirma que, na realidade, a imprecisão, fluidez e indeterminação residem no próprio conceito, e não da expressão terminológica. Para assim concluir, afirma que mesmo os conceitos vagos, fluidos ou imprecisos têm algum conteúdo mínimo indiscutível.[18] Trata-se do que chama de zona de certeza positiva.

16. Eros Roberto Grau, *O Direito Posto e o Direito Pressuposto*, 7ª ed., p. 202.
17. Aline Maria Dias Bastos, *Conceitos Jurídicos Indeterminados: Discricionariedade ou Vinculação?*, p. 22.
18. "A imprecisão, fluidez, indeterminação, a que se tem aludido residem *no próprio conceito e não na palavra que os rotula*. Há quem haja, supreendentemente, afirmado que a imprecisão é da palavra e não do conceito, pretendendo que este é sempre certo, determinado. Pelo contrário, as palavras que os recobrem designam *com*

126 REPERCUSSÃO GERAL DAS QUESTÕES CONSTITUCIONAIS

Além disso, também é possível identificar uma zona de certeza negativa, em que a inaplicabilidade da palavra que designa o conceito é indiscutível. E justamente no intervalo entre ambas é que surgem as dúvidas. Nesse passo, Aline Maria Dias Bastos, verificando essa estrutura dos conceitos jurídicos indeterminados, conclui que:

a zona de certeza é o domínio das afirmações evidentes, configurada por dados prévios, seguros. O halo é a zona que rodeia o núcleo ou, dito com maior precisão, uma zona onde não existe uma certeza prévia e cuja determinação exige o desenrolar da ideia do conceito, visto que sua aplicação requer a análise das características de cada caso, na busca de um sentido valorativo.[19]

O conceito, por ser formado por duas zonas (de certeza e de dúvida), também possui dois limites, sendo que nas áreas de certeza positiva e de certeza negativa, a atuação será sempre vinculada, mais estreita.

Por isso, a utilização de conceitos indeterminados corresponde a uma técnica relevante nas mãos do legislador, que pode eleger expressões mais ou menos precisas, concedendo mais ou menos liberdade ao intérprete, a depender da matéria que pretende regular. No que tange ao direito constitucional, por exemplo, a utilização de expressões mais abertas permite que o mesmo texto seja aplicado em contextos sociais distintos, havendo flexibilidade da norma frente às mudanças sociais ao longo do tempo.

Nesse contexto, relativamente à definição do que seria a repercussão geral – e apesar da dificuldade inicial de compreensão do exato sentido e alcance de tal norma –, a solução encontrada pelo legislador merece elogios, pois permite ao intérprete adequar a aplicação do dispositivo conforme um contexto social e político sempre atual. Diferentemente, a eventual definição da repercussão geral por meio de conceitos fechados inequivocamente acarretaria na desatualização da norma em futuro próximo.

Juntamente com Rodolfo de Camargo Mancuso,[20] concordamos com Eduardo de Avelar Lamy ao afirmar que

absoluta precisão algo que é, em si mesmo, um objeto mentado cujos confins são imprecisos. Se a palavra fosse imprecisa – e não o conceito – bastaria substituí-la por outra ou cunhar uma nova para que desaparecesse a fluidez do que se *quis comunicar"* (*Discricionariedade e Controle Jurisdicional*, pp. 20-21).

19. Aline Maria Dias Bastos, *Conceitos Jurídicos Indeterminados: Discricionariedade ou Vinculação?*, p. 26.

20. Rodolfo de Camargo Mancuso, *Recurso Extraordinário e Recurso Especial*, 10ª ed., pp. 187-188.

REPERCUSSÃO GERAL

a presença de conceitos vagos em textos legais se justifica em razão do aumento da complexidade social havido nos últimos séculos, que impossibilitou aos códigos cumprirem, sozinhos e detalhadamente, a missão de regular todas as ricas e diversificadas hipóteses geradoras de lide. Nesse desiderato, passaram a ser inseridos conceitos vagos nas legislações exatamente para que, por meio destes, as demais fontes do direito pudessem, de forma operativamente eficaz, complementar o texto legal e possibilitar interpretar-se o sentido do conceito vago de forma adequada a cada caso concreto.[21]

Realmente, como observado por José Carlos Baptista Puoli, não é apenas a plurissignificação das palavras que justifica a existência dos conceitos indeterminados no Direito atual. Adicionalmente,

o incremento da atividade econômica e o desenvolvimento do capitalismo baseado na expansão e crescimento dos mercados passaram a gerar, num grau muito maior do que ocorria até então, situações da vida que ainda não haviam sido previamente reguladas pelo legislador.[22]

A técnica legislativa utilizada certamente permitirá ao STF admitir no futuro, sem maiores problemas técnicos, a repercussão geral de temas que no passado não possuíam a relevância suficiente para tanto, como decorrência das inevitáveis modificações da sociedade e de seus valores ao longo do tempo.

3.4 Discricionariedade judicial?

O termo *discricionariedade* foi bastante desenvolvido pelos estudiosos do direito administrativo, significando, em linhas gerais, a possibilidade de escolha entre diversas formas de se chegar ao bem comum. No entanto, muito se discute a respeito da possibilidade de se afirmar que as decisões judiciais seriam discricionárias, na medida em que ao juiz compete verificar qual a melhor solução para determinada controvérsia, não estando vinculado a uma única solução pelo legislador.

Entende-se discricionária a decisão administrativa que tenha sido definida por critérios de oportunidade e conveniência do administrador público, no tocante ao mérito do ato. Isto é, havendo a possibilidade de

---

21. Eduardo de Avelar Lamy, "Repercussão geral no recurso extraordinário: a volta da arguição de relevância?", p. 175.

22. José Carlos Baptista Puoli, *Os Poderes do Juiz e as Reformas do Processo Civil*, p. 72.

128 REPERCUSSÃO GERAL DAS QUESTÕES CONSTITUCIONAIS

mais de uma escolha, o administrador opta por uma determinada, sendo que, entretanto, qualquer uma delas seria entendida como válida e correta, pois são conferidas pela legalidade administrativa. Nesse sentido, não se pode falar propriamente em acerto ou erro, pois cabia legitimamente ao administrador realizar a escolha.

Com o Estado de Direito, toda atividade administrativa foi subjugada a um quadro normativo, impositivo a todos: Estado e indivíduos particulares. Por isso, desde então se entende que a atividade administrativa é uma atividade essencialmente infralegal, sendo que a Administração apenas pode atuar quando a lei permite, de modo que não goza de liberdade tal como os particulares, a quem é permitido agir conforme aquilo que não lhes é proibido. Mas, apesar dessa vinculação à lei, casos existem em que o legislador confere ao administrador uma margem de liberdade em sua atuação, denominada pela doutrina de discricionariedade administrativa.[23]

No entanto,

a lei, ao regular as várias possíveis situações a ocorrerem no mundo real, pode disciplinar a conduta do agente público estabelecendo de antemão e em termos estritamente objetivos, aferíveis objetivamente, quais as situações de fato que ensejarão o exercício de uma dada conduta e determinando, em seguida, de modo completo, qual o comportamento único que, perante aquela situação de fato, tem que ser obrigatoriamente tomado pelo agente. Neste caso, diz-se que existe vinculação.[24]

Nas hipóteses em que a lei confere certa margem de liberdade ao administrador, normalmente haverá uma referência à situação de fato, mas frequentemente descrita por expressões envolvendo conceitos fluidos, imprecisos, também denominados de vagos ou indeterminados.

A respeito do ato administrativo discricionário, Maria Sylvia Di Pietro explica que a sua justificativa ocorre por um critério de ordem jurídica e outro de ordem prática. Como o ordenamento jurídico é piramidal, há vários graus pelos quais se expressa o Direito. A cada ato, acrescenta-se um elemento novo não previsto no anterior, momento em que se utiliza a discricionariedade, permitindo a final aplicação da norma ao caso concreto. Em razão do critério de ordem prática, a discricionariedade se justifica "para evitar o automatismo que ocorreria fatalmente se os

23. Celso Antônio Bandeira de Mello, *Discricionariedade e Controle Jurisdicional*, p. 16.
24. Idem, ibidem.

REPERCUSSÃO GERAL 129

agentes administrativos não tivessem senão que aplicar rigorosamente as normas preestabelecidas" e também para "suprir a impossibilidade em que se encontra o legislador de prever todas as situações possíveis que o administrador terá que enfrentar".[25]

A característica central da discricionariedade certamente reside na possibilidade de que o administrador tenha alguma margem de escolha, prevista em lei, a ser preenchida por critérios de conveniência e oportunidade no caso concreto. A discricionariedade pode se dar quanto ao *momento* de prática do ato administrativo, à *escolha entre agir ou não agir* perante determinada situação, assim como quanto ao *motivo* e *conteúdo* dos atos administrativos.[26]

O motivo[27] será discricionário quando a lei não o definir, deixando a critério da Administração, ou quando a lei o definir por meio de conceitos jurídicos indeterminados, cabendo ao administrador apreciá-los segundo critérios de oportunidade e conveniência administrativa. Um exemplo se refere à punição do servidor que praticar "falta grave", em hipótese na qual a lei não traz elementos precisos sobre o que seria a "falta grave".

Com relação ao conteúdo, "será discricionário quando houver vários objetos possíveis para atingir o mesmo fim, sendo todos eles válidos perante o direito".[28] Exemplificativamente, mencionam-se as hipóteses em que a lei prevê diversas punições possíveis para uma mesma infração, como "multa ou suspensão" de um determinado direito.

Assim, conclui Celso Antônio Bandeira de Mello que:

> discricionariedade, portanto, é a margem de liberdade que remanesça ao administrador para eleger, segundo critérios consistentes de razoabilidade, um, dentre pelo menos dois comportamentos cabíveis, perante cada caso concreto, a fim de cumprir o dever de adotar a solução mais adequada à satisfação da finalidade legal, quando, por força da fluidez das pressões da lei ou da liberdade conferida no

25. Maria Sylvia Di Pietro, *Direito Administrativo*, 25ª ed., p. 220.
26. Valendo-se o legislador de tal técnica, haverá uma interferência subjetiva no que se refere "a) à determinação ou reconhecimento da situação fática ou b) no que concerne a não agir ou agir ou c) no que atina à escolha da ocasião asada para fazê-lo ou d) no que diz com a forma jurídica através da qual veiculará o ato ou e) no que respeita à eleição da medida considerada idônea perante aquela situação fática, para satisfazer a finalidade legal" (Celso Antônio Bandeira de Mello, *Discricionariedade e Controle Jurisdicional*, 2ª ed., p. 17).
27. O motivo pode ser definido como o pressuposto fático que antecede a prática do ato.
28. Maria Sylvia Di Pietro, *Direito Administrativo*, 25ª ed., p. 223.

130 REPERCUSSÃO GERAL DAS QUESTÕES CONSTITUCIONAIS

mandamento, dela não se possa extrair objetivamente, uma solução unívoca para a situação vertente.[29]

Com relação à decisão do STF sobre a repercussão geral das questões constitucionais, há quem entenda que seria discricionária, como José Levi Mello do Amaral Junior e Ives Braghittoni,[30] tendo em vista a ampla margem de interpretação decorrente dos conceitos jurídicos indeterminados empregados na regulamentação da EC 45/2004:

> se o legislador quisesse que o julgamento fosse de outra forma, que não a decisão política e discricionária, sobre o que é transcendente (ou relevante, ou de repercussão geral), não teria usado essas expressões. Teria tentado definir, na própria norma, qual o seu entendimento sobre quais são as matérias transcendentes, ou relevantes, ou de repercussão geral.[31]

Porém, como visto, a decisão a respeito da existência ou não de repercussão geral deve ser entendida como uma decisão jurisdicional, e não um ato político da Corte. Assim, distintamente do administrador público, verifica-se que o juiz não julga com fundamento em critérios de oportunidade e conveniência, ainda que a lei lhe confira uma margem mais ampla para a decisão. Na realidade, o juiz busca a melhor decisão, que será a única correta. A eventual margem no processo decisório tem como finalidade permitir ao juiz verificar qual será a melhor solução para o caso concreto, mas sem que se possa entender que as demais soluções também seriam corretas. Nesse ponto reside a diferença entre a decisão judicial e a decisão administrativa discricionária.

De fato, como ensina Celso Antônio Bandeira de Mello, "quando *realmente existe discricionariedade*, não há apenas um problema de não se poder provar algo; há o problema de *não se poder saber qual é a solução ótima*".[32] Mas as decisões judiciais devem sempre buscar a solução

29. Celso Antônio Bandeira de Mello, *Discricionariedade e Controle Jurisdicional*, 2ª ed., 2ª tir., 2012, p. 48.

30. Em artigo datado de 1977 e publicado em 1988, Barbosa Moreira também concordou que "o juiz não raro se vê autorizado pelo ordenamento a opções discricionárias. Incluem-se nesse âmbito, *v.g.*, no terreno penal, a possibilidade de perdão judicial, bem como a de escolher a pena entre duas ou mais alternativamente cominadas" ("Regras de experiência e conceitos juridicamente indeterminados", pp. 65-66).

31. Ives Braghittoni, *Recurso Extraordinário: uma Análise do Acesso ao Supremo Tribunal Federal*, p. 61.

32. Celso Antônio Bandeira de Mello, *Discricionariedade e Controle Jurisdicional*, 2ª ed., 2ª tir., cit., p. 42.

REPERCUSSÃO GERAL 131

ótima – única decisão possível – sob pena de reforma da decisão proferida pelas instâncias superiores.

Teresa Arruda Alvim Wambier também advoga pela tese de que não se pode entender que o Poder Judiciário age com discricionariedade quando interpreta (e aplica ao caso concreto) norma que tenha conceito vago. Isso porque a ideia de discricionariedade está intimamente conectada à noção de imunidade ou impossibilidade de controle, pelo menos em certa escala. Para ser discricionária, a decisão teria que estar fora do controle das partes.

Com efeito, em relação à Administração, nosso ordenamento jurídico admite que haja certa tolerância com as decisões que não seriam ótimas, "mas, simplesmente, muito boas", de modo que nessas hipóteses não há controle judicial sobre o poder de escolha do administrador. O poder discricionário seria, nesse contexto, justamente a possibilidade do administrador em realizar escolhas, com uma certa margem de liberdade.

E se é verdade que a discricionariedade remete a basicamente dois fenômenos: (i) possível existência de uma zona de liberdade para o agente aplicador da lei, gerando o espaço onde haverá diversas soluções permitidas, e (ii) o conceito vago, havendo quem defenda que a mera existência de conceito vago já demonstraria a discricionariedade; é certo que o conceito vago, por si só, não denota a existência de poder discricionário, pois a interpretação não se confunde com discricionariedade.

Mais uma vez citando Teresa Arruda Alvim Wambier,[33]

> o conceito vago, como observamos antes, desempenha duas funções que nos parece devam ser valorizadas positivamente: 1. Permite que se incluam, sob o agasalho da norma, casos em que o legislador poderia não ter pensado e, então, ficariam fora do alcance da norma; 2. Permite que a mesma norma dure mais no tempo, pois o conceito vago ou indeterminado é mais adaptável; 3. Permite que a mesma norma seja aplicada de forma mais justa em um mesmo tempo, mas em lugares diferentes. Este, e só este, é o alcance que se deve atribuir à flexibilidade ínsita aos conceitos vagos.

A autora, após questionar o que seria essa liberdade concebida ao magistrado, quando necessária a interpretação de conceitos vagos, responde: "para o magistrado há, nesses casos, em que habitualmente a doutrina

---

33. Nesse sentido, Teresa Arruda Alvim Wambier, *Recurso Especial, Recurso Extraordinário e Ação Rescisória*, 2ª ed., pp. 184-185.

132   REPERCUSSÃO GERAL DAS QUESTÕES CONSTITUCIONAIS

assevera que estaria exercendo poder discricionário, liberdade para chegar à decisão correta, que é uma só, em face de certo caso concreto".[34] Ao analisar os conceitos vagos utilizados pelo legislador, o juiz terá inegável amplitude de interpretação, mas o seu exercício será sempre vinculado, fundamentado e sujeito a controle, de modo que realmente não se pode chamar tal atividade hermenêutica de discricionariedade judicial:

> o juiz, ao decidir à luz dessas regras, não o faz por conveniência e oportunidade, juízos de valor próprios da discricionariedade. Nesses casos, verificando haver subsunção da situação descrita pela parte a qualquer das hipóteses legais, não restará outra alternativa ao julgador, senão aplicar a regra invocada. Dessa decisão cabe recurso.[35]

Arruda Alvim corrobora esse posicionamento, afirmando que a interpretação dos conceitos vagos a respeito da repercussão geral "não comporta dualidade de soluções",[36] pois uma determinada causa pode apresentar, ou não, repercussão geral, não havendo outra solução.

José Carlos Baptista Puoli, na mesma linha, adverte que

> não se deverá confundir esta maior "margem de liberdade" do julgador com uma atividade discricionária, pois não se trata de fazer uma opção entre duas alternativas igualmente válidas segundo o ordenamento jurídico, mas sim, de integrar o sentido da norma por intermédio da complementação de seu conteúdo com aquilo que é a única opção válida em conformidade com os valores éticos e sociais que devem ser canalizados pelo juiz.[37]

E no tocante ao julgamento do recurso extraordinário,

> a despeito da possibilidade de controle ser restrita, disso não é lícito concluir que estaríamos diante de juízo discricionário. Muito pelo contrário. O sistema indica que, para caso examinado pelo STF, apenas uma solução pode ser tida como a melhor, e é justamente esse o posicionamento, baseado no sistema constitucional e nas peculiaridades do momento histórico, que se espera da mais alta Corte do País.[38]

34. Idem, ibidem, p. 193.

35. José Roberto Santos Bedaque, "Discricionariedade judicial", *Revista Forense*, v. 354, p. 190.

36. Arruda Alvim, "A EC 45 e o instituto da repercussão geral", pp. 86-87.

37. José Carlos Baptista Puoli, *Os Poderes do Juiz e as Reformas do Processo Civil*, p. 74.

38. Bruno Dantas, *Repercussão Geral*, 3ª ed., p. 282.

No mesmo sentido, salientam Luiz Guilherme Marinoni e Daniel Mitidiero que "há de se empreender um esforço de objetivação valorativa nessa tarefa. E, uma vez caracterizada a relevância e a transcendência da controvérsia, o Supremo Tribunal Federal encontra-se obrigado a conhecer do recurso extraordinário".[39]

3.5 Critérios identificadores

Em artigo conjunto publicado pouco depois da EC 45, mas já antevendo o teor da futura legislação regulamentar, José Miguel Garcia Medina, Luiz Rodrigues Wambier e Teresa Arruda Alvim Wambier propuseram alguns critérios que permitiriam aos Ministros do Supremo definir o sentido e alcance da repercussão geral nos casos concretos. Seriam critérios de ordem econômica, social, política e mesmo jurídica, no sentido estrito:

> a repercussão geral jurídica no sentido estrito existiria, por exemplo, quando estivesse em jogo o conceito ou a noção de um instituto básico de nosso direito, de modo que aquela decisão, se subsistisse, pudesse significar perigoso e relevante precedente, como a de direito adquirido. Relevância social haveria, numa ação em que se discutissem problemas relativos à escola, à moradia ou mesmo à legitimidade do Ministério Público para a propositura de certas ações. Pensamos, aliás, que essa repercussão geral deverá ser pressuposta em um número considerável de ações coletivas só pelo fato de serem coletivas. Repercussão econômica haveria em ações que discutissem, por exemplo, o sistema financeiro da habitação ou a privatização de serviços públicos essenciais, como a telefonia, o saneamento básico, a infraestrutura etc. Repercussão política haveria, quando, por exemplo, de uma causa pudesse emergir decisão capaz de influenciar relações com Estados estrangeiros ou organismos internacionais.[40]

Quanto aos trabalhos legislativos, o PL 3.267/2000 (atualmente arquivado) propunha maior minúcia no tratamento da transcendência do recurso de revista, no direito processual trabalhista:

39. Luiz Guilherme Marinoni e Daniel Mitidiero, *Repercussão Geral no Recurso Extraordinário*, p. 41.
40. José Miguel Garcia Medina, Luiz Rodrigues Wambier e Teresa Arruda Alvim Wambier, "Repercussão geral e súmula vinculante – Relevantes novidades trazidas pela EC n. 45/2004", p. 377.

134 REPERCUSSÃO GERAL DAS QUESTÕES CONSTITUCIONAIS

§ 1º. Considera-se transcendência:

I – jurídica, o desrespeito patente aos direitos humanos, fundamentais ou aos interesses coletivos indisponíveis, com comprometimento da segurança e estabilidade das relações jurídicas;

II – política, o desrespeito notório ao princípio federativo ou à harmonia dos Poderes constituídos;

III – social, a existência de situação extraordinária de discriminação, de comprometimento do mercado de trabalho ou de perturbação notável à harmonia entre capital e trabalho;

IV – econômica, a ressonância de vulto da causa em relação a entidade de direito público ou economia mista, ou grave repercussão da questão na política econômica nacional, no segmento produtivo ou no desenvolvimento regular da atividade empresarial.

Partindo desse histórico, a Lei 11.418/2006 se valeu de termos bastante abertos ao regulamentar o procedimento da repercussão geral, deixando a seu intérprete, o Supremo Tribunal Federal, a importante tarefa de definir os critérios para o reconhecimento de repercussão geral nos casos concretos. No entanto, estabeleceu como primeiros elementos identificadores da repercussão geral "a existência, ou não, de questões relevantes do ponto de vista econômico, político, social ou jurídico, que ultrapassem os interesses subjetivos da causa" (art. 543-A, § 1º, do CPC-1973; art. 1.035, § 1º, do novo CPC).

Como se nota, distintamente da sugestão doutrinária acima colacionada e do PL 3.267/2000, a Lei 11.418/2006: (i) não direcionou o intérprete na busca do significado de quais questões poderiam ser entendidas como relevantes "do ponto de vista econômico, político, social ou jurídico" e (ii) acrescentou que tais questões precisariam ultrapassar "os interesses subjetivos da causa", apesar de também não dizer em quais hipóteses isso se verificará.

Diante do art. 543-A, § 1º, do CPC-1973 (art. 1.035, § 1º, do novo CPC), surgiram entendimentos doutrinários de que o legislador teria exigido, para configuração da repercussão geral, que as questões constitucionais levantadas no recurso extraordinário tenham relevância e transcendência, isto é, sejam entendidas como relevantes para sociedade por envolverem matéria dotada de especial significado constitucional e, além disso, transcendam aos limites subjetivos do recurso, de modo que a decisão do STF possa repercutir na esfera jurídica de todos os brasileiros ou grande parte deles.

De acordo com Luiz Guilherme Marinoni e Daniel Mitidiero,

REPERCUSSÃO GERAL 135

a fim de caracterizar a existência de repercussão geral e, destarte, viabilizar o conhecimento do recurso extraordinário, nosso legislador alçou mão de uma fórmula que conjuga relevância e transcendência (repercussão geral = relevância + transcendência). (...) Tem de contribuir, em outras palavras, para persecução da unidade do Direito no Estado Constitucional brasileiro, compatibilizando e/ou desenvolvendo soluções de problemas de ordem constitucional.[41]

Essa mesma conclusão foi obtida por Pedro Miranda ao analisar o referido dispositivo legal, pois entendeu que a repercussão geral teria como elementos caracterizadores a relevância ("que pode ser econômica, política, social ou jurídica") e a transcendência ("que ultrapassa 'os interesses subjetivos da causa'"). "Portanto, levam-se em consideração duas perspectivas: a relevância (elemento qualitativo) e a transcendência (elemento quantitativo)."[42] Nessa mesma linha, seguiram Guilherme Beux Nassif Azem[43] e José Guilherme Berman.[44]

Desse modo, como salienta Guilherme José Braz de Oliveira, "está--se, em suma, diante de uma relevância qualificada",[45] uma vez que os reflexos da futura decisão do Supremo deverão incidir sobre a sociedade como um todo ou ao menos sobre um grupo significativamente importante.

Acerca do tema, Bruno Dantas entende que o conceito de repercussão geral, enquanto voltado a permitir que o STF apenas julgue questões que transbordem os interesses subjetivos das partes processuais, aproxima-se da ideia de interesse social, pois se busca verificar a esfera geral como aspecto coletivo (bem comum), e não meramente uma soma das esferas individuais.

Todavia, ressalva que os dois conceitos são distintos, sendo o conceito de repercussão geral mais amplo que aquele de interesse social, pois,

41. Luiz Guilherme Marinoni e Daniel Mitidiero, *Repercussão geral*, p. 40.
42. Pedro Miranda, *Recurso Extraordinário e o Requisito da Repercussão Geral*, p. 291.
43. "Para que se ateste a repercussão geral, portanto, devem-se conjugar dois elementos: a relevância e a transcendência da questão constitucional discutida" (Guilherme Beux Nassif Azem, *Repercussão Geral da Questão Constitucional no Recurso Extraordinário*, p. 66).
44. "É preciso que a causa envolva uma questão que transcenda o interesse das partes em litígio para que se reconheça a presença da repercussão geral" (José Guilherme Berman, *Repercussão Geral no Recurso Extraordinário. Origens e Perspectivas*, p. 116).
45. Guilherme José Braz de Oliveira, *Repercussão Geral das Questões Constitucionais e suas Consequências para o Julgamento do Recurso Extraordinário*, p. 185.

136 REPERCUSSÃO GERAL DAS QUESTÕES CONSTITUCIONAIS

"sempre que houver interesse social, estará caracterizada a repercussão geral, porém a recíproca não é verdadeira",[46] até porque o conceito de repercussão geral é axiologicamente neutro, diferentemente da ideia de interesse social, que implica um aspecto positivo, voltado ao bem comum de todos. Em síntese, afirma que:

> repercussão geral é o pressuposto especial de cabimento do recurso extraordinário, estabelecido por comando constitucional, que impõe que o juízo de admissibilidade do recurso leve em consideração o impacto indireto que eventual solução das questões constitucionais em discussão terá na coletividade, de modo que se lho terá por presente apenas no caso de a decisão de mérito emergente do recurso ostentar a qualidade de fazer com que parcela representativa de um determinado grupo de pessoas experimente, indiretamente, sua influência, considerados os legítimos interesses sociais extraídos do sistema normativo e da conjuntura política, econômica e social reinante num dado momento histórico.[47]

Melhor dizendo. Segundo o autor, a repercussão geral tem duas dimensões: subjetiva e objetiva. Pela dimensão subjetiva, verifica-se qual "grupo social que potencialmente receberá os influxos da eventual decisão". Na dimensão objetiva, "haverá fixação de quais matérias são hábeis a causar impacto indireto em determinados grupos sociais".[48] Como exemplos de grupos sociais, cita os afrodescendentes, índios, habitantes de um determinado município, aposentados etc. Ou seja, a definição do grupo social relevante demanda a "verificação da relação-base entre o recorrente e grupo social que possivelmente experimentará o impacto indireto da decisão do STF".[49]

Nesse contexto, diferenciando *relevância* de *transcendência*, afirma que esse último conceito é que serve para demonstrar a repercussão geral no caso concreto, ao menos num primeiro momento, pois é necessário que as questões constitucionais impugnadas pelo recorrente possam atingir a esfera de um determinado grupo de pessoas, ao menos indiretamente. No entanto, caso o grupo social identificado não seja representativo da sociedade brasileira, por ser numericamente pouco expressivo ou então restringir-se a um dado território, caberá ao Supremo utilizar o critério da relevância social para aferir a repercussão geral. Desse modo, "a relevân-

---

46. Bruno Dantas, *Repercussão Geral*, 3ª ed., pp. 250-251.
47. Idem, ibidem, p. 260.
48. Idem, ibidem, p. 262.
49. Idem, ibidem, p. 254.

REPERCUSSÃO GERAL   137

cia da questão debatida deve servir de parâmetro subsidiário nos casos em que o grupo social relevante for uma minoria, ou quando se estiver diante de dano regional ou local".[50]

Quanto à dimensão objetiva, aquela em que o intérprete buscará as "espécies de matérias que, de tempos em tempos, a coletividade elege como prioritárias",[51] entende que algumas matérias sempre terão repercussão geral: a aplicação dos princípios constitucionais sensíveis, dos direitos fundamentais e dos princípios norteadores da ordem social.

Ademais, a eventual declaração de inconstitucionalidade de tratado ou lei federal inevitavelmente levará ao reconhecimento de repercussão geral, independentemente dos temas versados por tais atos normativos. Isso porque, em tal hipótese de cabimento do recurso extraordinário (art. 102, III, "b", da Constituição), sempre se notará "elevada dose de gravidade institucional, representando o que de mais drástico pode ocorrer no sistema de *checks and balances*".[52] E assim também decorreria com relação aos direitos difusos, conforme definição do art. 81, I, da Lei 8.078/1990, pois a sua própria definição exige a transcendência dos interesses envolvidos, isto é, titularidade por pessoas indeterminadas, ligadas por circunstâncias de fato.

Porém, os interesses coletivos e individuais homogêneos permitem a determinação, ainda que em tese, dos sujeitos titulares dos interesses discutidos, distinguindo-se um tipo e outro em razão da divisibilidade ou indivisibilidade do seu objeto. Assim, "a caracterização da repercussão geral dependerá do grupo social relevante, e não da questão debatida",[53] justamente porque, nesses casos, o grupo social será identificável.

De forma um pouco distinta, Eduardo Talamini aponta que a repercussão geral pode se referir à relevância do resultado do julgamento ou à relevância transcendental da matéria discutida como premissa para o provimento jurisdicional do STF, ou seja, pode-se falar em "uma repercussão concreta e uma repercussão ideal".[54] A primeira se relaciona com a relevância do comando decisório em relação às partes. Por outro lado, repercussão ideal está presente se a matéria discutida for em si mesma relevante. Mas "qualquer das duas hipóteses, quando configurada, basta

50. Idem, ibidem, p. 262.
51. Idem, ibidem, p. 257.
52. Idem, ibidem, p. 258.
53. Idem, ibidem, p. 257.
54. Eduardo Talamini, *Novos Aspectos da Jurisdição Constitucional Brasileira: Repercussão Geral, Força Vinculante, Modulação dos Efeitos do Controle de Constitucionalidade e Alargamento do Objeto do Controle Direto*, p. 42.

138   REPERCUSSÃO GERAL DAS QUESTÕES CONSTITUCIONAIS

para o cumprimento do pressuposto em exame. Não precisam cumular--se".[55]

Além disso, também menciona que a repercussão geral pode ser qualitativa ou quantitativa, sendo que, no primeiro caso, vislumbra-se apenas a profundidade da questão, e não o seu alcance numérico. Assim, conclui ser a expressão "relevância" mais adequada que "repercussão".

Isto é, segundo o autor, a repercussão geral não será necessariamente composta por relevância e transcendência, podendo estar presente apenas um desses elementos:

> a repercussão geral igualmente estará presente em questões que, embora sem transcendência de reproduzir-se em uma significativa quantidade de litígios, versem sobre temas fundamentais para a ordem jurídico-constitucional. (...) Há casos raros ou até únicos que versam sobre temas essenciais acerca dos quais o STF deve assumir uma posição clara – e portanto se revestem de repercussão geral.

3.5.1 Repercussão qualitativa (relevância): primeiros elementos

Como mencionado, a Lei 11.418 estabeleceu que caberá ao STF verificar, em sede de repercussão geral, se as questões constitucionais debatidas no recurso extraordinário podem ser consideradas relevantes "do ponto de vista econômico, político, social ou jurídico" (art. 543-A, § 1º, do CPC-1973; art. 1.035, § 1º, do novo CPC).

Logo, percebe-se que a relevância deve se relacionar com a importância dos temas discutidos no recurso para a sociedade, ainda que indiretamente, e não somente para as partes envolvidas no processo.

O § 1º do art. 327 do RISTF vigente à época da arguição de relevância dispunha ser relevante "a questão que, pelos reflexos na ordem jurídica e considerados os aspectos morais, econômicos, políticos ou sociais da causa, exigir a apreciação do recurso extraordinário pelo Tribunal". Portanto, de modo semelhante com o atual § 1º do art. 543-A (art. 1.035, § 1º, do novo CPC), mencionavam-se os reflexos do ponto de vista jurídico, moral, econômico, político ou social.

A doutrina à época considerava que a relevância ou irrelevância de uma questão federal correspondia a um trabalho bastante complexo e árduo ante a ausência de uma definição normativa. Contudo, as primeiras correntes doutrinárias sobre o tema correlacionaram a ideia de relevância da questão federal com a noção de interesse público:

55. Idem, ibidem.

REPERCUSSÃO GERAL 139

não basta que, nos limites da relação processual em que se proferiu o acórdão recorrido, a questão tenha relevo. É necessário que o interesse na sua solução transcenda os lindes do processo, para se projetar na vida social. (...) É da repercussão que o reexame do acórdão pelo Supremo tiver na vida social, na administração da justiça, que nascerá a relevância (...).[56]

Mas é importante lembrar que, no regime da arguição de relevância, previu-se que todas as questões constitucionais seriam relevantes por si sós, apenas prevendo que questões infraconstitucionais poderiam ser consideradas *irrelevantes*. Diferentemente, pois, da repercussão geral introduzida pela EC 45/2004, a qual pressupõe, necessariamente, a existência de questões constitucionais desprovidas de relevância.

Desse modo, parece que não faria sentido tentar simplesmente explicar a repercussão geral com fundamento no conceito de interesse público. Isso porque, em regra, todas as questões constitucionais gozam de interesse público, isto é, interesse geral, abstratamente relativo a todos os brasileiros. A repercussão geral, nesse sentido, deverá ser verificada de modo mais acurado que a arguição de relevância sob vigência da Constituição de 1967, visto que, necessariamente, o Supremo terá que apontar quais as questões carecem de repercussão geral, em que pese se tratar de questões constitucionais, e quais são relevantes para fins de admissibilidade do recurso extraordinário.

A respeito das questões constitucionais *irrelevantes*, menciona Pedro Miranda que:

em princípio, qualquer situação envolvendo a aplicação de norma constitucional é de interesse público. Mas, na prática, muitas questões têm repercussão limitada às partes ou a pequeno número de casos, e há problemas reais cujas consequências são muito reduzidas, mesmo para os interessados, servindo antes como pretexto para manobras processuais protelatórias ou que visam a subtrair o mérito do litígio do direito aplicável.[57]

A verdade é que o legislador constituinte inseriu diversos dispositivos constitucionais na Carta de 1988 que apenas *formalmente*[58] podem

56. Sergio Bermudes, *Comentários ao Código de Processo Civil*, 2ª ed., vol. VII, p. 302.

57. Pedro Miranda, *Recurso Extraordinário e o Requisito da Repercussão Geral*, p. 293.

58. "A Constituição formal é o conjunto de normas escritas reunidas num documento solenemente elaborado pelo poder constituinte, tenham ou não valor constitu-

140 REPERCUSSÃO GERAL DAS QUESTÕES CONSTITUCIONAIS

ser assim entendidos, ou seja, diversos dos 250 artigos[59] ali existentes não disciplinam questões relativas à estrutura do Estado, organização dos Poderes ou aos direitos e garantias individuais.[60]

Diante disso, um primeiro critério a ser mencionado no estudo da repercussão geral qualitativa parece ser justamente este: as questões constitucionais envolvendo dispositivos materialmente constitucionais deverão ser entendidas como relevantes, pois se trata de matérias sensíveis ao Estado e à sociedade.

Como exemplo, cita-se o reconhecimento de repercussão geral nos seguintes precedentes: (i) RE 576.920, em que se discutia se as decisões do Tribunal de Contas dos Estados, na análise definitiva de atos de admissão de pessoal por parte dos Municípios, possuem natureza mandamental ou meramente opinativa; (ii) RE 466.343, sobre a constitucionalidade, ou não, das normas que dispõem sobre a prisão civil do depositário infiel; (iii) RE 579.951, a respeito da necessidade, ou não, de edição de lei formal para a vedação de nepotismo no âmbito dos Poderes Executivo e Legislativo; (iv) RE 590.409, em que se discutia o órgão jurisdicional competente para dirimir conflitos de competência entre um Juizado Especial e um Juízo de primeiro grau pertencentes a uma mesma Seção Judiciária; e (v) RE 592.581, onde se debatia ser cabível, ou não, ao Poder Judiciário determinar ao Poder Executivo estadual obrigação de fazer consistente na execução de obras em estabelecimentos prisionais, a fim de garantir a observância dos direitos fundamentais dos indivíduos por ele custodiados.

Por fim, antes de se passar à análise de cada um dos critérios mencionados pela Lei 11.418/2006 (relevância econômica, política, social e jurídica), vale mencionar que parece correta a opinião de Guilherme Azem, no sentido de que existe uma "relevância *jurídica lato sensu* sobre a repercussão geral, da qual fazem parte a relevância econômica, a relevância social, a relevância política e a relevância jurídica *stricto*

---

cional material, ou seja, digam ou não respeito às matérias tipicamente constitucionais (estrutura do Estado, a organização do poder e os direitos e garantias fundamentais)" (Dirley da Cunha Jr., *Curso de Direito Constitucional*, 6ª ed., p. 119).

59. Além disso, também integram o corpo de normas constitucionais os 97 artigos do Ato de Disposições Transitórias.

60. "Do ponto de vista material, a Constituição é o conjunto de normas pertinentes à organização do poder, à distribuição de competência, ao exercício de autoridade, à forma de governo, aos direitos da pessoa humana, tanto individuais e sociais. Tudo quanto for, enfim, conteúdo básico referente à composição e funcionamento da ordem política exprime o aspecto material da Constituição" (Paulo Bonavides, *Curso de Direito Constitucional*, 30ª ed., p. 63).

REPERCUSSÃO GERAL 141

sensu",[61] tendo em vista que, antes de mais nada, as questões apontadas como relevantes precisam se referir a questões constitucionais, isto é, a divergências na interpretação e aplicação de dispositivos previstos na Constituição de 1988.

Ou seja, serão relevantes as questões constitucionais que têm importância econômica, política, social ou jurídica. Mas tais questões serão sempre e inevitavelmente jurídicas, ao menos em um sentido *lato*.

Ademais, não será preciso que o recurso mencione questões constitucionais relevantes sobre todos esses critérios, mas que seja relevante quanto a um deles, pelo menos.[62]

3.5.1.1 Relevância econômica

Por economia, pode-se entender "o conjunto de atividades desenvolvidas pelos homens visando a produção, distribuição e o consumo de bens e serviços necessários à sobrevivência e à qualidade de vida",[63] sendo que a Constituição de 1988 trouxe um capítulo voltado a disciplinar a "ordem econômica e financeira", cujos princípios se encontram entre os arts. 170 e 181.

Assim, de início, "a questão será relevante do ponto de vista econômico, *v.g.*, quando violar os princípios insculpidos no art. 170 da CF/1988".[64]

Somem-se, ainda, os critérios indicados pelo PL 3.267/2000, o qual previa a transcendência econômica (para o direito trabalhista) como "ressonância de vulto da causa em relação a entidade de direito público ou economia mista, ou grave repercussão da questão na política econômica nacional, no segmento produtivo ou no desenvolvimento regular da atividade empresarial".

Seguindo essa linha, a doutrina também costuma mencionar os seguintes critérios de identificação da repercussão sob o aspecto econômico,

---

61. "Importa, no entanto, é que a questão constitucional se amolde a, no mínimo, um dos critérios" (Guilherme Beux Nassif Azem, *Repercussão Geral da Questão Constitucional no Recurso Extraordinário*, p. 67). Da mesma forma, Pedro Miranda, *Recurso Extraordinário e o Requisito da Repercussão Geral*, p. 295.

62. Guilherme Beux Nassif Azem, *Repercussão Geral da Questão Constitucional no Recurso Extraordinário*, p. 67.

63. Disponível em <http://www.fea.usp.br/conteudo.php?i=202>, acesso em 10.9.2013.

64. Guilherme Azem, *Repercussão Geral da Questão Constitucional no Recurso Extraordinário*, p. 67.

142 REPERCUSSÃO GERAL DAS QUESTÕES CONSTITUCIONAIS

além da violação aos princípios da ordem econômica esculpidos nos arts. 170 e seguintes da Constituição: (i) "quando estiver em jogo uma questão de alto valor, que possa trazer consequências econômico-financeiras relevantes para o país",[65] por exemplo, afetando a estabilidade da economia, um setor específico do comércio, a prestação de serviços públicos, o equilíbrio da balança comercial ou mesmo as finanças públicas; (ii) questões versando sobre "índices de correção monetária, remuneração de certos serviços ou de determinada categoria";[66] (iii) ações que discutem o sistema financeiro de habitação ou privatização de serviços públicos essenciais (telefonia, saneamento básico, infraestrutura etc.); e (iv) causas sobre inconstitucionalidade de tributos.

Analisando o rol de temas decididos pelo Supremo Tribunal Federal em sede de repercussão geral, até agosto de 2013, é possível perceber que o aspecto econômico se refere ao principal aspecto para reconhecimento da repercussão geral, em termos quantitativos. Aproximadamente 50% dos temas com repercussão geral apreciados pelo STF envolvem relevância sob o ponto de vista econômico, notadamente quando se trata de questões tributárias e administrativas.[67]

No RE 559.937, discutiu-se à luz dos arts. 149, § 2º, III, "a", e 195, IV, da Constituição Federal, a constitucionalidade, ou não, da expressão "acrescido do valor do Imposto sobre Operações Relativas à Circulação de Mercadorias e sobre Prestação de Serviços de Transporte Interestadual e Intermunicipal e de Comunicação – ICMS incidente no desembaraço aduaneiro e do valor das próprias contribuições, contida no inciso I do art. 7º da Lei 10.865/2004, o qual estabelece que a base de cálculo da Contribuição para o Financiamento da Seguridade Social – COFINS e do Programa de Integração Social – PIS, em operações de importação, equivale, para efeitos da referida norma legal, ao valor aduaneiro, entendido como o montante que servir ou que serviria de base para o cálculo do imposto de importação, acrescido do valor do ICMS incidente no desembaraço aduaneiro e do valor das próprias contribuições".

O STF também reconheceu repercussão geral no RE 566.471, versando sobre "a obrigatoriedade, ou não, de o Estado fornecer medicamento de alto custo a portador de doença grave que não possui condições

---

65. Guilherme José Braz, *Repercussão Geral das Questões Constitucionais e suas Consequências para o Julgamento do Recurso Extraordinário*, p. 188.

66. Pedro Miranda, *Recurso Extraordinário e o Requisito da Repercussão Geral*, p. 296.

67. Disponível em <http://www.stf.jus.br/portal/cms/verTexto.asp?servico=juri sprudenciaRepercussaoGeral& pagina=numeroRepercussao>, acesso em 17.11.2013.

REPERCUSSÃO GERAL 143

financeiras para comprá-lo". No RE 571.572, o tema reconhecido como relevante foi "a possibilidade, ou não, de cobrança de ligações telefônicas sem a especificação dos pulsos excedentes à franquia mensal". E também "a revogação, ou não, do art. 1º, I, da Lei Complementar 51/85, que prevê requisitos e critérios diferenciados para a concessão de aposentadoria especial a policiais civis, pela Constituição de 1988", foi objeto de repercussão geral reconhecida pelo STF, nos autos do RE 567.110.

Como se nota, diversos são os temas com repercussão geral reconhecida em razão da relevância sob o aspecto econômico (ainda que não raro sejam relevantes também sob os outros aspectos: jurídico, político ou social), não se limitando a Corte à seleção de questões tributárias ou que sejam profundamente vitais para o sistema econômico brasileiro.

3.5.1.2 Relevância jurídica "stricto sensu"

A relevância jurídica certamente corresponde ao segundo aspecto mais citado pelo STF nas decisões a respeito dos temas com repercussão geral reconhecida, como inclusive não poderia ser diferente. Vale novamente mencionar que a relevância jurídica *lato sensu* estará presente em todos os temas cuja repercussão geral foi reconhecida, tendo em vista que, por se tratar de questões constitucionais, inevitavelmente também serão questões jurídicas, isto é, envolvendo o conjunto de normas jurídicas positivadas na Constituição de 1988. Por isso, quando o art. 543-A do CPC-1973 (art. 1.035 do novo CPC) se refere à relevância sob o aspecto jurídico (juntamente com os aspectos social, político e econômico), pode-se considerar como sendo relevância jurídica em sentido estrito,[68] quer dizer, como sendo um dos critérios legais para se aferir a relevância da questão constitucional debatida.

De acordo com José Miguel Medina, haverá relevância jurídica: "quando esteja *sub judice* o conceito ou a noção de um instituto básico do nosso direito, de modo que aquela decisão, se subsistir, possa significar perigoso e relevante precedente, como, por exemplo, a de direito adquirido".[69]

Contudo, além de questões constitucionais versando sobre a interpretação de um conceito básico do Direito brasileiro, também haverá reflexos jurídicos relevantes se a questão debatida no recurso extraordinário envolver: (i) dissídio jurisprudencial em torno de uma lei de aplicação

68. Guilherme Beux Nassif Azem, *Repercussão Geral da Questão Constitucional no Recurso Extraordinário*, p. 67.

69. José Miguel Medina, *Prequestionamento e Repercussão Geral*, p. 84.

144   REPERCUSSÃO GERAL DAS QUESTÕES CONSTITUCIONAIS

frequente; (ii) hipóteses de afronta ao núcleo intangível da Constituição (cláusulas pétreas, art. 60, § 4º); e (iii) matérias objeto de exame em recursos extraordinários afetos ao Plenário da Corte ou, principalmente, em ações de controle concentrado de constitucionalidade.[70]

Outra situação interessante corresponde à decisão recorrida quando absurda, aberrante ou teratológica, situação em que se vislumbra evidente relevância jurídica e necessidade de correção por parte do Supremo[71] (à semelhança da *arbitrariedad* do Direito argentino).

Resumindo tais hipóteses, Pedro Miranda aponta que a relevância sob o ponto de vista jurídico pode ser vista sob dois ângulos: "de um lado, a preservação dos institutos jurídicos, de outro, o respeito à jurisprudência do STF", o que nos parece correto. Em seguida, complementa: "terão relevância jurídica aquelas questões que se demonstrarem importante para o desenvolvimento e unificação da interpretação da matéria constitucional, de modo a contribuir para a sistematização do direito constitucional".[72]

No RE 630.501, decidiu-se que "tem relevância jurídica e social a questão relativa ao reconhecimento do direito adquirido ao melhor benefício". Na hipótese, discutia-se a possibilidade de aplicação do regime beneficiário mais vantajoso, consideradas as datas de exercício possíveis desde que preenchidos os requisitos para aposentação do recorrente.

Ademais, no julgamento do RE 592.317, foi reconhecida a relevância jurídica porque a decisão atacada estava em desconformidade com precedentes do Supremo (Súmula 339[73]). No caso concreto, discutia-se a possibilidade de o Poder Judiciário ou a Administração Pública aumentar vencimentos ou estender vantagens e gratificações de servidores públicos civis e militares, regidos pelo regime estatutário, com base no princípio da isonomia, na equiparação salarial ou a pretexto da revisão geral anual nos termos do art. 37, X, da Constituição Federal. Nesse contexto, afirmou o Ministro Gilmar Mendes que entendia "assim, configurada a relevância jurídica da matéria".

O STF também reconhece a relevância diante da diversidade de entendimentos existentes nos Tribunais do País. São hipóteses seme-

---

70. Guilherme José Braz, *Repercussão Geral das Questões Constitucionais e suas Consequências para o Julgamento do Recurso Extraordinário*, p. 196.

71. Guilherme Beux Nassif Azem, *Repercussão Geral da Questão Constitucional no Recurso Extraordinário*, p. 67.

72. Pedro Miranda de Oliveira, *Recurso Extraordinário e o Requisito da Repercussão Geral*, pp. 301 e 303.

73. Súmula 339: "Não cabe ao Poder Judiciário, que não tem função legislativa, aumentar vencimentos de servidores públicos sob fundamento de isonomia".

lhantes ao dissídio jurisprudencial que autoriza o cabimento de recurso especial, mas não previstas para o recurso extraordinário (art. 105, III, "d", da Constituição). Em síntese, apesar de não corresponder a uma das hipóteses de cabimento do recurso extraordinário, o Supremo entende que, nessas situações, haverá relevância jurídica de modo a justificar sua função uniformizadora de jurisprudência. No RE 602.347, ficou decidido que "a questão constitucional apresenta relevância do ponto de vista jurídico, que se mostra na diversidade de entendimentos existentes nos Tribunais do País".

No mais, o STF também vem reconhecendo a repercussão geral nos casos em que a matéria discutida nos autos já estiver sendo objeto de debate e decisão pela Corte, em outro recurso extraordinário. Como afirmado no julgamento do RE 592.396, "o reconhecimento da repercussão geral é recomendável, pois a orientação a ser firmada por esta Corte pacificará a controvérsia existente sobre a questão em debate e atrairá para o tema todos os benefícios de sua inclusão no sistema da repercussão geral". Conclusão semelhante também foi adotada no julgamento dos REs 601.314, 627.709 e 586.789.

E também haverá relevância jurídica quando se tratar de direitos fundamentais ou interesses coletivos indisponíveis, sendo exemplo o julgamento sobre a prisão civil do depositário infiel, cujo tema foi objeto de decisão positiva quanto ao reconhecimento da repercussão geral (RE 562.051).

3.5.1.3 Relevância política

O vocábulo política tem origem na *polis*, designando aquilo que é público. Atualmente, é considerada a ciência da organização, direção e administração de nações ou Estados, envolvendo também a aplicação dessa ciência aos assuntos internos da nação (política interna) ou aos assuntos externos (política externa). No entanto, a significação de política é muito abrangente.

Dessa forma, quando se trata de repercussão geral, a relevância política se relacionará com grande parte daquelas questões denominadas materialmente constitucionais, isto é, que dizem respeito à organização do Estado, separação de Poderes e relações do Estado brasileiro com outros Estados ou organizações internacionais. Nesse sentido, o PL 3.267/2000 apontava a transcendência política nas hipóteses de "desrespeito notório ao princípio federativo ou à harmonia dos Poderes constituídos".

146 REPERCUSSÃO GERAL DAS QUESTÕES CONSTITUCIONAIS

Assim, serão grandes as chances de se admitir a repercussão geral quando diante de matérias sobre unidade federativa, separação de poderes e à divisão de competências entre os diversos entes da Federação, ou entre eles e Estados ou organismos internacionais.[74]

Todavia, não só o princípio federativo e a harmonia dos Poderes poderão levar ao reconhecimento de repercussão geral, mas também: (i) definição das agências reguladoras; (ii) necessidade de cobrança ou não da discriminação de pulsos em cobranças telefônicas; e (iii) adequação de políticas públicas (embora esse tema também se relacione com o aspecto social).

A título de exemplo, no RE 570.692, discute-se a existência de vício de iniciativa na Lei 2.040/1990, do Município de Garibaldi/RS, proposta pelo Poder Legislativo municipal, a qual veda a contratação de parentes de 1º e 2º graus do Prefeito e Vice-Prefeito para ocuparem cargos comissionados, no âmbito da administração pública municipal. Apesar de também possuir relevância jurídica, é certo que esse tema possui inegável relevância política, uma vez que o STF decidirá questão envolvendo a distribuição de competências legislativas entre entes federativos. Sendo que no RE 579.951, debatia-se "a necessidade, ou não, de edição de lei formal para a vedação de nepotismo no âmbito dos Poderes Executivo e Legislativo", também havendo relevância política além da jurídica.

Além disso, no RE 590.260, foi reconhecida a repercussão geral da controvérsia constitucional envolvendo "paridade entre os vencimentos dos servidores da ativa e os proventos dos inativos que ingressaram no serviço público antes da EC 41/2003 e se aposentaram após a referida emenda". De acordo com a decisão proferida, houve expresso reconhecimento da "existência de relevância jurídica e política".

E também foi reconhecida a relevância da questão constitucional debatida no RE 597.362, versando sobre a "competência exclusiva da Câmara Municipal para julgar as contas do Chefe do Executivo, atuando o Tribunal de Contas como órgão opinativo".

3.5.1.4 Relevância social

Haverá relevância sob o aspecto social "quando a discussão envolver direitos coletivos, difusos ou individuais homogêneos. A garantia do pluralismo, com a proteção das minorias, é possível de enquadramento

---

74. Guilherme José Braz, *Repercussão Geral das Questões Constitucionais e suas Consequências para o Julgamento do Recurso Extraordinário*, p. 192.

REPERCUSSÃO GERAL 147

no ponto". No entanto, é preciso sempre verificar se a questão possui relevância perante toda a sociedade. Ademais, os direitos previsto no art. 6º da Constituição são um indicativo da relevância social, tais como os direitos à saúde, previdência e educação.

Nesse passo, o conceito de interesse público, ligado à ideia de *bem comum* e *interesse geral*,[75] também ajudaria no esclarecimento do que seria realmente relevância sob o aspecto social. Para tanto, é possível raciocínio analógico com relação às hipóteses de intervenção do Ministério Público: determinados assuntos são tão relevantes que justificam a atuação do Ministério Público na defesa de interesses individuais homogêneos:

> 1) aumento das mensalidades escolares; 2) questões vinculadas ao Programa de Crédito Educativo; 3) nulidade de cláusula de instrumento de compra e venda, inclusive proibindo a sua utilização nos contratos futuros; 4) defesa de trabalhadores de minas que atuavam em condições insalubres; 5) proteção do direito ao recebimento do salário-mínimo por servidores municipais; 6) aumento das mensalidades de planos de saúde; 7) ausência de discriminação das ligações interurbanas em apenas um único município; 8) objetivando a regularização de loteamentos urbanos destinados a moradias populares.[76]

No RE 709.212, foi reconhecida a repercussão geral de recurso extraordinário debatendo o "prazo prescricional aplicável para cobrança de valores não depositados no Fundo de Garantia por Tempo de Serviço", pois reputado relevante sob os aspectos social, econômico e jurídico.

Já nos autos do RE 632.853, restou decidido que a "possibilidade de o Poder Judiciário realizar o controle jurisdicional sobre o mérito das questões em concurso público possui relevância social e jurídica, ultrapassando os interesses subjetivos das partes". Ainda sobre temas envolvendo concursos públicos, também foi reconhecida a relevância sob o aspecto social da controvérsia levada pelo RE 635.739, qual seja a possibilidade de se estabelecerem condições de afunilamento para que apenas os candidatos melhor classificados continuem no certame.

No juízo de admissibilidade do RE 597.285, sobre a adoção do sistema de cotas como ação afirmativa de inclusão social pela Universidade Federal do Rio Grande do Sul, também se reconheceu a relevância social da questão ali discutida.

---

75. Maria Sylvia Di Pietro, *Direito Administrativo*, 25ª ed.
76. Luiz Manoel Gomes Jr., *O recurso extraordinário*, pp. 305-306.

148   REPERCUSSÃO GERAL DAS QUESTÕES CONSTITUCIONAIS

Pode-se concluir, desse modo, que

a relevância social deve ser levada em consideração, portanto, com a apuração de repercussão cultural, religiosa e familiar da questão constitucional em julgamento e, ainda, em uma ação em que se discutem problemas relativos à escola, à moradia, à saúde ou mesmo à legitimidade do Ministério Público para a propositura de certas ações. O mesmo se diga quando há situação extraordinária de discriminação, de comprometimento do mercado de trabalho ou de perturbação notável à harmonia da sociedade.[77]

3.5.2 Transcendência

A relevância está relacionada com o próprio conteúdo do recurso. Por outro lado, a transcendência se refere à potencial projeção extraprocessual da matéria recursal debatida,[78] razão pela qual o legislador inclusive possibilitou a intervenção do *amicus curiae*.[79] Ou seja, trata-se de um elemento quantitativo, podendo ser aferido sob três aspectos: "a) número de pessoas alcançadas pela decisão, b) número de processos que tratam daquela questão constitucional, e c) possibilidade de repetição da hipótese futuramente, transformando a primeira decisão em paradigma".[80]

No entanto, a melhor solução parece ser pelo envolvimento conjunto desses critérios, pois justificar a existência, ou não, de transcendência da questão constitucional debatida, em razão de apenas um desses critérios, corresponderia a uma solução muito pobre e insuficiente.

Com relação ao número de pessoas, uma vez que o constituinte reformador e o legislador regulamentador não estipularam elementos objetivos de sua aferição, entendemos que tal critério pouco ajudará na conclusão sobre a transcendência do tema controvertido. Isso porque não

---

77. Pedro Miranda de Oliveira, *Recurso Extraordinário e o Requisito da Repercussão Geral*, p. 301.

78. "Para que haja pronunciamento da Corte Suprema, fundamental que a questão constitucional a ser dirimida tenha, essencialmente, projeção extra-autos, ou seja, o interesse na sua resolução deve relacionar-se a um grande espectro de indivíduos ou a um largo segmento social. Enquadra-se nesse contexto a preservação da unidade do direito constitucional, que, por sua fundamental significação para a unidade do direito com um todo, atrai o interesse de toda a coletividade" (Guilherme Beux Nassif Azem, *Repercussão Geral da Questão Constitucional no Recurso Extraordinário*, p. 70).

79. Assunto esse que será oportunamente analisado no próximo capítulo.

80. Pedro Miranda, *Recurso Extraordinário e o Requisito da Repercussão Geral*, p. 304.

será a quantidade de envolvidos em uma ação coletiva, por exemplo, que levará ao reconhecimento, ou não, da repercussão geral.

Nesse sentido, no julgamento do RE 597.994, a Ministra Ellen Gracie bem apontou que, "quando se constituiu o instituto da repercussão geral, jamais se pensou que ele tivesse essa conotação de ser medido pelo número de pessoas possivelmente atingidas pela decisão judicial". Por outro lado, também como corretamente ressaltado pelo Ministro Gilmar Mendes, nesse mesmo julgamento, "o fato de existir um só caso constitucional, por si só, não justifica o não reconhecimento da repercussão geral, como indica, inclusive, a experiência americana do *certiorari*".

E também o número de processos não deve ser utilizado como fator isolado para decisão a respeito da transcendência do tema a ser julgado pela Corte. Como inclusive previsto no art. 328 do RISTF, o procedimento do julgamento de recursos extraordinários repetitivos (art. 543-B do CPC-1973; art. 1.036 do novo CPC) poderá ser iniciado quando a "questão for *suscetível* de reproduzir-se em múltiplos recursos", não sendo necessário, portanto, que já exista de fato tal multiplicidade.

Diante disso, o STF tem admitido a transcendência das questões envolvendo temas tributários, discussões sobre o regime de precatórios, direitos fundamentais previstos na Constituição, entre outros assuntos que potencialmente possam atingir qualquer cidadão brasileiro. Ademais, também se reconheceu a repercussão geral de muitas controvérsias envolvendo a administração pública federal e direitos dos servidores públicos federais.

No entanto, contraditoriamente, em diversos precedentes, a Corte entendeu inexistente, por falta de transcendência, a repercussão geral de questões envolvendo isonomia de vantagens a servidores estaduais ou municipais. No ARE 640.182, por exemplo, os Ministros entenderam que não havia repercussão geral de recurso buscando a extensão do Adicional de Local de Exercício – ALE (gratificação paga aos policiais militares do Estado de São Paulo em atividade) aos servidores inativos. Porém, parece questionável tal decisão, tendo em vista a relevância do serviço público do Estado de São Paulo em termos quantitativos, notadamente de sua Secretaria de Segurança Pública, que envolve mais de 200 mil servidores em atividade. Em diversos outros precedentes, como no RE 592.730, RE 569.066, RE 633.329, ARE 641.543, AI 846.912, ARE 650.806, ARE 685.053, também foi afirmada a inexistência de transcendência de questões envolvendo servidores públicos estaduais.

Alenta-se certa contradição porque em outras oportunidades, como no julgamento do RE 596.962, foi reconhecida a repercussão geral,

150 REPERCUSSÃO GERAL DAS QUESTÕES CONSTITUCIONAIS

sendo que ali se debatia a constitucionalidade, ou não, da extensão aos servidores inativos do pagamento de verba de incentivo de aprimoramento à docência, prevista para servidores em atividade, nos termos de LC do Estado do Mato Grosso. E no RE 633.933, quando também foi reconhecida a repercussão geral, debatia-se a extensão, ou não, aos servidores públicos inativos, dos critérios de cálculo estabelecidos para os servidores em atividade da Gratificação de Desempenho de Atividade Técnico-Administrativa de Suporte, aplicável aos servidores públicos federais (Lei 11.784/2008).

Em conclusão, é possível afirmar que a jurisprudência do Supremo Tribunal Federal ainda não estabeleceu bases seguras para conceituação do que seria a transcendência, para fins de aplicação da repercussão geral das questões constitucionais, embora o tema seja de suma importância para o País e já tenham se passado aproximadamente dez anos desde a implantação do instituto.

3.5.3 Parâmetros indicativos da repercussão geral conforme a jurisprudência do STF

Analisando todos os temas já apreciados pelo STF no procedimento da repercussão geral, é possível apontar alguns parâmetros indicativos do reconhecimento de tal pressuposto de admissibilidade do recurso extraordinário.

Inicialmente, há grande aceitação de controvérsias relativas às questões notoriamente de Estado, como a separação de poderes, competências legislativas, competência jurisdicional, questões tributárias (houve ampla regulamentação da ordem financeira e tributária na Constituição), temas envolvendo precatórios e requisição de pequeno valor, condições de elegibilidade, sistema eleitoral, direitos e garantias fundamentais; tais como o direito à educação, o direito à saúde e o direito a discussões sobre temas fundamentais do direito administrativo (envolvendo regime de servidores públicos, contratação, remuneração, cumulação de cargos, responsabilidade objetiva do Estado, entre outras questões envolvendo os arts. 37 e seguintes da Constituição).

Além disso, apesar de toda a jurisprudência defensiva construída nas últimas décadas, obstando a admissibilidade de recursos extraordinários quando a questão constitucional apontada apenas indiretamente ofende dispositivo constitucional, pois está regulamentada também pela legislação infraconstitucional, há uma forte tendência do STF no reconhecimento de repercussão geral sobre temas de direito penal.

REPERCUSSÃO GERAL   151

Para exemplificar, elaborou-se um rol de temas já admitidos pela Corte no julgamento da repercussão geral.

Sobre questões tributárias: critérios de base de cálculo; alíquotas; prescrição; responsabilidade solidária dos sócios; imunidade; compensação; substituição tributária; parcelamento; aplicação do prazo nonagesimal; constitucionalidade da taxa de incêndio, pela utilização potencial de tal serviço; possibilidade de cobrança ou não de taxa de inscrição por universidades públicas; necessidade de comprovação do efetivo poder de polícia para legitimar a cobrança de taxa de localização e funcionamento; e possibilidade de cobrança de mensalidade em curso de pós-graduação *lato sensu* por universidade pública de ensino.

Temas relacionados com o regimento de precatórios: fracionamento de precatórios e requisições de pequeno valor; possibilidade de expedição de precatório antes do trânsito em julgado dos embargos à execução, para pagamento de quantia incontroversa; possibilidade de execução provisória contra a Fazenda Pública, nos termos do art. 475-O do CPC-1973 (art. 520 do novo CPC), período de incidência de juros de mora; necessidade de citação da Fazenda para expedição de precatório complementar; aplicação ou não do art. 741, parágrafo único, do CPC-1973 (art. 535, § 5º, do novo CPC), no âmbito dos Juizados Especiais; e possibilidade de compensação de débitos tributários com requisições de pequeno valor; possibilidade de sequestro de verbas públicas relativamente aos precatórios anteriores à EC 62/2009.

Diversas controvérsias políticas também já foram entendidas como relevantes e transcendentes: condições de elegibilidade eleitoral; causas de inelegibilidade previstas na LC 64/1990; aplicação do princípio da anterioridade da lei eleitoral; se a imunidade material de vereador, por suas opiniões, palavras e votos, alcança, ou não, obrigação de indenizar decorrente de responsabilidade civil; desmembramento de municípios em contrariedade ao art. 18, § 4º, da Constituição; possibilidade de julgamento de prefeitos, por ato de improbidade administrativa, com base na Lei 8.429/1992.

A temática dos direitos fundamentais foi objeto de repercussão geral reconhecida em recursos extraordinários discutindo: constitucionalidade da prisão civil do depositário infiel; constitucionalidade da penhora ou não do imóvel bem de família do fiador locatício; possibilidade de associação de proprietários de loteamento urbano exigir taxas de manutenção e conservação de adquirente de imóvel a ela não associado, em face do princípio da liberdade de associação; alcance do direito de sucessão legítima decorrente de união estável homoafetiva; prevalência da paternidade

152 REPERCUSSÃO GERAL DAS QUESTÕES CONSTITUCIONAIS

socioafetiva em detrimento da biológica; obrigatoriedade, ou não, de o Estado fornecer medicamentos de alto custo a portador de doença grave que não possui condições financeiras para comprá-lo; possibilidade de bloqueio de verbas públicas para garantir o fornecimento de medicamentos; possibilidade de aplicação da Lei 9.656/1998 aos contratos de planos de saúde firmados anteriormente à sua vigência; possibilidade de o paciente internado pelo SUS contratar melhoria de acomodação, mediante pagamento da diferença entre os valores correspondentes; constitucionalidade do ressarcimento do SUS pelos custos com atendimento prestado a beneficiários de planos privados de assistência à saúde; delimitação da incidência do princípio da precaução, em face de supostos efeitos nocivos à saúde da população; autoaplicabilidade do art. 208, IV, da Constituição, ao assegurar o atendimento em creche e pré-escola às crianças de até 5 anos de idade; constitucionalidade da exigência de prévia aprovação no Exame de Ordem como condição para o exercício da advocacia; comprovação de miserabilidade do idoso para recebimento de benefícios da seguridade social; base de cálculo da aposentadoria por invalidez; requisitos para concessão do auxílio-reclusão.

E também o direito administrativo envolvendo questões de interesse dos servidores públicos: pagamento de soldo militar e fixação de salário-base a servidor público em montante inferior ao salário-mínimo; direito adquirido a determinada forma de cálculo de parcelas incorporadas à remuneração de servidor público; extensão de gratificações aos servidores inativos e pensionistas; omissão do Estado sobre o reajuste anual e geral de vencimentos dos servidores; se a contratação pela Administração de empregado não submetido à prévia aprovação em concurso público gera, ou não, outros efeitos trabalhistas além do direito à contraprestação pelos dias trabalhados; possibilidade, ou não, de manter em cargo público, ante a teoria do fato consumado, candidato investido por força de decisão judicial de caráter provisório; possibilidade de o Poder Judiciário realizar controle jurisdicional do ato administrativo que, em concurso público, avalia as questões objetivas formuladas; constitucionalidade, ou não, da incidência de teto remuneratório sobre o montante decorrente da acumulação dos proventos de aposentadoria com o benefício de pensão; incidência do teto aos servidores que já cumulavam cargos antes da EC 41/2003; possibilidade de se considerar como teto remuneratório dos procuradores municipais o subsídio dos desembargadores do tribunal de justiça; incorporação de quintos decorrentes do exercício de funções comissionadas e/ou gratificadas; direito de paridade e integralidade de pensão por morte de ex-servidor; possibilidade de se descontar dos ven-

REPERCUSSÃO GERAL 153

cimentos dos servidores públicos os dias não trabalhados, em virtude do exercício do direito de greve, ante a falta de norma regulamentadora; possibilidade de equiparação de auxílio-alimentação de servidores de carreiras distintas, com fundamento no princípio da isonomia; possibilidade de servidor público militar estadual, transferido *ex officio* e oriundo de estabelecimento particular de ensino superior, ingressar em instituição pública de ensino; possibilidade de guarda civil municipal lavrar auto de infração de trânsito; possibilidade de delegação do exercício do poder de polícia a pessoas jurídicas de direito privado integrantes da Administração Pública indireta para aplicação de multa de trânsito; constitucionalidade, ou não, da exigência de exame psicotécnico, sem previsão em lei, como requisito para ingresso no serviço público; nepotismo na Administração; e possibilidade de a Administração anular ato administrativo, cuja formalização repercutiu no campo de interesses individuais, sem que seja instaurado o devido procedimento administrativo.

O direito penal e processual penal, por sua vez, estiveram presentes nos seguintes temas cuja repercussão geral também foi reconhecida (muito embora na maioria desses casos seja evidente a violação puramente indireta a normas constitucionais): possibilidade de condenado por crime hediondo progredir no regimento de cumprimento de pena; revogação ou não do art. 25 da Lei de Contravenções Penais, à luz dos arts. 3º, IV, e 5º, *caput* e inciso LVII, da Constituição; revogação ou não do art. 61, I, do Código Penal, que prevê agravamento de pena pela reincidência; se ações penais em curso podem ser consideradas maus antecedentes para fins de dosimetria da pena; se condenações transitadas em julgado há mais de cinco anos podem ser consideradas maus antecedentes para efeito de fixação da pena-base; possibilidade de fixação da pena-base abaixo do mínimo previsto pelo tipo penal, em razão de circunstância genérica atenuante; possibilidade de concessão de liberdade provisória a preso em flagrante pela prática de tráfico ilícito de entorpecentes; possibilidade de reconhecimento da prescrição da pretensão punitiva em perspectiva (prescrição virtual); constitucionalidade da propositura de ação penal em razão do cumprimento das condições estabelecidas em transação penal (art. 76 da Lei 9.099/1995); dever, ou não, de o Estado indenizar preso por danos morais, em razão de tratamento desumano e degradante a que submetido em estabelecimento prisional com excessiva população carcerária; constitucionalidade, ou não, da suspensão de direitos políticos do condenado a penas restritivas de direito; constitucionalidade, ou não, da concessão de indulto à pessoa submetida a medida de segurança; constitucionalidade, ou não, da responsabilidade objetiva,

154 REPERCUSSÃO GERAL DAS QUESTÕES CONSTITUCIONAIS

para fins de expropriação, do proprietário de terras onde foi encontrado o cultivo ilegal de plantas psicotrópicas; possibilidade de se determinar o cumprimento de pena privativa de liberdade em prisão domiciliar, ante a inexistência de vagas em estabelecimento penitenciário adequado à execução no regime semiaberto; se a suspensão do processo e do prazo prescricional deve ser regulada pelos limites da prescrição em abstrato (art. 366 do CPP); possibilidade de se atribuir, em atitude de autodefesa, identidade falsa perante autoridade policial; possibilidade de impor pena de suspensão do direito de direção de veículo automotor aos motoristas profissionais, o que afrontaria o direito fundamental ao livre exercício do trabalho; constitucionalidade do uso, como meia prova, de gravação ambiental realizada por um dos interlocutores, sem conhecimento do outro; legalidade ou não das provas obtidas mediante invasão de domicílio por autoridades policiais sem o devido mandado judicial de busca e apreensão; e constitucionalidade do procedimento investigatório criminal realizado pelo Ministério Público.

Ademais, algumas controvérsias envolvendo competências legislativas, responsabilidade do Estado e dos servidores da mesma forma foram selecionadas pelo Supremo Tribunal Federal: direito intertemporal relativo a emendas constitucionais; extensão da responsabilidade objetiva prevista no art. 37, § 6º, da Constituição; responsabilidade objetiva do Estado por morte de detento; alcance das sanções por atos de improbidade administrativa; possibilidade de o Poder Judiciário determinar ao Poder Executivo estadual que execute obras em estabelecimentos prisionais; competência legislativa dos municípios sobre direito ambiental; tempo máximo de espera de clientes em filas de instituições bancárias; e limite de atuação legislativa dos municípios para fixar as atribuições de suas guardas municipais destinadas à proteção de bens, serviços e instalações do município.

Por fim, ainda cabe mencionar os temas abaixo, envolvendo assuntos diversos, como hipóteses de cabimento das ações constitucionais, legitimidade *ad causam*, entre outros:

(i) constitucionalidade, ou não, da exigência de depósito prévio como requisito de admissibilidade de recurso administrativo;

(ii) cabimento de mandado de segurança contra decisão liminar concedida em primeiro grau, no âmbito dos Juizados Especiais;

(iii) competência para julgamento de mandado de segurança impetrado, como substituto recursal, contra decisão de Juiz Federal, no exercício da jurisdição em Juizado Especial Federal; competência para

REPERCUSSÃO GERAL   155

julgamento de execuções trabalhistas de empresa em recuperação judicial; competência para julgamento de conflitos de competência entre um Juizado Especial e um Juízo de primeiro grau pertencentes a uma mesma Seção Judiciária; competência dos tribunais estaduais para exercício do controle concentrado de constitucionalidade de norma municipal, em face da Constituição da República; para julgamento de ações de reparação de danos causados por crítica veiculada pela internet; processamento das execuções ajuizadas pela OAB em face de advogados inadimplentes;

(iv) possibilidade de associação, na qualidade de substituto processual, promover execuções, independentemente da autorização de cada de seus filiados;

(v) legitimidade da Defensoria Pública para propor ação civil pública em defesa de interesses difusos;

(vi) extensão, ou não, dos efeitos de precedente do STF, que declarou inconstitucionalidade de lei, aos casos com trânsito em julgado; superação da coisa julgada para possibilitar nova ação de investigação de paternidade; cabimento de recurso especial eleitoral contra decisão do TRE, de caráter administrativo, em que se analisa a prestação de contas de campanhas eleitorais; possibilidade de interposição de agravo interno contra decisão monocrática proferida no âmbito dos Juizados Especiais;

(vii) diferenças de correção monetária de depósitos em cadernetas de poupança, por alegados expurgos inflacionários decorrentes dos planos denominados Bresser, Verão, Collor I e Collor II; e

(viii) constitucionalidade, ou não, da convocação de estudante de medicina, a título de serviço militar obrigatório, após a conclusão do curso.

3.6 Repercussão geral presumida (art. 543-A, § 3º, do CPC-1973; art. 1.035, § 3º, inciso I, do novo CPC)

Nos tempos da arguição de relevância, o art. 325, II, do RISTF permitia a admissibilidade do recurso extraordinário "nos casos de divergência com a Súmula do Supremo Tribunal Federal".[81] Com a Lei

---

81. Cabe salientar que o art. 119, III, da Constituição de 1967 previa o cabimento de recurso extraordinário na hipótese de divergência jurisprudencial, sendo que a Constituição de 1988 apenas permite tal hipótese de cabimento com relação ao recurso especial dirigido ao Superior Tribunal de Justiça, não tendo mantido quanto ao recurso extraordinário ao STF. Todavia, a hipótese de admissibilidade do recurso extraordinário prevista no art. 325 do RISTF e ora mencionada correspondia a uma

156 REPERCUSSÃO GERAL DAS QUESTÕES CONSTITUCIONAIS

11.418/2006, hipótese semelhante foi eleita como presumidora de repercussão geral da questão constitucional: "haverá repercussão geral sempre que o recurso impugnar decisão contrária a súmula ou jurisprudência dominante do Tribunal" (art. 543-A, § 3º, do CPC-1973; art. 1.035, § 3º, inciso I, do novo CPC).

Guilherme José Braz considera que "o legislador acabou, por via indireta, reintroduzindo a possibilidade de admissão do recurso extraordinário com base em divergência jurisprudencial".[82]

É verdade que, diante de tal hipótese de repercussão geral presumida, acaba-se por criar uma via de acesso ao Supremo Tribunal Federal, mas não se trata exatamente de uma hipótese de cabimento, uma vez que a divergência jurisprudencial ou violação à súmula dessa Corte será utilizada como comprovação da existência de repercussão geral tão somente – sendo que o recurso deverá obrigatoriamente ser fundado em uma das hipóteses do art. 102, III – da Constituição.

Melhor dizendo, não concordamos com a assertiva do citado autor, pois a mera divergência jurisprudencial não será entendida como hipótese de cabimento do recurso extraordinário, diferentemente do atual recurso especial e do recurso extraordinário sob a vigência da Constituição de 1967.

De qualquer modo, com tal decisão legislativa, reafirma-se a função uniformizadora do STF,[83] pois, apesar de não se tratar de nova hipótese de cabimento do recurso extraordinário, a lei ao menos reconhece a relevância e transcendência desse tipo de situação, em que a decisão objeto do recurso está em contrariedade à jurisprudência de nossa Corte Suprema. Trata-se da imposição legal de limites ao poder decisório do STF, o que acaba por proteger a Corte de críticas decorrentes de eventuais contradições, caso temas objeto de súmulas fossem entendidos como irrelevantes para fins de repercussão geral no recurso extraordinário.

Como ressaltado por Bruno Dantas, "a mera divergência entre a decisão recorrida e a jurisprudência predominante é suficiente para causar impacto indireto em toda a sociedade brasileira".[84]

situação mais restrita que aquela prevista como hipótese de cabimento do recurso no art. 119 da Constituição então vigente, pois não bastava a divergência jurisprudencial, mas sim confronto com Súmula editada pelo Supremo.

82. Guilherme José Braz, *Repercussão Geral das Questões Constitucionais e suas Consequências para o Julgamento do Recurso Extraordinário*, p. 208.

83. Bruno Dantas, *Repercussão Geral*, 3ª ed., p. 301.

84. Bruno Dantas, *Repercussão Geral*, 3ª ed., p. 301. E mais: "se nem todas as matérias sumuladas ou reiteradamente tratadas pelo STF têm relevância econômica,

REPERCUSSÃO GERAL 157

Nesse contexto, a solução legislativa encontrada acaba também por privilegiar a segurança jurídica,[85] garantindo que ao menos a repercussão geral será reconhecida quando o recorrente buscar reafirmar jurisprudência dominante ou súmula do Supremo frente às decisões das instâncias inferiores.

Porém, não basta a mera existência da contrariedade entre a decisão recorrida e a jurisprudência ou súmula da Corte. Assim como nas demais hipóteses, será necessário ao recorrente elaborar preliminar de repercussão geral e demonstrar a efetiva ocorrência dessa contrariedade.

Uma dúvida levantada por parte da doutrina se refere ao tipo de presunção estabelecido pelo art. 543-A, § 3º, do CPC-1973 (art. 1.035, § 3º, inciso I, do novo CPC): se relativa ou absoluta. De acordo com Guilherme José Braz, trata-se de uma hipótese *objetiva* de repercussão geral, de forma que, uma vez configurada a divergência jurisprudencial, não poderão os Ministros do Supremo deliberar a respeito da presença ou não de repercussão geral e também não poderão negar seguimento ao recurso extraordinário sob o fundamento de estar ausente tal pressuposto de admissibilidade. A atual redação do art. 323, § 1º, do RISTF é clara ao determinar que o julgamento da repercussão geral, nas hipóteses do art. 543-A, § 3º, do CPC-1973 (art. 1.035, § 3º, inciso I, do novo CPC), não estará sujeito ao Plenário virtual.

No entanto, não foi exatamente essa a solução dada pela Corte na Questão de Ordem decidida no RE 579.431, de relatoria da Ministra Ellen Gracie, quando se discutiu a respeito do procedimento a ser adotado com a finalidade de aplicação do art. 543-A, § 3º, do CPC-1973 (art. 1.035, § 3º, inciso I, do novo CPC).

Com vistas a valorizar a efetividade e finalidade do instituto, decidiram os Ministros que caberá à Presidência da Corte verificar a incidência, ou não, do art. 543-A, § 3º, do CPC-1973 (art. 1.035, § 3º, inciso I, do novo CPC), e, antes de determinar a distribuição do recurso, suscitar questão de ordem para levar a questão constitucional para o exame do Plenário do STF. No julgamento em Plenário, poderão confirmar ou infirmar a jurisprudência do Tribunal que justificou a incidência do art. 543-A, § 3º, do CPC-1973 (art. 1.035, § 3º, inciso I, do novo CPC).

política ou social, fica claro que têm, ao menos, relevância jurídica" (Pedro Miranda, *Recurso Extraordinário e o Requisito da Repercussão Geral*, p. 310).

85. "O que se observa é a preocupação do legislador com a segurança jurídica, a legalidade e a igualdade perante a lei" (Bruno Dantas, *Repercussão Geral*, 3ª ed.).

158   REPERCUSSÃO GERAL DAS QUESTÕES CONSTITUCIONAIS

Se mantida a orientação dos precedentes ou da súmula, a Presidência estará autorizada a negar distribuição ao recurso extraordinário e, na sequência, devolver à origem todos os recursos idênticos que ali chegarem, aplicando, portanto, o art. 543-B, § 3º, do CPC-1973 (declaração de prejudicialidade ou retratação da decisão impugnada).

Caso contrário, se a Corte decidir pela alteração de jurisprudência, o recurso extraordinário deverá ser regularmente distribuído, para que oportunamente seja submetido ao julgamento de mérito.

Isto é, em razão do procedimento que ali foi estabelecido para o julgamento de recursos extraordinários fundados na contrariedade a jurisprudência dominante ou súmula da própria Corte, será indispensável o pronunciamento explícito do STF a respeito da existência, ou não, de repercussão geral.[86]

Portanto, deixa de ser *automático* o reconhecimento desse pressuposto de admissibilidade, de modo contrário ao que previu a Lei 11.418/2006 ao inserir o art. 543-A, § 3º, do CPC-1973 (art. 1.035, § 3º, inciso I, do novo CPC). De fato, neste momento, não se deveria discutir propriamente a existência, ou não, de repercussão geral das questões envolvidas, mas tão somente se a jurisprudência dominante ou súmula invocadas pelo recorrente devem ser mantidas ou alteradas.[87] Nesses casos, o recurso extraordinário deveria ser reputado admitido *ope legis*, em razão de seu funamento, ao menos no tocante ao requisito da repercussão geral, de

86. "Fica, nesse sentido, aprovada a proposta de adoção de procedimento específico que autorize a Presidência da Corte a trazer ao Plenário, antes da distribuição do RE, questão de ordem *na qual poderá ser reconhecida a repercussão geral da matéria tratada, caso atendidos os pressupostos de relevância.* Em seguida, o Tribunal poderá, quanto ao mérito, (a) manifestar-se pela subsistência do entendimento já consolidado ou (b) deliberar pela renovação da discussão do tema. Na primeira hipótese, fica a Presidência autorizada a negar distribuição e a devolver à origem todos os feitos idênticos que chegarem ao STF, para a adoção, pelos órgãos judiciários *a quo*, dos procedimentos previstos no art. 543-B, § 3º, do CPC. Na segunda situação, o feito deverá ser encaminhado à normal distribuição para que, futuramente, tenha seu mérito submetido ao crivo do Plenário" (grifo nosso).

87. "No primeiro caso – o de reafirmação –, estaria evidenciado o dissídio pretoriano e incidiria a presunção legal de repercussão geral, seguida de apreciação pelo Presidente do STF hábil a restabelecer a uniformidade jurisprudencial fragilizada pela decisão do tribunal *a quo*; no segundo caso – de rediscussão de orientação do STF –, a par do reconhecimento expresso da repercussão geral, o recurso seguiria para regular distribuição para posterior exame do mérito pelo Plenário, com a clara sinalização de que existe grande possibilidade de o STF modificar sua jurisprudência e aderir ao entendimento da instância inferior" (Bruno Dantas, *Repercussão Geral*, 3ª ed., p. 305).

REPERCUSSÃO GERAL 159

modo que a manutenção ou não da jurisprudência ou súmula do STF apenas poderia repercutir no seu juízo de mérito.

3.6.1 Outras presunções

Por presunção, entende-se "um processo racional do intelecto, pelo qual do conhecimento de um fato infere-se com razoável probabilidade a existência de outro ou o estado de uma pessoa ou coisa".[88] No Direito, podem ser classificadas entre presunções relativas aquelas que admitem prova em contrário, e presunções absolutas, entendidas como ficções legais que não admitem demonstração em contrário.

Com relação à repercussão geral, parte da doutrina menciona que, além da hipótese do art. 543-A, § 3º, do CPC-1973, haveria outras situações de presunção sobre a repercussão geral. Nesse contexto, Rodolfo de Camargo Mancuso propõe que

> os recursos extraordinários tirados de acórdãos em ações coletivas – populares, civis públicas, ações no controle direto de constitucionalidade, mandado de segurança coletivos – também se beneficiem de uma sorte de "presunção de repercussão geral", por conta da natural eficácia expandida, *erga omnes* ou ao menos *ultra partes*, das decisões proferidas nesses feitos.[89]

Pedro Miranda aponta algumas situações em que haveria "presunção relativa" de repercussão geral, pois considera que, "em virtude de suas peculiaridades, há a presunção da existência de elementos utilizados para aferir a repercussão geral: relevância e/ou transcendência".[90] Dentre as hipóteses por ele elencadas, estão: (i) as ações coletivas, tendo em vista a amplitude subjetiva da decisão judicial a ser proferida; (ii) divergência entre tribunais a respeito de determinada questão constitucional; (iii) declaração de inconstitucionalidade de tratado ou lei federal; e (iv) a existência de ação de controle concentrado de constitucionalidade.

Mas tais argumentos não convencem, pois são hipóteses em que apenas há *maior possibilidade* de reconhecimento de repercussão geral, mas não propriamente uma *presunção*, isto é, um juízo lógico que permita

88. Cândido Rangel Dinamarco, *Instituições de Direito Processual Civil*, 6ª ed., vol. III, p. 113.

89. Rodolfo de Camargo Mancuso, *Recurso Extraordinário e Recurso Especial*, 10ª ed., p. 191.

90. Pedro Miranda, *Recurso Extraordinário e o Requisito da Repercussão Geral*, p. 313.

160 REPERCUSSÃO GERAL DAS QUESTÕES CONSTITUCIONAIS

afirmar que, *a priori*, todas as questões constitucionais nessas situações gozam de repercussão geral.

Quer dizer, presunção há, pelo reconhecimento da repercussão geral, mas aplicável a toda e qualquer questão constitucional presente em recursos extraordinários, e não apenas às hipóteses apresentadas pelo autor. Pois essa foi a premissa adotada pela EC 45/2004: caberá ao STF, por decisão de ao menos 2/3 de seus Ministros decidir pela *inexistência* de repercussão geral.[91] Qualquer outra situação levará ao reconhecimento de tal pressuposto de admissibilidade do recurso extraordinário. Trata-se de presunção relativa, portanto.

Com relação ao art. 543-A, § 3º, do CPC-1973 (art. 1.035, § 3º, inciso I, do novo CPC), pretendeu o legislador infraconstitucional estabelecer as hipóteses de presunção absoluta a respeito da existência de repercussão geral: decisão recorrida contrária a súmula ou jurisprudência dominante do próprio STF.

Logo, é possível concluir que todas as questões constitucionais gozam de presunção relativa a respeito do reconhecimento de repercussão geral, sendo que algumas hipóteses específicas são objeto de presunção absoluta. No entanto, não se pode afirmar que outras situações também estariam sujeitas a presunções absolutas, assim como não há hipóteses de presunção de inexistência de repercussão geral. Isso porque apenas a lei assim poderia determinar.

Com efeito, uma questão polêmica, mas que já foi inclusive apreciada pela Corte, trata da interpretação inversa da presunção prevista no art. 543-A, § 3º, do CPC-1973 (art. 1.035, § 3º, inciso I, do novo CPC). Isto é, se necessariamente deve ser negada a repercussão geral quando a decisão recorrida tiver sido proferida no mesmo sentido da jurisprudência dominante ou súmula do STF. Pela resposta afirmativa votou a Ministra Cármen Lúcia, relatora no julgamento do RE 563.965-7/RS:

91. "A norma constitucional estabelece duas claras diretrizes. Por um lado, consagra o princípio da repercussão geral das questões constitucionais. É o que se extrai da previsão de que o reconhecimento da falta de repercussão depende de um quórum qualificado. É dizer: em princípio, a questão constitucional veiculada em recurso extraordinário reveste-se de repercussão geral (...). Por outro lado, como decorrência desse primeiro traço, põe-se um limite de competência. A manifestação negando a existência de repercussão geral precisará provir do Supremo Tribunal – mais especificamente, do seu Plenário, que reúne todos os seus membros" (Eduardo Talamini, *Novos Aspectos da Jurisdição Constitucional Brasileira: Repercussão Geral, Força Vinculante, Modulação dos Efeitos do Controle de Constitucionalidade e Alargamento do Objeto do Controle Direto*, p. 26).

REPERCUSSÃO GERAL 161

o artigo 543-A, § 3º, do Código de Processo Civil contém, expressamente, norma determinante no sentido de haver repercussão geral sempre que o recurso impugnar decisão contrária à súmula ou jurisprudência dominante do Tribunal. Naquele dispositivo se contém, como parece certo, uma segunda norma, ainda que inexpressa, segundo a qual, quando, inversamente àquela primeira hipótese, o recurso impugnar decisão de acordo com a súmula ou jurisprudência dominante do Tribunal não há repercussão geral.

No mesmo sentido votaram os Ministros Cezar Peluso, Joaquim Barbosa e Menezes Direito.

Contudo, a maioria dos Ministros entendeu que "não se presume a ausência de repercussão geral quando o recurso extraordinário impugnar decisão que esteja de acordo com a jurisprudência do Supremo Tribunal Federal", tendo sido vencida a tese dos Ministros acima mencionados, em julgamento cujo resultado foi publicado no dia 18 de abril de 2008.

A respeito do tema, vale ainda mencionar parte dos argumentos do voto da Ministra Ellen Gracie, ao ponderar que a existência de repercussão geral

não pode ser afastada pela circunstância de já ter sido enfrentada em sucessivos julgados anteriores desta Corte. Ao contrário, a existência de julgados em outros processos, antes de afastar a repercussão geral, a afirma, indicando que se trata de matéria que ultrapassa os interesses subjetivos da causa.

Além disso, também se argumentou que as decisões do STF apenas podem implicar negativa de repercussão geral, com a consequente inadmissibilidade do recurso extraordinário, se respeitado o art. 543-B do CPC-1973 (art. 1.036 do novo CPC). Quer dizer,

enquanto não for efetivamente apreciada a existência de repercussão geral de determinada matéria e realizado o julgamento de um acórdão paradigma, que possa efetivamente demonstrar o posicionamento do Supremo Tribunal Federal a respeito dessa questão constitucional, não terão aplicação as consequências de julgamento estipuladas no artigo 543-B do Código de Processo Civil.[92]

92. Guilherme José Braz de Oliveira, *Repercussão Geral das Questões Constitucionais e suas Consequências para o Julgamento do Recurso Extraordinário*, p. 215.

162 REPERCUSSÃO GERAL DAS QUESTÕES CONSTITUCIONAIS

De nossa parte, entendemos correto o resultado do julgamento proferido no precedente acima citado.[93] Na realidade, a presunção primeira que deve ser levada em consideração se refere à existência de repercussão geral das questões constitucionais, conforme previu o constituinte reformador. Apenas e tão somente nas hipóteses expressamente previstas é que se poderá decidir pela inexistência de repercussão geral. Trata-se, acima de tudo, de norma limitativa do direito de acesso ao Supremo Tribunal Federal e interposição de recurso extraordinário, razão pela qual deve ser interpretada de forma restritiva e bastante criteriosa. Por isso, equivocada a leitura inversa da presunção trazida pelo art. 543-A, § 3º, da atual Lei Processual (art. 1.035, § 3º, inciso I, do novo CPC).

3.6.2 Situações em que há maior probabilidade de reconhecimento da repercussão geral

3.6.2.1 Controle de constitucionalidade concentrado

O controle de constitucionalidade concentrado é realizado por meio da ação direta de inconstitucionalidade por ação ou omissão, arguição de descumprimento de preceito fundamental, ação declaratória de constitucionalidade e pela ação interventiva. Em síntese, por meio de tais ações, é possível que os respectivos legitimados possam levar diretamente ao STF questões a respeito da constitucionalidade, ou não, de determinados atos normativos ou administrativos, dependendo da ação escolhida.

E como os efeitos das decisões em sede de controle concentrado são *erga omnes* e vinculantes, há quem defenda que a prévia existência de uma dessas ações seria suficiente para acarretar o reconhecimento da repercussão geral de controvérsia idêntica exposta em recursos extraordinários.[94]

Porém, reafirmamos nossa posição no sentido de que não há qualquer presunção de reconhecimento da repercussão geral, por se tratar de uma ação de controle de constitucionalidade concentrado. Embora inequivocamente haja maiores chances de que assim decida o Supremo Tribunal Federal.

Tanto que o STF já decidiu pela inexistência de repercussão geral no RE 561.994, interposto contra decisão do Tribunal de Justiça do Distrito

---

93. Também a favor da solução vencedora: Bruno Dantas, *Repercussão Geral*, 3ª ed., p. 306.

94. Pedro Miranda de Oliveira, *Recurso Extraordinário e o Requisito da Repercussão Geral*, p. 317.

REPERCUSSÃO GERAL 163

Federal e Territórios que havia dado procedência a uma ação direta de inconstitucionalidade estadual, para declarar a inconstitucionalidade de uma Emenda à Lei Orgânica do Distrito Federal.

Nesse precedente, o recorrente, o Sr. Governador do Distrito Federal, elaborou preliminar de repercussão geral, sustentando justamente a relevância jurídica, sob o argumento de que "decisões proferidas no controle concentrado de leis sempre apresentam relevância do ponto de vista jurídico", sendo que o relator, Ministro Marco Aurélio, votou pelo reconhecimento da repercussão geral. Todavia, por maioria de votos, decidiu-se pela inexistência de repercussão geral: "não possui repercussão geral controvérsia sobre a constitucionalidade das Emendas ns. 13/1996 e 17/1997 à Lei Orgânica do Distrito Federal".

Outra questão ligada ao controle concentrado de constitucionalidade se refere à existência de precedentes da Corte sobre temas que vêm a se repetir em recurso extraordinário. Conforme as decisões já proferidas pelo Supremo, havendo prévia decisão em sede de controle de constitucionalidade concentrado (notadamente por meio das ações diretas), em regra se reconhecerá a inexistência de repercussão geral.

Diante da maior eficácia das decisões proferidas na via do controle concentrado, pois gozam de efeito vinculante, o STF vem entendendo que não há relevância a justificar nova manifestação em sede de repercussão geral em recurso extraordinário. Assim se decidiu no RE 562.581, de relatoria da Ministra Cármen Lúcia:

> não há repercussão geral na questão relativa à equiparação remuneratória entre procuradores autárquicos e procuradores de estado, pois o Supremo Tribunal Federal já decidiu que não é possível equiparar as referidas categorias profissionais (Ação Direta de Inconstitucionalidade 1.434-MC, Relator o Ministro Celso de Mello, *DJ* 22.11.1996).

Mas o Supremo tem decidido que apenas a eficácia expandida de seus próprios julgados, em sede de controle direto de constitucionalidade, pode ser utilizada como parâmetro para reconhecimento da inexistência de repercussão geral de questões constitucionais idênticas àquelas objeto de eventual recurso extraordinário. Ou seja, as decisões de tribunais estaduais não justificam o automático reconhecimento da existência, ou não, de repercussão geral, ainda quando proferidas no julgamento de ações abstratas de controle de constitucionalidade.

164 REPERCUSSÃO GERAL DAS QUESTÕES CONSTITUCIONAIS

3.6.2.2 Divergência jurisprudencial entre as instâncias inferiores

Ademais, Guilherme José Braz critica o dispositivo introduzido pela Lei 11.418/2006 porque acabou limitando a presunção de repercussão geral apenas às hipóteses de divergência da decisão recorrida com precedente do próprio Supremo. Segundo o autor, melhor teria sido se a lei houvesse considerado objetivamente relevantes todos os casos de divergência jurisprudencial em questões constitucionais, ainda que apenas entre decisões das instâncias inferiores.[95]

Com razão o autor, pois, se determinada questão constitucional está sendo objeto de divergência entre os diversos tribunais da federação, parece inegável a presença de transcendência, razão pela qual deveria ser objeto de uniformização pelo STF.

Todavia, da forma como regulamentada a repercussão geral, se os Ministros entenderem que não há relevância sob o aspecto político, jurídico, social ou econômico, poderão decidir pela inexistência de repercussão geral da questão constitucional objeto de tal divergência. Isso porque o requisito quantitativo (a transcendência), por si só, não é suficiente para configuração da repercussão geral.

Ou seja, a Justiça brasileira está sujeita a uma curiosa omissão uniformizadora quanto a questões constitucionais. Em que pese serem os temas escolhidos pelo constituinte todos relevantes, ainda que em tese, é possível que determinadas questões sejam objeto de divergência entre os tribunais estaduais e não haja a necessária uniformização por parte de alguma Corte brasileira. O risco da insegurança poderá atingir temas tratados pela Constituição de 1988.

Para se evitar tal constrangedora situação, diante da omissão legislativa, espera-se que os Ministros de nossa mais alta Corte ao menos tenham a sensibilidade necessária para reconhecer presente a repercussão geral de eventuais questões constitucionais que estejam sendo objeto de divergência jurisprudencial entre as instâncias inferiores.

Ainda que, em si mesma, a questão debatida possa não ser entendida como relevante, nos termos do art. 543-A, § 1º, do CPC-1973 (art. 1.035, § 1º, do novo CPC), parece que o dissídio jurisprudencial deverá ser entendido como fator de relevância jurídica suficiente para o reconheci-

95. Guilherme José Braz, *Repercussão Geral das Questões Constitucionais e suas Consequências para o Julgamento do Recurso Extraordinário*, p. 213.

REPERCUSSÃO GERAL 165

mento da repercussão geral. Seria uma hipótese de relevância *extrínseca* dessa questão constitucional.[96]

3.6.2.3 Ações coletivas

Após grande desenvolvimento teórico nas últimas décadas, as chamadas ações coletivas atualmente possuem papel relevante no Poder Judiciário, principalmente nas áreas de Direito do Consumidor, Meio Ambiente e controle do Patrimônio Público. Sem dúvida alguma, o principal colegitimado para a propositura dessas ações ainda é o Ministério Público, valendo-se notadamente de ações civis públicas (Lei 7.347/1985).

De acordo com o art. 81 da Lei 8.078/1990 (Código de Defesa do Consumidor), os direitos tutelados pelas ações coletivas podem ser classificados em difusos, coletivos e individuais homogêneos.[97]

Os direitos difusos caracterizam-se por natureza indivisível, indeterminação quanto aos sujeitos e referência a situações de fato (não propriamente a vínculos jurídicos), de modo que toda a coletividade fica sujeita aos efeitos de seu atendimento ou à sua violação:

> verifica-se, assim, que os interesses difusos são fluidos e dispersos por toda uma coletividade. (...) Todos os membros da coletividade fruem um benefício sensível e direto pelo gozo do direito difuso. (...) Em contrapartida, todos os membros da coletividade sofrem um prejuízo direto e também sensível caso o direito seja violado.[98]

96. "Também a divergência jurisprudencial entre qualquer dos Tribunais da Federação – sempre em matéria de ordem constitucional – configura questão relevante, passível de apreciação pelo Supremo Tribunal Federal" (Guilherme José Braz, *Repercussão Geral das Questões Constitucionais e suas Consequências para o Julgamento do Recurso Extraordinário*, p. 214).
97. "Art. 81. (...) Parágrafo único. A defesa coletiva será exercida quando se tratar de: I – interesses ou direitos difusos, assim entendidos, para efeitos deste código, os transindividuais, de natureza indivisível, de que sejam titulares pessoas indeterminadas e ligadas por circunstâncias de fato; II – interesses ou direitos coletivos, assim entendidos, para efeitos deste código, os transindividuais, de natureza indivisível de que seja titular grupo, categoria ou classe de pessoas ligadas entre si ou com a parte contrária por uma relação jurídica base; III – interesses ou direitos individuais homogêneos, assim entendidos os decorrentes de origem comum."
98. Susana Henriques da Costa, *O Processo Coletivo na Tutela do Patrimônio Público e da Moralidade Administrativa. Ação de Improbidade Administrativa, Ação Civil Pública e Ação Popular*, p. 49.

166 REPERCUSSÃO GERAL DAS QUESTÕES CONSTITUCIONAIS

Em virtude de tais características, Pedro Miranda considera haver presunção de repercussão geral do recurso extraordinário em ação coletiva envolvendo interesses ou direitos difusos, pois, a princípio, estariam presentes tanto o elemento qualitativo (relevância) quanto o elemento quantitativo (transcendência).[99]

É certo que o elemento quantitativo realmente estará sempre presente, mas não parece lógico poder afirmar que também estará o elemento qualitativo. Ora, as questões que podem ser debatidas em ações coletivas, a princípio, tendem a ser consideradas mais relevantes que aquelas normalmente veiculadas em ações individuais, mas justamente em razão da transcendência desses temas. Tratando-se de questões constitucionais, não nos parece que seria correto afirmar que as ações coletivas teriam mais relevância que as ações individuais. Exemplificando, entendemos que o direito à educação mencionado em uma determinada ação individual deve ser considerado tão relevante quanto o direito à educação objeto de uma ação civil pública.

Repisa-se, a princípio, em razão da transcendência, os interesses debatidos em ações coletivas são reputados mais relevantes que aqueles debatidos em ações individuais, mas em um sentido distinto daquele utilizado no instituto da repercussão geral das questões constitucionais. No entanto, quando se realiza tal corte, separando-se os elementos relevância e transcendência, é que afirmamos que a relevância das questões constitucionais independerá da eficácia subjetiva da tutela jurisdicional pretendida.

Mas, claro, havendo transcendência em todas as situações, os índices de reconhecimento da repercussão geral nas ações coletivas tendem a ser superiores aos verificados nas ações individuais. E como se trata apenas de questões constitucionais, a serem submetidas ao crivo da repercussão geral, é possível afirmar-se que a "quase totalidade"[100] de recursos extraordinários em ações coletivas, debatendo direitos difusos, será admitida, ao menos sob o aspecto de tal pressuposto de admissibilidade recursal.

O que entendemos, cabe reiterar, é que há presunção de repercussão geral sobre todas as questões constitucionais eventualmente objeto de recursos extraordinários ao Supremo Tribunal Federal, e não apenas em relação a um ou outro tipo de demanda. O que se nota são maiores

---

99. Pedro Miranda, *Recurso Extraordinário e o Requisito da Repercussão Geral*, p. 318.

100. Bruno Dantas, *Repercussão Geral*, 3ª ed., p. 257.

REPERCUSSÃO GERAL 167

probabilidades de reconhecimento de tal pressuposto em determinadas situações.

Com relação à tutela de direitos coletivos e individuais homogêneos, nem sempre haverá transcendência das questões constitucionais eventualmente debatidas, para fins de reconhecimento da repercussão geral. Os direitos coletivos são indivisíveis com os difusos, mas é possível a identificação e determinação do grupo envolvido. Ao contrário dos direitos difusos, não são afeitos a toda a coletividade, mas apenas a uma parte dela. Quanto aos direitos individuais homogêneos, além de divisíveis, é possível identificar cada uma das pessoas afetadas. Na expressão de Barbosa Moreira, são apenas acidentalmente coletivos,[101] isto é, a sua coletivização tem como finalidade precípua facilitar o acesso à Justiça e incrementar a efetividade processual.

Sendo assim, o reconhecimento da repercussão geral dependerá da efetiva comprovação dos dois elementos: transcendência e relevância; havendo situações em que, embora se trate de ação coletiva, as questões constitucionais não terão a transcendência suficiente para a finalidade de justificar a presença de tal pressuposto de admissibilidade recursal.

3.6.2.4 Declaração de inconstitucionalidade de tratado ou lei federal (art. 102, III, "b", da Constituição)

Dentre as hipóteses de cabimento do recurso extraordinário previstas no art. 102, III, da Constituição, está a interposição de recurso contra a decisão que declarou a inconstitucionalidade de tratado ou lei federal. Trata-se de uma solução drástica prevista no sistema de controle de pesos e contrapesos do Direito brasileiro: a declaração, pelo Poder Judiciário, de inconstitucionalidade de uma lei editada pelo Poder Legislativo ou de um tratado por ele ratificado, por meio de Decreto legislativo.[102]

No Direito argentino, as demandas envolvendo a declaração de inconstitucionalidade de uma norma são entendidas como transcendentes pela Suprema Corte Argentina, para fins de admissibilidade do *recurso*

---

101. Barbosa Moreira, "Ações Coletivas na Constituição Federal de 1988", *Revista de Processo*, n. 61, pp. 188-189.

102. "O controle de constitucionalidade configura-se, portanto, como garantia da supremacia dos direitos e garantias fundamentais previstos na Constituição que, além de configurarem limites ao poder do Estado, são também uma parte da legitimação do próprio Estado, determinando seus deveres e tornando possível o processo democrático em um Estado de Direito" (Alexandre de Moraes, *Direito Constitucional*, 29ª ed., p. 719).

168   REPERCUSSÃO GERAL DAS QUESTÕES CONSTITUCIONAIS

extraordinario. Trata-se da hipótese de *gravedad institucional* vista no Capítulo 2. E também a Suprema Corte Americana reconhece, em diversos precedentes, a necessidade de admissibilidade do *writ of certiorari* quando os tribunais inferiores declaram a inconstitucionalidade de uma lei federal.[103]

Com relação à repercussão geral, há precedentes do STF em que os Ministros mencionam que haveria repercussão geral em todas as hipóteses de interposição do recurso extraordinário com fundamento no art. 102, III, "b", da Constituição:

> entendo ficar configurada a repercussão geral toda vez que é proclamada a inconstitucionalidade de ato normativo na origem, vindo o recurso extraordinário a ser interposto a partir da alínea *b* do inciso III do artigo 102 da Constituição Federal, a revelá-lo adequado quando declarada inconstitucionalidade de tratado ou lei federal.[104]

Nessa linha, Pedro Miranda considera que também a hipótese do art. 102, III, "b", da Constituição deve ser objeto de presunção de repercussão geral, pois seria *inconcebível* que "determinado dispositivo de lei federal estivesse em vigor em todo o País, menos na Região Sul, diante da declaração de inconstitucionalidade proferida pelo Tribunal Regional Federal da 4ª Região".[105] No que é seguido por Bruno Dantas, para quem a "repercussão geral é imanente"[106] diante de tais situações.

Porém, embora seja forçoso reconhecer que a declaração de inconstitucionalidade de uma lei federal ou tratado tende a justificar a relevância sob, no mínimo, o aspecto jurídico, entendemos que continua se tratando da mesma presunção já existente sobre toda e qualquer questão constitucional. Apesar da relevância jurídica em tese, pode-se questionar, por exemplo, a sua transcendência. Eventualmente, o Supremo poderá também recusar a repercussão geral sob o fundamento de já ter decidido questão semelhante em sede de controle concentrado.

Como mencionado pelo próprio Ministro Marco Aurélio, no RE 611.639 acima mencionado:

> a par desse aspecto ("entender configurada a repercussão geral toda vez que é proclamada a inconstitucionalidade de ato normativo

103. Robert Stern *et al.*, *Supreme Court*.
104. RE 611.539, rel. Min. Marco Aurélio, j. 9.12.2010.
105. Pedro Miranda, *Recurso Extraordinário e o Requisito da Repercussão Geral*, p. 316.
106. Bruno Dantas, *Repercussão Geral*, 3ª ed., p. 258.

REPERCUSSÃO GERAL 169

na origem"), há o interesse jurídico a repercutir em inúmeras situações. O Tribunal de Justiça declarou a inconstitucionalidade do § 1º do artigo 1.361 do Código Civil, presente o artigo 236 da Constituição Federal, e assentou a obrigatoriedade de gravames a incidirem sobre veículos automotores serem levados a registro no cartório de títulos e documentos.

Tanto é assim que no julgamento de admissibilidade do RE 614.406, de relatoria da Ministra Ellen Gracie, cujo entendimento posteriormente foi reiterado no RE 612.232 e no RE 669.196, esse último relatado pelo Ministro Dias Toffoli, a Corte decidiu que a decisão do tribunal de origem pela declaração de inconstitucionalidade de tratado ou lei federal evidencia o caráter constitucional da questão levada ao Supremo. No entanto, para justificar o reconhecimento da repercussão geral nesses precedentes, os Ministros apresentaram circunstâncias outras que não somente a própria hipótese de cabimento do recurso: "reconhecida a relevância jurídica da questão, tendo em conta os princípios constitucionais tributários da isonomia e da uniformidade geográfica".[107]

Os três precedentes acima citados envolviam a reapreciação da Corte a respeito da repercussão geral de questões que, anteriormente, haviam sido entendidas como desprovidas de tal pressuposto de admissibilidade, uma vez que tratavam da interpretação de normas infraconstitucionais. Os recursos extraordinários que deram ensejo a essas primeiras decisões estavam fundamentados no art. 102, III, "a", de nossa Carta Magna. Posteriormente, as respectivas normas infraconstitucionais foram declaradas inconstitucionais pelos tribunais de origem, possibilitando a interposição de recursos extraordinários com fundamento no art. 102, III, "b".

Ora, em síntese, o que os Ministros decidiram foi que tal circunstância nova seria apta a possibilitar novo julgamento pelo STF sobre o tema, até porque, com tais decisões reconhecendo a inconstitucionalidade de lei federal, restava finalmente caracterizada uma questão constitucional.[108]

---

107. STF, Pleno, RE 614.406, j. 20.10.2010. Consta, ainda, da ementa: "a interposição do recurso extraordinário com fundamento no art. 102, III, *b*, da Constituição Federal (...) constitui circunstância nova suficiente para justificar, agora, seu caráter constitucional e o reconhecimento da repercussão geral da matéria".

108. No RE 669.196: "Realmente, aqui estamos a tratar de resolução que inova na ordem jurídica, uma vez que dispôs de forma primária sobre a exclusão do REFIS, sem intermediação de lei. Nesses casos, a Corte tem admitido o controle de constitucionalidade. Diante do exposto, considerando que a superveniência de declaração de inconstitucionalidade de lei ou ato normativo por Tribunal regional retira do mundo jurídico tais normas – ao menos pra efeito de aplicação no seu âmbito territorial continuando essas válidas e aplicáveis nas demais regiões do país".

170 REPERCUSSÃO GERAL DAS QUESTÕES CONSTITUCIONAIS

Todavia, a relevância e transcendência dessas questões constitucionais não estão automaticamente reconhecidas. Por isso a fundamentação apresentada nos respectivos votos, pelo reconhecimento da repercussão geral e mencionando os princípios constitucionais tributários da isonomia e da uniformidade geográfica como evidenciadores da relevância jurídica das questões tributárias ali discutidas. Enfim, não há uma relação necessária entre tal hipótese de cabimento do recurso extraordinário e o instituto da repercussão geral. Até porque, como defendemos nesta obra, apenas a lei poderia assim determinar.

Ressalva-se, entretanto, o posicionamento do Ministro Marco Aurélio, que em mais de uma oportunidade afirmou entender que todo recurso extraordinário fundamentado no art. 102, III, "b", da Constituição é provido de repercussão geral.[109]

3.6.3 Art. 324, § 2º, do RISTF:
hipótese de presunção de inexistência de repercussão geral

O fundamento de maior incidência para o reconhecimento da inexistência de repercussão geral, até agora, tem sido a constatação de que a questão debatida no recurso extraordinário não implica violação direta a qualquer dispositivo constitucional. Isto é, são hipóteses de inexistência de *questão constitucional*.

Embora a presença de questão constitucional seja pressuposto distinto da repercussão geral, o STF passou a realizar o juízo de sua verificação no momento de apreciação da existência, ou não, de repercussão geral.

Trata-se de solução criticável, uma vez que apenas se pode falar em repercussão geral de questões constitucionais, quer dizer, a *questão constitucional* corresponde a uma premissa lógica para a *repercussão geral*.[110]

Na esteira do precedente consubstanciado no RE n. 614.406, manifesto-me pela existência de questão constitucional, bem como reconheço a repercussão geral da questão constitucional suscitada."

109. STF, Pleno, RE 611.639, voto do relator Ministro Marco Aurélio, j. 9.12.2010; RE 559.607, voto do relator Ministro Marco Aurélio, j. 26.9.2007; RE 669.196, pronunciamento do Ministro Marco Aurélio, j. 22.8.2013.

110. "Não apenas por razões de economia processual, mas também por imposição lógica, cabe antes verificar a presença dos demais requisitos de admissibilidade – sobretudo, a presença de uma questão constitucional" (Eduardo Talamini, *Novos Aspectos da Jurisdição Constitucional Brasileira: Repercussão Geral, Força Vinculante, Modulação dos Efeitos do Controle de Constitucionalidade e Alargamento do Objeto do Controle Direto*, p. 34).

REPERCUSSÃO GERAL 171

Com efeito, é um evidente contrassenso se decidir pela inexistência de repercussão geral porque não há questão constitucional. De todo modo, o RISTF, em seu art. 324, § 2º, passou a disciplinar o procedimento para o reconhecimento da inexistência de repercussão geral quando se tratar de matéria infraconstitucional. Nos termos do citado dispositivo, após o voto do Relator declarando que a matéria é infraconstitucional, a ausência de manifestação expressa dos demais Ministros implicará o reconhecimento de sua inexistência:

> não incide o disposto no parágrafo anterior quando o Relator declare que a matéria é infraconstitucional, caso em que a ausência de pronunciamento no prazo será considerada manifestação de inexistência de repercussão geral, autorizando a aplicação do art. 543-A, § 5º, do Código de Processo Civil, se alcançada a maioria de dois terços de seus membros.

No entanto, se inexiste questão constitucional, a rigor, esse julgamento previsto no art. 324, § 2º, do RISTF não se refere à repercussão geral, mas sim à verificação das hipóteses de cabimento do recurso extraordinário, nos termos do art. 102, III, da Constituição. E como não há quórum específico constitucionalmente previsto para a inadmissibilidade de recursos, por não se verificar quaisquer das hipóteses de cabimento, entendemos que não haveria maiores prejuízos decorrentes dessa presunção criada pelo art. 324 do RISTF.

De fato, em todas as demais situações, quando o ministro relator houver declarado que há questão constitucional, a manifestação tácita acarretará o reconhecimento da existência de repercussão geral (em conformidade com o art. 524, § 1º, do RISTF), atendendo-se, portanto, ao mandamento constitucional de que a inexistência de repercussão geral é que seria excepcional, apenas podendo ser reconhecida pelo voto de 2/3 dos Ministros.

Todavia, nos termos em que redigido, tal dispositivo regimental acaba por estender todo o tratamento dispensado à repercussão geral para a hipótese de inadmissibilidade do recurso por inexistência de questão constitucional. Isto é, por vias transversas (mera emenda regimental), dentre outras consequências, acaba-se por permitir que a decisão a respeito de uma determinada hipótese de inadmissibilidade recursal se estenda a todos os demais recursos extraordinários envolvendo o mesmo tema. Isso quando tal eficácia (*erga omnes*) apenas poderia ser concedida pela própria Constituição ou lei.

172 REPERCUSSÃO GERAL DAS QUESTÕES CONSTITUCIONAIS

3.6.4 Presunções de repercussão geral no novo Código de Processo Civil (Lei 13.105/2015)

Como já visto no capítulo 1, o novo CPC foi aprovado com o inequívoco intuito de valorizar os precedentes dos tribunais superiores, de modo que vários foram os mecanismos processuais com tal finalidade, incluindo a ampliação das hipóteses de presunção (absoluta) de repercussão geral de seu art. 1.035, § 3º:

> haverá repercussão geral sempre que o recurso impugnar acórdão que:
>
> I – contrarie súmula ou jurisprudência dominante do Supremo Tribunal Federal;
>
> II – tenha sido proferido em julgamento de casos repetitivos;
>
> III – tenha reconhecido a inconstitucionalidade de tratado ou lei federal, nos termos do art. 97 da Constituição Federal.

O inciso I consiste basicamente na repetição do art. 543-A, § 3º, do CPC-1973, já comentado no presente trabalho.

Com relação às demais hipóteses, entendemos que se trata de soluções merecedoras de aplausos, visto que, conforme inclusive já externamos, a proteção à segurança jurídica e dos precedentes da própria Corte Constitucional deve ser prestigiada no julgamento da repercussão geral, garantindo unidade ao sistema jurídico-constitucional brasileiro.

Dessa forma, evidente que a tese fixada em julgamento de casos repetitivos demonstra, por si só, a existência de repercussão geral, isto é, relevância e transcendência suficientes para permitir a admissibilidade de recursos extraordinários versando sobre o mesmo tema.

A respeito de tal hipótese de presunção absoluta de existência de repercussão geral, cabe ressaltar que, conforme previsto no art. 928 do novo CPC, considera-se julgamento de casos repetitivos a decisão proferida em incidente de resolução de demandas repetitivas ou recursos especial e extraordinário repetitivos. Portanto, serão basicamente hipóteses de decisões decorrentes do incidente regulamentado nos arts. 976 a 987 do novo CPC, cuja competência originária é de algum tribunal (art. 977), ou então oriundas de recursos especiais repetitivos.

Por último, também de ser aplaudida a previsão legal de admissibilidade de todo e qualquer recurso extraordinário que busque reformar decisão do órgão *a quo* que tenha declarado a inconstitucionalidade de tratado ou lei federal, em sede de incidente de inconstitucionalidade.

REPERCUSSÃO GERAL 173

Como estudado, atualmente, tais questões acabarão por ser objeto de juízo positivo quanto à repercussão geral, tamanha a relevância de qualquer decisão que permita a interposição de recurso extraordinário com fundamento no art. 102, III, "a", de nossa Carta Magna. No entanto, muito melhor que a admissibilidade do recurso extraordinário em tais hipóteses já esteja assegurada pelo direito positivo.

3.7 Critérios negativos: hipóteses em que o STF vem negando o reconhecimento de repercussão geral

Ademais, como diversos temas já tiveram a repercussão geral negada pelo Supremo Tribunal Federal, é possível apontar que, em síntese, não se tem admitido tal pressuposto de admissibilidade: a recursos sobre legislação estadual relativa a servidores públicos, ainda que, em tese, alegue-se violação à Constituição da República; diante de questões nas quais há *violação reflexa* de dispositivos constitucionais, correspondendo, na visão da Corte, a controvérsias a respeito de legislação infraconstitucional; e quando há precedentes do STF sobre o assunto, no sentido oposto ao da tese exposta pelo recorrente.

Exemplificativamente, o Supremo reconheceu a inexistência de repercussão geral quanto aos seguintes temas:

(i) equiparação remuneratória de procuradores de autarquia e procuradores do Estado de São Paulo; direito, ou não, de servidor ao pagamento de diferenças salariais e de gratificações decorrentes do exercício de função em cargo diverso daquele para o qual foi admitido; possibilidade de extensão, ou não, do Adicional de Local de Exercício (ALE), pago aos militares do Estado de São Paulo, aos servidores inativos; extensão, em relação a inativos e pensionistas, da Gratificação de Atividade Policial Militar; direito de equiparação dos valores recebidos a título de ALE entre todos os policiais civis e militares da ativa de São Paulo, em face do princípio da isonomia; possibilidade de incorporação definitiva da gratificação de função à remuneração dos empregados públicos;

(ii) se lei municipal instituidora de plano de carreira dos servidores municipais é autoaplicável;

(iii) legalidade da cobrança de assinatura básica mensal do serviço de telefonia; legalidade da cobrança dos pulsos excedentes à franquia mensal, pelas concessionárias prestadoras de serviço de telefonia fixa, sem a respectiva discriminação;

174 REPERCUSSÃO GERAL DAS QUESTÕES CONSTITUCIONAIS

(iv) dever do Estado de pagar indenização por danos morais decorrentes da emissão do mesmo número de CPF para mais uma pessoa; responsabilidade civil do Estado a gerar direito de indenização, em razão de período trabalhado além daquele considerado razoável;

(v) a proporcionalidade e razoabilidade do valor fixado a título de indenização por danos morais, à luz do art. 5º, XXXV, LIX e LV, da Constituição; cabimento de indenização por danos morais decorrentes de inscrição indevida em cadastro de inadimplentes; responsabilidade civil de instituição financeira por danos decorrentes de indevida utilização de cartão de crédito; direito à indenização por danos morais causados por alegada ofensa à imagem, em virtude de divulgação de nota veiculada nos meios de comunicação;

(vi) possibilidade de a Defensoria Pública perceber honorários advocatícios;

(vii) valoração das circunstâncias judiciais previstas no art. 59 do Código Penal; aplicação do princípio da insignificância ao crime de posse de substância entorpecente;

(viii) legalidade de denegação do benefício da justiça gratuita, não obstante a existência de declaração do interessado;

(ix) competência para processar e julgar ações movidas contra os três entes políticos do governo, visando à obrigação de fornecimento de medicamentos, quando o valor da causa é inferior ao limite de sessenta salários-mínimos;

(x) natureza jurídica de verbas rescisórias, se salarial ou indenizatória, para fins de incidência de imposto de renda; natureza jurídica dos juros, a fim de se decidir se verbas recebidas a esse título se sujeitam, ou não, ao imposto de renda; possibilidade de incidência do imposto de renda sobre os rendimentos percebidos por servidor público a título de abono de permanência;

(xi) possibilidade de fixação ou não da multa prevista nos arts. 14, V, 600 e 601 do CPC-1973 (arts. 77, inciso IV, e 774 do novo CPC), por descumprimento de ordem judicial de pagamento de precatório no prazo legal; possibilidade de concessão de efeito suspensivo a embargos do devedor em execução fiscal; possibilidade de aplicação de multa por litigância de má-fé, nos casos de interposição de recursos com manifesto propósito protelatório; violação do contraditório e da ampla defesa nos casos em que o juiz indefere pedido de produção antecipada de prova no âmbito de processo judicial; possibilidade de ser declarada a inexi-

REPERCUSSÃO GERAL 175

gibilidade de título judicial, o qual entendeu ilegal a cobrança de valor correspondente à assinatura básica em conta telefônica e determinou a restituição desses valores, em face do art. 475-L, § 1º, do CPC-1973 (art. 525, § 12, do novo CPC);

(xii) possibilidade de se destinar parte do valor das *astreintes* a fundo estadual de defesa do consumidor, a fim de se evitar enriquecimento indevido;

(xiii) ser devido, ou não, pagamento de adicional de insalubridade a empregados que trabalham em prédio vertical que contém, em um de seus andares, combustível armazenado; possibilidade de o auxílio-acidente ser inferior ao salário-mínimo;

(xiv) possibilidade de se computar, para efeito de aposentadoria, tempo de serviço exercido em condições especiais, após 28 de maio de 1998; e

(xv) violação de coisa julgada em decorrência de preclusão referente à juntada de acordo, celebrado antes da propositura da ação de conhecimento, mas levado aos autos somente na fase dos embargos à execução.

Uma vez que já foram analisados os pressupostos para reconhecimento da repercussão geral, bem como diversos precedentes da Corte, de antemão se percebem graves incoerências do STF ao negar a repercussão geral em diversos dos temas acima apontados. A sensação é de que o instituto realmente poderia estar permitindo à Corte decidir de forma discricionária, deixando de lado os requisitos técnicos para eventualmente atender ao interesse público secundário e se valer do instituto para meramente obstar o acesso de centenas, e às vezes milhares, de recursos sobre determinadas questões.

No RE 570.690, de relatoria do saudoso Ministro Menezes Direito, a parca fundamentação da decisão a respeito da repercussão geral sobre a controvérsia apresentada naqueles autos (dever do Estado de pagar indenização por danos morais decorrentes da emissão do mesmo número de CPF para mais uma pessoa) limitou-se a mencionar que "não extrapola os limites da causa ora julgada o fato de as instâncias ordinárias reconhecerem a responsabilidade da União pelos danos morais infligidos à autora". Contudo, tal afirmação é demasiadamente singela, não havendo sequer informações estatísticas sobre o referido problema. Tanto que, em manifestação divergente, o Ministro Marco Aurélio ressaltou justamente o oposto: "a generalização de inscrição no cadastro de pessoas físicas por si só demonstra a relevância da questão ali controvertida", de forma que votou pelo reconhecimento da repercussão geral.

Em outra situação, quando do julgamento do RE 562.581, versando sobre equiparação remuneratória de procuradores de autarquia e procuradores do Estado de São Paulo, a relatora Ministra Cármen Lúcia justificou sua manifestação negativa afirmando que a matéria discutida era "restrita à categoria dos procuradores autárquicos paulistas, o que não se mostra suficiente a caracterizar a necessária transcendência para o reconhecimento da repercussão geral". Mais uma vez, diante da inegável transcendência da questão constitucional, o Ministro Marco Aurélio apresentou manifestação divergente, considerando, ainda, a necessidade de se firmar decisão em sede de repercussão geral, visto que os efeitos desse precedente possuem importante função de racionalização da atividade de todo o Poder Judiciário.

Ademais, reiteradamente os precedentes trazem como justificativa, para fins de se declarar a não ocorrência de repercussão geral, a inexistência de questão constitucional, isto é, considerando que eventual ofensa à Constituição se deu apenas de forma indireta ou reflexa:

> se não há controvérsia constitucional a ser dirimida no recurso extraordinário ou se o exame da questão constitucional não prescinde da prévia análise de normas infraconstitucionais, é patente a ausência de repercussão geral, uma vez que essa, induvidosamente, pressupõe a existência de matéria constitucional passível de análise por esta Corte.[111]

Apesar do equívoco do raciocínio, visto que se trata de pressupostos distintos de admissibilidade, as decisões da Corte nesse sentido buscam justamente a incidência dos efeitos *erga omnes* das decisões proferidas em sede de repercussão geral, obstando que novos recursos sejam encaminhados ou até mesmo distribuídos naquele Tribunal.

Outra linha de decisões do STF que merece severas críticas refere-se à utilização da repercussão geral para decidir a respeito de temas constitucionais quando o recurso julgado, na realidade, busca o revolvimento da matéria fático-probatória, que historicamente não é apreciada pela Corte, nos termos de sua Súmula 279. É que, nesses casos, os Ministros se valem do instituto para obstar a decisão de teses futuras, mas, na realidade, sequer há controvérsia constitucional sobre o tema. Melhor explicando, no futuro, caso realmente surja uma questão constitucional sobre aqueles

---

111. STF, RE 583.747-RG, rel. Min. Menezes Direito, *DJe* 29.4.2009. No mesmo sentido: RE 584.608-RG, rel. Min. Ellen Gracie, *DJe* 12.3.2009; RE 593.388-RG, rel. Min. Menezes Direito, *DJe* 12.2.2009; RE 592.211-RG, rel. Min. Menezes Direito, *DJe* 20.11.2008.

REPERCUSSÃO GERAL 177

determinados dispositivos constitucionais, o Supremo acabará por não se manifestar e, assim, impor a observância da Constituição, por conta desses falsos precedentes.

No julgamento do ARE 739.382, de relatoria do Ministro Gilmar Mendes, ficou decidido que não há repercussão geral a respeito do "direito à indenização por danos morais causados por alegada ofensa à imagem, em virtude de divulgação de nota veiculada nos meios de comunicação", pois este é o enunciado que se firmou como "tema 657" de repercussão geral. Diante do precedente, com efeitos *erga omnes*, se determinado tribunal de justiça firmar entendimento de que não há dano moral nesses casos, será incabível o manejo do recurso extraordinário, tendo em vista toda a sistemática da repercussão geral.

Todavia, ao se analisar a referida decisão do STF, nota-se que sequer havia tal questão jurídica sendo debatida nos autos do ARE 739.382. O que se buscava, na realidade, era a rediscussão do montante indenizatório, o que, realmente, demanda reanálise do conjunto fático-probatório.

Desse modo, entendemos que a utilização do instituto da repercussão geral nessas situações demonstra certa *irresponsabilidade* do Supremo Tribunal Federal, pois, repita-se, no futuro poderá haver afastamento da jurisdição constitucional perante gravíssimas violações a nossa Carta Magna.

3.8 Contrassensos da repercussão geral

3.8.1 Repercussão geral das questões federais (STJ)

Sob a vigência da arguição de relevância, no período da Constituição de 1967, as questões constitucionais todas eram dotadas de relevância, de forma que apenas as questões infraconstitucionais é que poderiam ser objeto de filtragem no juízo de admissibilidade dos recursos extraordinários. Até então, ao Supremo Tribunal Federal competia conhecer recursos extraordinários tanto sobre questões constitucionais quanto questões infraconstitucionais federais.

No Direito argentino, da mesma forma, a Corte Suprema firmou entendimento no sentido de que todas as causas que envolvam a declaração de inconstitucionalidade de uma norma jurídica devem ser entendidas como dotadas de transcendência, para fins de admissibilidade do *recurso extraordinário federal*.

Durante o trâmite legislativo da PEC 96/1992, a Deputada Federal Zulaiê Cobra, no seu parecer apresentado em dezembro de 1999, propôs

178 REPERCUSSÃO GERAL DAS QUESTÕES CONSTITUCIONAIS

que a repercussão geral fosse exigida não somente com relação ao recurso extraordinário, mas também quanto aos recursos especial e de revista.

Contudo, a EC 45/2004 acabou sendo aprovada, no tocante à repercussão geral, sem as referências ao recurso especial e ao recurso de revista, de modo que, contraditoriamente, apenas as questões constitucionais atualmente passam por uma filtragem antes de serem apreciadas por nossa Corte Constitucional, sendo que todas as questões infraconstitucionais continuam sendo reputadas *relevantes* no que tange ao exame de admissibilidade dos recursos direcionados aos respectivos Tribunais Superiores de Uniformização.

Ou seja, vivemos um período de completa inversão: se, antes, todas as questões constitucionais eram reputadas relevantes, agora são as questões infraconstitucionais que independem de qualquer filtro relacionado à sua transcendência e importância para a sociedade, para fins de acesso aos Tribunais Superiores brasileiros.

Tal solução se mostra bastante incoerente, visto que o recurso especial foi criado a partir do recurso extraordinário ao STF, com hipóteses de cabimento e pressupostos de admissibilidade bastante semelhantes, não havendo justificativa razoável para introduzir-se um filtro qualitativo apenas com relação ao recurso extraordinário.

De fato, com a finalidade de combater o excessivo número de feitos distribuídos ao Supremo Tribunal Federal, o constituinte de 1988 desmembrou o recurso extraordinário e dali criou o recurso especial, bem como um novo Tribunal, o Superior Tribunal de Justiça, como sendo o *guardião* do direito federal infraconstitucional. Diante disso, o novo recurso foi previsto no art. 105, III, da Constituição nos mesmos moldes do recurso extraordinário do art. 102, III. Com exceção da expressa hipótese de cabimento do recurso especial no caso de divergência jurisprudencial, praticamente inexistem diferenças entre os dois recursos, considerando-se que um protege a unidade do direito constitucional e o outro a do direito infraconstitucional federal. Além disso, os números demonstram que a situação de crise do STJ já estava, em 2004, tão ruim ou pior que aquela constatada no Supremo. Assim, um instituto como a repercussão geral deveria realmente ter sido estendido também ao recurso especial.

Portanto, a instituição da repercussão geral como requisito próprio e exclusivo do recurso extraordinário mostra-se bastante criticável, conforme apontado por Arruda Alvim:

> o que pode causar espécie é que – numa comparação – no plano do direito constitucional brasileiro haja questões constitucionais que

REPERCUSSÃO GERAL 179

não provoquem repercussão geral, ao passo que, no patamar relativo às questões legais de direito federal, todas elas provocam ou provocariam essa repercussão geral, dado que não resultou instituído – ou, ainda, não resultou instituído – esse sistema, ou análogo, para o STJ.[112]

Todavia, a discussão é bastante complexa, notadamente em razão das funções realizadas pelo STJ perante todo o sistema jurídico brasileiro. Com efeito, tendo em vista a enorme concentração de competências legislativas na figura da União (art. 22 da Constituição), quando comparadas com as competências legislativas dos Estados e dos Municípios, duvidosa a constitucionalidade de um filtro semelhante à repercussão geral, o qual, à revelia da competência legislativa federal, conceberia que normas infraconstitucionais pudessem ficar à mercê de qualquer uniformização por um Tribunal Federal.

Ora, o sistema constitucional previsto em 1988 atribuiu competências legislativas privativas à União e, coerentemente, instituiu um Tribunal Superior Uniformizador, garantindo que tais normas sejam aplicadas com uniformidade a todo território nacional. Nesse sentido, reformar a Constituição de modo que a última palavra sobre a interpretação de normas federais possa ser dita por Tribunais Estaduais, muito embora a competência continue sendo exclusiva e/ou privativa da União, realmente parece violar a estrutura Judiciária elementar desenhada pela Constituição de 1988, afetando direitos e garantias fundamentais como a isonomia e o devido processo legal.

De todo modo, em 23 de agosto de 2012 foi apresentada a PEC 209/2012,[113] visando a acrescentar o § 1º do art. 105 da Constituição, com a seguinte redação:

> § 1º. No recurso especial, o recorrente deverá demonstrar a relevância das questões de direito federal infraconstitucional discutidas no caso, nos termos da lei, a fim de que o Tribunal examine a admissão do recurso, somente podendo recusá-lo pela manifestação de dois terços dos membros do órgão competente para o julgamento.

Na exposição de motivos da PEC 209/2012, percebe-se que o real intuito da proposta é de combater o excesso de processos em trâmite no STJ

112. Arruda Alvim, "A EC 45 e o instituto da repercussão geral", p. 68.

113. O parecer da Comissão Especial designada para apreciá-la, na Câmara dos Deputados, foi aprovado, sendo que desde 19 de maio de 2014 aguarda-se apreciação em plenário. Andamento disponível em <http://www.camara.gov.br/ proposicoesWeb/ fichadetramitacao?idProposicao=553947>, acesso em 12.7.2015.

180 REPERCUSSÃO GERAL DAS QUESTÕES CONSTITUCIONAIS

e assim diminuir a morosidade de seus julgamentos, citando textualmente a anterior experiência da repercussão geral do recurso extraordinário, pois, "quanto à distribuição processual, de 159.522 processos em 2007 (...) reduziu-se para 38.109 (trinta e oito mil, cento e nove) processos em 2011". E ainda segundo afirmado na exposição de motivos da PEC 209/2012:

> atualmente, vige um modelo de livre acesso, desde que atendidos os requisitos já explicitados como constantes do inciso III, do art. 105, da Constituição Federal. De tal sorte, acotovelam-se no STJ diversas questões de índole corriqueira, como multas por infração de trânsito, cortes no fornecimento de energia elétrica, de água, de telefone. Ademais, questões, inclusive já deveras e repetidamente enfrentadas pelo STJ, como correção monetária de contas do Fundo de Garantia por Tempo de Serviço (FGTS) que, nos primeiros 16 (dezesseis) anos de funcionamento do STJ, respondeu por cerca de 21,06% do total de processos distribuídos, um quantitativo de vultosos 330.083 (trezentos e trinta mil e oitenta e três) processos.

Contudo, antecipando-se parte das conclusões a respeito inclusive da repercussão geral das questões constitucionais, é válido ressaltar que a diminuição de recursos no STF não decorre da seleção dos temas a serem julgados por aquela Corte, mas preponderantemente dos *efeitos* atribuídos às decisões proferidas em sede de repercussão geral. Isso porque, a partir da vigência da Lei 11.418/2006, o STF deixou de julgar as mesmas controvérsias constitucionais repetidas vezes, pois o enunciado decorrente da repercussão geral se estende a todos os recursos extraordinários já interpostos e futuros a respeito da mesma questão constitucional.

Neste contexto, reitera-se ser discutível a constitucionalidade da proposta de que o STJ, o Tribunal responsável pela uniformização do direito federal (em sua quase totalidade criado privativamente pela União), possa selecionar os temas que entende merecedores de apreciação por seus Ministros. As "questões de índole corriqueira" mencionadas na exposição de motivos não congestionam o Tribunal por serem *corriqueiras*, mas sim pela enorme quantidade de recursos especiais versando sobre o mesmo tema.

Diante dessa constatação, como bem observado pela mesma exposição de motivos, seria suficiente atribuir efeitos vinculantes e/ou *erga omnes* às decisões do Superior Tribunal de Justiça, assim como já ocorre com a repercussão geral das questões constitucionais e com as súmulas vinculantes.

REPERCUSSÃO GERAL 181

Nesta linha, em 2008 foi editada a Lei 11.672, introduzindo o art. 543-C do CPC-1973 (art. 1.036 do novo CPC) e criando o procedimento dos recursos especiais repetitivos, nos moldes do julgamento de recursos extraordinários repetitivos (art. 543-B, previsto pela Lei 11.418/2006, dois anos antes, portanto). O art. 543-C do CPC-1973 foi regulamentado pela Resolução 8/2008 do Superior Tribunal de Justiça.

Em síntese, previu-se a possibilidade de o Presidente do Tribunal *a quo* ou do Ministro relator determinar a seleção de um ou mais recursos representativos da mesma controvérsia, para julgamento conjunto, ficando suspensos os demais recursos especiais sobre esse mesmo tema. Após o julgamento, o acórdão do STJ surtirá efeitos diretamente sobre os demais recursos sobrestados, os quais: (i) terão o seguimento negado, na hipótese de o precedente coincidir com a orientação da Corte; (ii) serão reexaminados pelo Tribunal de origem, quando houver divergência de teses.

Nesse último caso, se o Tribunal *a quo* mantiver o posicionamento anterior, isto é, contrário ao precedente do STJ, o recurso especial será então processado (art. 543-C, §§ 7º e 8º, do CPC-1973; arts. 1.040, incisos I, II e III, e 1.041 do novo CPC), tendo-se previsto no art. 1º, § 2º, da Resolução 8/2008 do STJ que o recurso especial será, então, distribuído por dependência, podendo o Ministro relator valer-se do art. 557 do CPC-1973 (art. 932 do novo CPC) para decidir monocraticamente. Além disso, caso haja recursos especiais sobre o mesmo tema aguardando distribuição, conferiu-se ao Presidente do STJ poderes para apreciá-los, monocrática e liminarmente. Sendo que idêntico tratamento foi conferido aos agravos de admissão (art. 7º da Resolução 8/2008).

Como se nota, as consequências do julgamento de recursos especiais repetitivos são muito parecidas com aquelas previstas em relação à repercussão geral das questões constitucionais (art. 543-B do CPC-1973; art. 1.036 do novo CPC). Tanto que, a respeito desse procedimento, "pode-se concluir que o legislador ordinário acabou, por via transversa, estabelecendo uma espécie de repercussão geral também para certos tipos de questões legais, objeto de recursos especiais".[114]

Diante de tais semelhanças, o legislador de 2015, inclusive, aplicou regulamentação idêntica para recursos extraordinários e especiais repetitivos, conforme disposições dos arts. 1.036 a 1.041 do novo CPC.

---

114. Guilherme José Braz de Oliveira, *Repercussão Geral das Questões Constitucionais e suas Consequências para o Julgamento do Recurso Extraordinário*, p. 336.

182 REPERCUSSÃO GERAL DAS QUESTÕES CONSTITUCIONAIS

Até 7 de janeiro de 2015, o STJ já havia selecionado 914 temas para serem julgados pelo procedimento do art. 543-C do CPC-1973,[115] mas a maioria deles ainda não resolvida quanto ao mérito. Quantidade de temas que praticamente corresponde ao mesmo número de temas selecionados para serem decididos pelo STF em sede de repercussão geral, no mesmo período.

Perante tal quadro, entende-se que o mais razoável seria melhorar o procedimento do julgamento por amostragem, e até mesmo introduzir outras técnicas semelhantes, mas não a mera instituição de *filtros* restritivos ao acesso à jurisdição dos Tribunais Superiores.

3.8.2 As ações de competência originária do STF

A inserir o § 3º do art. 102 da Constituição, a EC 45/2004 apenas se voltou para a necessidade de diminuição da quantidade de recursos extraordinários e agravos de admissão que atualmente assoberbam a Corte Constitucional brasileira. Não se introduziu qualquer filtro à admissibilidade dos demais recursos cabíveis ao STF ou às ações de competência originária.

Tal solução se justificaria em razão do preponderante percentual ocupado pelos recursos extraordinários e agravos de admissão na pauta de julgamentos do Supremo. Em outras palavras, os demais recursos cabíveis e as ações originárias, diante de sua menor expressividade numérica, não ensejaram a inserção de um filtro com a finalidade de permitir que os Ministros pudessem, também nesses casos, selecionar os temas a serem apreciados, nos moldes do *certiorari* norte-americano.

Trata-se, basicamente, de ação direta de inconstitucionalidade, ação declaratória de constitucionalidade, *habeas corpus*, mandado de segurança, mandado de injunção, revisão criminal, ação rescisória, reclamação, conflitos de competência, arguição de descumprimento de preceito fundamental e o recurso ordinário (art. 102, I e II, da Constituição).

Entretanto, principalmente no que tange às ações diretas destinadas ao controle de constitucionalidade abstrato, tal situação evidencia inequívoco contrassenso na exigência de demonstração de repercussão geral como pressuposto de admissibilidade de recursos extraordinários, na medida em que puderem versar sobre as mesmas questões.

115. Disponível em <http://www.stj.jus.br/webstj/Processo/Repetitivo/relato rio2.asp>, acesso em 7.1.2015.

Na hipótese, por exemplo, de lei estadual inconstitucional, que atribua benefícios entre servidores públicos de forma discriminatória. Como visto, o STF já tem se manifestado contrariamente ao reconhecimento de repercussão geral quando do julgamento de recursos extraordinários envolvendo direitos de servidores frente à legislação estadual. Porém, se iniciada uma ação direta de inconstitucionalidade, o tema deverá ser obrigatoriamente decidido pelo STF, que ao final dirá se a referida norma estadual realmente fere a isonomia prevista na Constituição, ou não.

Nesse contexto, questiona-se, mais uma vez, a razoabilidade (e até mesmo a constitucionalidade) do instituto da repercussão geral, tal como foi introduzido pela EC 45/2004.

É certo que, como anteriormente já abordado, alguns autores defendem a presunção de repercussão geral quando já houver ação direta envolvendo o mesmo tema. Embora não seja essa a nossa posição, mesmo que o STF venha a entender pelo reconhecimento de presunção nessas situações, o fato é que isso apenas resolveria em parte o problema. Isso porque sempre haverá casos em que não existiria interesse dos colegitimados na propositura de ações diretas sobre determinado tema ou, então, em que a ação direta ainda não foi ajuizada, apesar de já haver recursos extraordinários, os quais estarão sujeitos à negativa de admissibilidade recursal por ausência de repercussão geral das questões constitucionais.

Diante disso, uma vez que o Supremo poderá ser obrigado a decidir cada um dos temas cuja repercussão geral foi negada, se porventura ajuizadas ações diretas com esses mesmos objetos, entendemos que teria sido mais efetiva a introdução da repercussão geral não como filtro de acesso, mas sim como método de gerenciamento de recursos, com a finalidade de selecionar temas a serem decididos uma única vez, cuja decisão geraria efeitos *erga omnes* e, assim, obstaria todos os atuais e futuros recursos e ações sobre a mesma controvérsia.

Reiteramos nosso entendimento acerca da desnecessidade de se negar acesso à jurisdição do Supremo Tribunal Federal a questões constitucionais irrelevantes. O real proveito do § 3º do art. 102 da Constituição, com a finalidade de descongestionar o Supremo, decorre da possibilidade de julgamento de mérito por amostragem, com efeitos *erga omnes*.

Capítulo 4

PROCEDIMENTO DA REPERCUSSÃO GERAL

4.1 Preliminar no recurso extraordinário – 4.2 Momento para decidir sobre a repercussão geral – 4.3 Competência exclusiva do STF: 4.3.1 Reserva de plenário e quórum qualificado – 4.3.2 Competência das Turmas do STF – 4.3.3 Hipóteses de decisão monocrática – 4.3.4 Decisão monocrática na hipótese de repercussão geral presumida do art. 323, § 2º, do RISTF – 4.3.5 Recurso contra a decisão monocrática (agravo interno). 4.4 Deliberação eletrônica: 4.4.1 Questionamentos sobre a deliberação eletrônica. 4.5 Publicidade do julgamento – 4.6 Irrecorribilidade da decisão do Plenário do STF, embargos de declaração e mandado de segurança – 4.7 Efeitos da decisão – 4.8 Juízo de admissibilidade pelo órgão "a quo": 4.8.1 Previamente à manifestação do STF sobre a repercussão geral – 4.8.2 Após a manifestação do STF sobre a repercussão geral – 4.8.3 Recorribilidade da decisão do órgão "a quo". 4.9 Revisão do entendimento a respeito da repercussão geral reconhecida ou negada: 4.9.1 Necessidade de instituição de um procedimento específico. 4.10 A participação do "amicus curiae" – 4.11 Distinção do "amicus curiae" com relação ao terceiro prejudicado.

4.1 Preliminar no recurso extraordinário

No texto introduzido pela EC 45, dispõe o § 3º do art. 102 da Constituição que "no recurso extraordinário o recorrente deverá demonstrar a repercussão geral das questões constitucionais discutidas no caso, nos termos da lei, a fim de que o Tribunal examine a admissão do recurso, somente podendo recusá-lo pela manifestação de dois terços de seus membros". Ou seja, tratando-se de norma constitucional com eficácia limitada,[1] coube ao legislador infraconstitucional disciplinar o procedimento para arguição e julgamento da repercussão geral.

---

1. "Recurso extraordinário: exigência de demonstração, na petição do RE, da repercussão geral da questão constitucional: termo inicial. 1. A determinação expressa

PROCEDIMENTO DA REPERCUSSÃO GERAL   185

Pois bem. Conforme disposto no art. 543-A, § 2º, do CPC-1973, introduzido pela Lei 11.418/2006, incumbirá ao recorrente "demonstrar, em preliminar de recurso, para apreciação exclusiva do STF, a existência da repercussão geral". Exigência de preliminar essa que foi repetida no regimento interno do Supremo, no art. 327:

> a Presidência do Tribunal recusará recursos que não apresentem preliminar formal e fundamentada de repercussão geral, bem como aqueles cuja matéria carecer de repercussão geral, segundo precedente do Tribunal, salvo se a tese tiver sido revista ou estiver em procedimento de revisão.

Não obstante a redação literal de tais dispositivos, é certo que a teoria das nulidades do processo civil brasileiro dificilmente permitiria o não conhecimento de um recurso em razão da mera ausência de um capítulo destinado à demonstração da repercussão geral das questões constitucionais aventadas pelo recorrente. Trata-se de um requisito formal externo, concernente ao modo de exercer o direito ao recurso, sendo que, a rigor, a inadmissibilidade do recurso deve se relacionar com o não preenchimento da finalidade legal do ato e a ocorrência de prejuízo.[2]

Outrossim, não há qualquer vinculação do Supremo às razões aduzidas pelo recorrente. Conforme a jurisprudência já consolidada desse Tribunal, é possível admitir e acolher recursos extraordinários por fundamento diverso daquele invocado pela parte.[3]

de aplicação da Lei 11.418/2006 (art. 4º) aos recursos interpostos a partir do primeiro dia de sua vigência não significa a sua plena eficácia. Tanto que ficou a cargo do Supremo Tribunal Federal a tarefa de estabelecer, em seu Regimento Interno, as normas necessárias à execução da mesma lei (art. 3º). 2. As alterações regimentais, imprescindíveis à execução da Lei 11.418/2006, somente entraram em vigor no dia 3.5.2007 – data da publicação da Emenda Regimental n. 21, de 30.4.2007. 3. No artigo 327 do RISTF foi inserida norma específica tratando da necessidade da preliminar sobre a repercussão geral, ficando estabelecida a possibilidade de, no Supremo Tribunal, a Presidência ou o Relator sorteado negarem seguimento aos recursos que não apresentem aquela preliminar, que deve ser 'formal e fundamentada'. 4. Assim sendo, a exigência da demonstração formal e fundamentada, no recurso extraordinário, da repercussão geral das questões constitucionais discutidas só incide quando a intimação do acórdão recorrido tenha ocorrido a partir de 3 de maio de 2007, data da publicação da Emenda Regimental n. 21, de 30 de abril de 2007" (STF, Pleno, AI 664.567 QO/RS, rel. Min. Sepúlveda Pertence, j. 18.6.2007).

2. Luiz Guilherme Marinoni e Daniel Mitidiero, *Repercussão Geral no Recurso Extraordinário*, p. 49.

3. RE 298.695/SP, rel. Min. Sepúlveda Pertence, *DJ* 24.10.2003, p. 12: "Recurso extraordinário: letra a: possibilidade de confirmação da decisão recorrida por funda-

186 REPERCUSSÃO GERAL DAS QUESTÕES CONSTITUCIONAIS

Nesse passo, seria desarrazoado exigir do recorrente a elaboração de um capítulo próprio na petição do recurso como um fim em si mesmo, quando o STF sequer estará vinculado às razões ali aduzidas, podendo reconhecer a repercussão geral por fundamentos outros. Até porque versa sobre matéria de ordem pública, passível de reconhecimento *ex officio*.[4]

E, como bem apontado por Bruno Dantas, correspondendo a um "pressuposto de cabimento do RE,[5] logo, matéria de ordem pública, o instituto da repercussão geral não pode ser negligenciado pelo STF, mesmo que os argumentos das partes sejam insuficientes". Tanto é assim que, mesmo na hipótese de a parte recorrida não refutar a preliminar levantada pelo recorrente, o STF poderá entender não verificada a repercussão geral das questões constitucionais debatidas.

Dessa forma, o inverso também deverá ocorrer, ou seja, verificada a repercussão geral, ainda que a parte recorrente não tenha se desincumbido adequadamente de tal elemento formal em suas razões recursais, mister a admissibilidade do recurso extraordinário interposto.

No entanto, chamada a se pronunciar, no julgamento do AgRE 569.476/SC,[6] decidido pelo Pleno em abril de 2008 e relatado pela Mi-

mento constitucional diverso daquele em que se alicerçou o acórdão recorrido e em cuja inaplicabilidade ao caso se baseia o recurso extraordinário (...)."
4. Corroboram que o juízo de admissibilidade recursal é de ordem pública Nelson Nery Jr., *Princípios Fundamentais: Teoria Geral dos Recursos*, 5ª ed., p. 231; e Araken de Assis, *Manual dos Recursos*, 2ª ed., p. 118.
5. Segundo o autor, a repercussão geral não seria um requisito de admissibilidade do recurso extraordinário, mas sim pressuposto de cabimento do recurso. Portanto, está ligada a esse requisito.
6. Assim ementado: "*Agravo Regimental – Recurso Extraordinário – Repercussão geral da matéria constitucional suscitada – Preliminar formal e fundamentada – Necessidade de demonstração – Art. 543-A, § 2º, do Código de Processo Civil.* 1. Inobservância ao que disposto no artigo 543-A, § 2º, do Código de Processo Civil, que exige a apresentação de preliminar sobre a repercussão geral na petição de recurso extraordinário, significando a demonstração da existência de questões constitucionais relevantes sob o ponto de vista econômico, político, social ou jurídico, que ultrapassem os interesses subjetivos das partes. 2. A ausência dessa preliminar na petição de interposição permite que a Presidência do Supremo Tribunal Federal negue, liminarmente, o processamento do recurso extraordinário, bem como do agravo de instrumento interposto contra a decisão que o inadmitiu na origem (13, V, *c*, e 327, *caput* e § 1º, do Regimento Interno do Supremo Tribunal Federal). 3. Cuida-se de novo requisito de admissibilidade que se traduz em verdadeiro ônus conferido ao recorrente pelo legislador, instituído com o objetivo de tornar mais célere a prestação jurisdicional almejada. 4. O simples fato de haver outros recursos extraordinários sobrestados, aguardando a conclusão do julgamento de ação direta de inconstitucio-

PROCEDIMENTO DA REPERCUSSÃO GERAL 187

nistra Ellen Gracie, entendeu a Corte Suprema que o art. 543-A, § 2º, do CPC-1973 seria claro ao exigir a demonstração da repercussão geral por meio de um capítulo preliminar próprio nas razões do recurso extraordinário, de modo que a ausência de tal requisito acarreta a impossibilidade de conhecimento do recurso. Segundo constou no voto,

> a elaboração de uma petição de recurso extraordinário com a apresentação da repercussão geral da matéria constitucional suscitada em um tópico destacado torna mais célere a prestação jurisdicional almejada, otimizando a administração da Justiça (...).

Ademais, no aludido precedente, os Ministros ainda ressalvaram que, mesmo nas hipóteses de repercussão geral presumida (art. 543-A, § 3º, do CPC-1973), haveria a necessidade de elaboração de um capítulo próprio demonstrando a repercussão geral, sob pena de inadmissibilidade do recurso.

Porém, apesar dos fundamentos que ali foram escritos, tal entendimento parece estar muito mais relacionado com a jurisprudência defensiva que há tempos se faz presente na Corte do que realmente com preocupações relativas à efetividade e celeridade.[7] Assim, notadamente sob a luz da instrumentalidade do processo, trata-se de precedente bastante criticável, pois contrário a diversos princípios processuais e que, portanto, mereceria ser revisto pelo STF.

4.2 Momento para decidir sobre a repercussão geral

Logo após a entrada em vigor da Lei 11.418/2006, houve algum debate sobre qual seria o momento correto de exame do requisito da repercussão geral, diante do silêncio legislativo. Questionava-se se o exame da repercussão geral deveria ser prévio ou posterior ao exame dos requisitos de admissibilidade do recurso extraordinário.

Para uma primeira corrente, a análise da repercussão geral deveria ser prévia à admissibilidade propriamente dita, em sentido técnico. O fundamento para tanto se encontrava no próprio texto constitucional, ao prever que o recorrente deverá demonstrar a repercussão geral das

nalidade, não exime o recorrente de demonstrar o cabimento do recurso interposto. 5. Agravo regimental desprovido."

7. Em sentido contrário, posicionando-se favoravelmente à tese acolhida pelo STF no aludido precedente, ver Flávia Pereira Ribeiro, "A exigência da preliminar de repercussão geral em apartado", *Revista de Processo*, n. 187, pp. 239-248.

188 REPERCUSSÃO GERAL DAS QUESTÕES CONSTITUCIONAIS

questões constitucionais "a fim de que o Tribunal examine a admissão do recurso". Filiaram-se a essa corrente de entendimento Arruda Alvim[8] e Rodolfo de Camargo Mancuso.[9]

Diferentemente, entendendo que a repercussão geral deveria ser decidida após a prévia avaliação da presença dos demais requisitos de admissibilidade, pois o contrário corresponderia a um procedimento demasiadamente desgastante ao STF, que poderia ter envidado esforço inútil de seu Pleno caso em seguida houvesse negativa de seguimento do recurso, manifestaram-se Elvio Ferreira Sartório, Flávio Cheim Jorge,[10] José Rogério Cruz e Tucci,[11] Clara Moreira Azzoni[12] e Gláucia Mara Coelho.[13]

Analisando-se a questão de forma abstrata, antes do início da vigência da novel legislação, poderia se imaginar que o exame prévio da repercussão geral, caso fosse positivo, resultaria na perda de atividade dos Ministros na hipótese de o recurso vir a ser julgado deserto ou mesmo intempestivo, não sendo raros os recursos extraordinários mensalmente inadmitidos pelo STF.

Todavia, todo o contexto normativo levou à (correta) interpretação de que o exame da repercussão geral deve ser realizado previamente ao exame dos requisitos de admissibilidade previstos na Constituição e na legislação processual.[14]

Em primeiro lugar, como já visto, a própria redação do texto constitucional leva à conclusão de que o exame deve ser prévio, pois será realizado a fim de admissão do recurso. E no art. 543-B, § 3º, do CPC-1973 foi inserida a exigência de arguição preliminar da repercussão geral.

Ademais, o exame da repercussão geral não gera efeitos apenas em relação ao recurso extraordinário em que houve o exame da questão cons-

8. Arruda Alvim, "A EC n. 45 e o instituto da repercussão geral", p. 64.

9. Rodolfo de Camargo Mancuso, *Recurso Extraordinário e Recurso Especial*, 10ª ed., p. 185.

10. Elvio Ferreira Sartório e Flávio Cheim Jorge, "O recurso extraordinário e a demonstração da repercussão geral", p. 186.

11. José Rogério Cruz e Tucci, "Anotações sobre a repercussão geral como pressuposto de admissibilidade do recurso extraordinário (Lei n. 11.418/2006)", *Revista do Advogado*, n. 92, p. 158.

12. Clara Moreira Azzoni, *Recurso Especial e Extraordinário – Aspectos Gerais e Efeitos*, p. 189.

13. Gláucia Mara Coelho, *Repercussão Geral da Questão Constitucional no Processo Civil Brasileiro*, p. 108.

14. Rodolfo de Camargo Mancuso, *Recurso Extraordinário e Recurso Especial*, 10ª ed., pp. 183-185.

PROCEDIMENTO DA REPERCUSSÃO GERAL 189

titucional, de forma que a sua eventual inadmissibilidade não resultará na perda de qualquer atividade por parte dos Ministros: (i) o Presidente do Supremo[15] está autorizado a despachar, antes da distribuição, os recursos extraordinários e agravos cuja matéria tenha sido destituída de repercussão geral, segundo precedente do Tribunal (arts. 543-B do CPC-1973 e 327 do RISTF); (ii) igual competência caberá ao relator sorteado, quando o recurso não tiver sido liminarmente recusado pela Presidência (art. 327, § 2º, do RISTF); (iii) o Presidente do Tribunal *a quo* está autorizado a negar seguimento a recursos que tratem de questões cuja repercussão geral já tenha sido afastada pelo STF; e (iv) a divulgação dos temas já examinados em sede de repercussão geral gera inequívoco efeito dissuasório, desestimulando a interposição de novos recursos sobre os temas com repercussão geral já negada.

Diante das disposições normativas presentes na Constituição, no CPC e no RISTF, concluímos que a repercussão geral, tratando-se de mais um requisito de admissibilidade do recurso extraordinário, a princípio deveria ser examinada previamente aos demais pressupostos de admissibilidade, até porque este é o sentido do texto constitucional. Contudo, caso o ministro relator verifique a ausência de algum outro requisito de admissibilidade previamente ao exame da repercussão geral, negará seguimento de plano ao recurso, nos termos do art. 557 do CPC-1973. Não há, segundo a nossa visão, um procedimento legal rígido para tanto, inexistindo prejuízo quanto à ordem de verificação dos vários pressupostos de admissibilidade exigidos, genéricos ou especiais, para o julgamento de mérito dos recursos extraordinários. Ademais, não se olvide que exigir o exame prévio da repercussão geral, de modo inflexível, seria procedimento contrário à razoabilidade e ao princípio da duração razoável dos processos, tendo em vista que o exame da repercussão geral é muito mais complexo e demorado que o exame dos demais requisitos de admissibilidade. E, em se tratando de questões de ordem pública, a inadmissibilidade do recurso poderá ser reconhecida de ofício e a qualquer tempo, até o julgamento definitivo.

De qualquer forma, atualmente o STF vem observando o procedimento previsto no art. 323 de seu Regimento Interno, que prevê o juízo de repercussão geral posteriormente à prévia análise do Ministro Relator ou do Presidente sobre os demais pressupostos de admissibilidade. Ao assim estabelecerem no RISTF, os Ministros da Corte tiveram como objetivo

15. De acordo com dados disponíveis no sítio eletrônico do STF, em 2007 foram devolvidos 348 processos com fundamento no art. 543-B do CPC-1973. Em 2008, foram 11.202. Em 2011, totalizaram 24.237. De tal modo que, em janeiro de 2012, apontava-se redução de 71% no número de processos recursais distribuídos.

190 REPERCUSSÃO GERAL DAS QUESTÕES CONSTITUCIONAIS

evitar eventual desperdício de trabalho no exame de repercussão geral relativo a recurso extraordinário inadmissível.

Porém, como ponderado, parece que nessas situações não haveria exatamente "perda de tempo", pois os julgamentos sobre a repercussão geral de temas constitucionais geram efeitos sobre muitas outras demandas, e não apenas sobre o recurso extraordinário que inicialmente levou o debate à Corte. Contestável, portanto, a alegada economicidade no procedimento que vem sendo adotado pelo Supremo.

4.3 Competência exclusiva do STF

Ao inserir a repercussão geral como requisito de admissibilidade do recurso extraordinário, previu o § 3º do art. 102 da Constituição que o recorrente deveria demonstrar a repercussão geral das questões constitucionais, "a fim de que o Tribunal examine a admissão do recurso".

Relativamente à competência, uma rápida leitura poderia levar à conclusão de que se trata de disposição ambígua,[16] pois "Tribunal" poderia tanto se referir ao Tribunal a quem é dirigida a petição de interposição do recurso extraordinário quanto ao Supremo Tribunal Federal, a quem são dirigidas as razões recursais.

Contudo, o art. 102 da Constituição se encontra na Seção que dispõe sobre a organização e funcionamento do Supremo Tribunal Federal, de forma que, logicamente, estaria tal dispositivo se referindo à competência do STF e não do Tribunal *a quo*. Além disso, em sua parte final, o § 3º menciona que a repercussão geral somente poderá ser negada por decisão de "dois terços de seus membros", apenas podendo se referir ao Supremo, pois a admissibilidade do recurso extraordinário perante o Tribunal *a quo* se dá mediante decisão monocrática de seu Presidente.[17]

Corroborando esse entendimento, a Lei 11.418/2006 estabeleceu que a preliminar quanto à repercussão geral será de "apreciação exclusiva do Supremo Tribunal Federal" (art. 543-A, § 2º, do CPC-1973). E, de acordo

16. Gláucia Mara Coelho, *Repercussão Geral da Questão Constitucional no Processo Civil Brasileiro*, p. 111.

17. De acordo com o art. 102, § 3º, da Constituição, a parte recorrente deve demonstrar o pressuposto da repercussão geral das questões constitucionais de seu recurso extraordinário "a fim de que o Tribunal examine a admissão do recurso, somente podendo recusá-lo pela manifestação de dois terços de seus membros". Apesar de não deixar explícito, o "Tribunal" a que se refere tal dispositivo somente pode ser o Supremo Tribunal Federal, cuja competência está disciplinada pelo art. 102 da Constituição.

PROCEDIMENTO DA REPERCUSSÃO GERAL   191

com parte da doutrina, a competência exclusiva do Supremo teria sido reiterada no art. 327 do RISTF, após a Emenda Regimental 21/2007, ao afirmar que "os recursos extraordinários que não apresentem preliminar formal e fundamentada de repercussão geral serão recusados pela 'Presidência do Tribunal' ou pelo 'Relator sorteado', em uma clara referência a órgão do STF".[18]

Foi exatamente a conclusão do STF no julgamento da Questão de Ordem em AI 664.567/RS, quando os Ministros acordaram que, apesar da competência conjunta do Tribunal *a quo* para verificar a existência de demonstração *formal* e fundamentada pelo recorrente quanto à repercussão geral das questões constitucionais (art. 543-A, § 1º, do CPC-1973), cabe exclusivamente ao Supremo decidir sobre a efetiva existência de repercussão geral.

Ora, concorda-se que a Constituição e a Lei 11.418 atribuíram competência exclusiva ao Supremo para examinar a existência ou não de repercussão geral no caso concreto. Com efeito, não faria sentido se admitir que os Tribunais de instâncias inferiores pudessem ditar ao STF quais as questões constitucionais são relevantes e quais não são, sendo o STF o nosso Tribunal Constitucional e órgão de instância máxima na estrutura do Poder Judiciário brasileiro.

No entanto, as disposições do Regimento Interno da Corte, como não poderia ser diferente, apenas regulamentam o processamento dos recursos extraordinários após serem recebidos pelo STF, de modo que não se poderia dizer que confirmam a sua competência exclusiva quanto ao exame de repercussão geral, seja porque se trata de ato normativo impróprio para disciplinar regras gerais sobre recursos, seja porque, caso houvesse a Constituição atribuído competência concorrente aos Tribunais de instâncias inferiores, tais dispositivos regimentais teriam as mesmas disposições.

4.3.1 *Reserva de plenário e quórum qualificado*

Dessa forma, percebe-se que a competência para decidir sobre a existência ou não de repercussão geral das questões constitucionais pertence

18. Gláucia Mara Coelho, *Repercussão Geral da Questão Constitucional no Processo Civil Brasileiro*, p. 111. Segundo o art. 543-A, § 2º, do CPC-1973, caberá ao recorrente demonstrar, em preliminar do recurso, a existência de repercussão geral "para apreciação exclusiva do Supremo Tribunal Federal". Não sendo outra a disposição no RISTF, cujo art. 327 menciona a "Presidência do Tribunal" em nítida alusão ao STF.

192   REPERCUSSÃO GERAL DAS QUESTÕES CONSTITUCIONAIS

ao Pleno do STF. Aliás, trata-se de solução desejável, visto que o art. 103-A da Constituição, introduzido pela mesma Emenda Constitucional, atribui à deliberação plenária a função de aprovar a edição de Súmula Vinculante, também mediante o quórum de dois terços dos Ministros da Corte. Como são ambos institutos destinados a restringir o acesso dos jurisdicionados ao STF, realmente se mostra coerente que ambos sejam decididos pelo mesmo órgão, mediante o mesmo quórum qualificado.[19]

Assim, visto que há um quórum qualificado para o julgamento da repercussão geral, mas que os demais pressupostos de admissibilidade e o próprio mérito recursal podem ser julgados pelos órgãos fracionários da Corte, criou-se um fracionamento do juízo de admissibilidade. Isto é, já existia o fracionamento do juízo de admissibilidade entre o órgão *a quo* e o próprio STF. Agora, também internamente ao Supremo haverá no mínimo dois órgãos distintos ambos competentes e necessários para o juízo de admissibilidade do recurso extraordinário.

No entanto, cuida-se de solução imprescindível para se continuar garantindo aos jurisdicionados uniformidade na interpretação de quais questões são relevantes e quais não são, assim como que uma questão constitucional apenas possa ser considerada irrelevante se presente inequívoca maioria de votos dos membros de nossa mais alta Corte.[20]

Interessante a solução alcançada porque, ao Tribunal *a quo*, permite-se negar seguimento ao recurso extraordinário por ausência de quaisquer outros pressupostos de admissibilidade, o que é reputado inadequado pela doutrina minoritária. Segundo tal corrente, como o juízo de admissibilidade do órgão *a quo* é provisório e admite a interposição de recurso de agravo, não haveria prejuízo em se permitir que também decidisse a respeito da presença ou ausência de repercussão geral.

Em relação ao quórum, como já mencionado, a Constituição prevê que apenas o Plenário do STF pode deliberar acerca da inexistência de repercussão geral, pelo voto de dois terços de seus membros. Dessa forma, como são onze membros, dois terços significam ao menos oito votos pela inexistência de tal pressuposto de admissibilidade. Ademais, "pouco importa a efetiva presença de Ministros à sessão ou a condição de suspeitos ou impedidos de alguns deles. O quórum permanece o mesmo".[21]

19. Nesse sentido, Gláucia Mara Coelho, *Repercussão Geral da Questão Constitucional no Processo Civil Brasileiro*, p. 112.
20. Nesse sentido, Gláucia Mara Coelho, *Repercussão Geral da Questão Constitucional no Processo Civil Brasileiro*, p. 113.
21. Eduardo Talamini, *Novos Aspectos da Jurisdição Constitucional Brasileira: Repercussão Geral, Força Vinculante, Modulação dos Efeitos do Controle de*

PROCEDIMENTO DA REPERCUSSÃO GERAL 193

Trata-se de premissa do constituinte reformador, conforme a presunção de existência da repercussão geral das questões constitucionais veiculadas no recurso extraordinário.

Assim, mesmo na hipótese de o Tribunal estar momentaneamente com um número menor de membros, o quórum mínimo a favor da inexistência da repercussão continuará sendo de oito votos, pois os dois terços se referem à quantidade total de Ministros prevista pela própria Constituição (art. 101).

Nesse sentido, o art. 543-A, § 4º, do CPC-1973, introduzido pela Lei 11.418/2006, menciona que bastarão quatro votos para que seja reconhecida a existência de repercussão geral, de modo que a interpretação autêntica também se mostra favorável à tese de que se conta o número de votos de forma fixa, não dependendo da quantidade de Ministros efetivamente em exercício.

4.3.2 Competência das Turmas do STF

Com vistas aos princípios da economicidade e efetividade, a norma regulamentar do art. 543-A, § 4º, do CPC-1973 prescreve que, se uma das Turmas do Supremo (são duas Turmas, com cinco membros cada) decidir pela existência da repercussão geral por, no mínimo, quatro votos, "ficará dispensada a remessa do recurso ao Plenário".

Correta a solução legislativa, porque, se houver quatro votos, no mínimo, a favor da existência da repercussão geral, seria completamente desnecessária a remessa da questão ao Plenário, uma vez que, na pior das hipóteses (com relação ao recorrente), o resultado seria 7x4 contra a repercussão geral, ou seja, quórum inferior aos 2/3 exigidos para tanto.

Todavia, posteriormente à Lei 11.418/2006, o RISTF foi alterado, tendo-se determinado, dentre outras normas regulamentadoras, que a deliberação acerca da repercussão geral seria de forma eletrônica. Dessa forma, acabou-se por restringir a aplicabilidade do art. 543-A, § 4º, do CPC-1973, visto que os julgamentos eletrônicos ocorrem de modo a envolver todos os Ministros, e não só aqueles componentes da mesma Turma do relator.

Constitucionalidade e Alargamento do Objeto do Controle Direto, p. 50. Diferentemente, Gláucia Mara Coelho entende que "o estabelecimento desse *quorum* com base em um percentual do número de Ministros e não em um número especificado de votos revela-se adequado para abranger as hipóteses em que, temporariamente, o número de Ministros esteja reduzido" (*Repercussão Geral da Questão Constitucional no Processo Civil Brasileiro*, p. 120).

194 REPERCUSSÃO GERAL DAS QUESTÕES CONSTITUCIONAIS

4.3.3 Hipóteses de decisão monocrática

Outra medida em prol da economicidade e efetividade corresponde à autorização do art. 543-A, § 5º, do CPC-1973 ao relator do recurso, para que, monocraticamente, possa indeferir liminarmente recursos sobre matéria idêntica àquela cuja repercussão geral já foi negada pela Corte em decisão anterior (na qual 2/3 dos Ministros votaram contrariamente ao reconhecimento da repercussão geral).

A respeito do tema, no atual art. 327, *caput* e § 1º, do RISTF, previu--se a possibilidade de decisão monocrática negando seguimento a recursos extraordinários, tanto pelo relator quanto pela Presidência do Tribunal, sempre que não apresentarem "preliminar formal e fundamentada de repercussão geral" ou quando a "matéria debatida carecer de repercussão geral, segundo precedente do Tribunal".

No entanto, "nada impede que o julgador monocrático opte por levar a questão novamente ao Plenário precisamente porque pretende rever o entendimento acerca da ausência de repercussão".[22] Isto é, não há vinculação do precedente ao relator ou à Presidência da Corte, estes estão apenas autorizados a monocraticamente negar seguimento ao recurso extraordinário.

Além disso, tal autorização deve ser interpretada restritivamente, de modo que apenas precedentes sobre questões idênticas às do recurso extraordinário podem ser invocados para negativa de seguimento, em razão de anterior decisão pela inexistência de repercussão geral. Não é possível a interpretação analógica ou extensiva a outros casos, que apenas apresentem pontos gerais em comum, mas não sejam realmente idênticos.

4.3.4 Decisão monocrática na hipótese de repercussão geral presumida do art. 323, § 2º, do RISTF

A atual redação do art. 323, § 2º, do RISTF é clara ao determinar que o julgamento da repercussão geral, também na hipótese de o recurso extraordinário buscar impugnar decisão contrária a súmula ou a jurisprudência dominante do Supremo (art. 543-A, § 3º, do CPC-1973), não estará sujeito ao plenário virtual.

No entanto, não foi exatamente essa a solução dada pela Corte na Questão de Ordem decidida no RE 579.431, de relatoria da Ministra Ellen

---

22. Eduardo Talamini, *Novos Aspectos da Jurisdição Constitucional Brasileira: Repercussão Geral, Força Vinculante, Modulação dos Efeitos do Controle de Constitucionalidade e Alargamento do Objeto do Controle Direto*, p. 52.

PROCEDIMENTO DA REPERCUSSÃO GERAL 195

Gracie, quando se discutiu a respeito do procedimento a ser adotado com a finalidade de aplicação do art. 543-A, § 3º, do CPC-1973.

Com vistas a valorizar a efetividade e finalidade do instituto, decidiram os Ministros que caberá à Presidência da Corte verificar a incidência ou não do art. 543-A, § 3º, do CPC-1973, e, antes de determinar a distribuição do recurso, suscitar questão de ordem para levar a questão constitucional para o exame do Plenário do STF. No julgamento em Plenário, poderão confirmar ou infirmar a jurisprudência do Tribunal que justificou a incidência do art. 543-A, § 1º, do CPC-1973.

No primeiro caso, se mantida a orientação dos precedentes ou da súmula, a Presidência estará autorizada a negar distribuição ao recurso extraordinário e, na sequência, devolver à origem todos os recursos idênticos que ali chegarem, aplicando, portanto, o art. 543-B, § 3º, do CPC-1973.

Caso contrário, se a Corte decidir pela alteração de jurisprudência, o recurso extraordinário deverá ser regularmente distribuído, para que oportunamente seja submetido ao julgamento de mérito.

Ora, de acordo com a solução proposta pela Questão de Ordem acima, será indispensável o pronunciamento explícito do STF a respeito da existência ou não de repercussão geral, não sendo automático o reconhecimento desse pressuposto de admissibilidade, aparentemente de modo contrário ao que previu a Lei 11.418/2006 ao inserir o art. 543-A, § 3º, do CPC-1973.

Assim, "fica evidente a tendência de aumentar os poderes do Presidente da Corte Constitucional para atuar na relatoria dos processos, com a consequente redução de distribuição de recursos".[23] De fato, por meio do procedimento estabelecido pela referida Questão de Ordem, busca-se maximizar a efetividade do procedimento e o ganho de tempo pelo STF, evitando-se o reconhecimento de presunção legal de existência de repercussão geral com fundamento em jurisprudência pretérita que não mais encontre amparo na atualidade.

Pode-se concluir que ao *Plenário Virtual* cabe a verificação de questões ditas "novas", enquanto para as "antigas" foi criado um procedimento específico (por meio de questão de ordem) e o propósito é a reafirmação da jurisprudência consolidada, que abre a possibilidade de retratação dos tribunais inferiores.[24]

23. Pedro Miranda de Oliveira, *Recurso Extraordinário e o Requisito da Repercussão Geral*, p. 359.
24. Idem, ibidem.

196   REPERCUSSÃO GERAL DAS QUESTÕES CONSTITUCIONAIS

Conforme fundamentado na Questão de Ordem no RE 579.431:

há, nessas hipóteses, necessidade de pronunciamento expresso do Plenário desta Corte sobre a incidência dos efeitos da repercussão geral reconhecida para que, nas instâncias de origem, possam ser aplicadas as regras do novo regime, em especial, para fins de retratação ou declaração de prejudicialidade dos recursos sobre o mesmo tema (CPC, art. 543-B, § 3º). 3. Fica, nesse sentido, aprovada a proposta de adoção de procedimento específico que autorize a Presidência da Corte a trazer ao Plenário, antes da distribuição do RE, questão de ordem na qual poderá ser reconhecida a repercussão geral da matéria tratada, caso atendidos os pressupostos de relevância. Em seguida, o Tribunal poderá, quanto ao mérito, (a) manifestar-se pela subsistência do entendimento já consolidado ou (b) deliberar pela renovação da discussão do tema. Na primeira hipótese, fica a Presidência autorizada a negar distribuição e a devolver à origem todos os feitos idênticos que chegarem ao STF, para a adoção, pelos órgãos judiciários *a quo*, dos procedimentos previstos no art. 543-B, § 3º, do CPC. Na segunda situação, o feito deverá ser encaminhado à normal distribuição para que, futuramente, tenha o seu mérito submetido ao crivo do Plenário.

4.3.5 Recurso contra a decisão monocrática (agravo interno[25])

Por fim, cabe mencionar que o § 2º do art. 327 do RISTF previu o cabimento de recurso de agravo interno contra a decisão monocrática referida no *caput* e § 1º, sendo que tal recurso, na realidade, corresponde ao agravo previsto no art. 557, § 1º, do CPC-1973. Nesse recurso, a parte poderá demonstrar que a questão debatida no recurso extraordinário não é exatamente idêntica àquela apreciada no precedente citado pela decisão agravada.[26]

O agravo interno recebe tal denominação justamente por devolver a questão internamente no tribunal, ou seja, ao seu órgão colegiado. Com relação à repercussão geral, os órgãos colegiados se referem à Turma e ao Pleno. No entanto, não se trata do julgamento da repercussão geral

25. O agravo interno está regulamentado pelo art. 557, § 1º, do CPC-1973. Desse modo, parece incorreta a denominação de "agravo regimental" atribuída pelos Ministros do STF em seus julgamentos. A par da discussão sobre sua viabilidade ou não, ante o princípio da taxatividade (por meio do qual somente a lei pode facultar que a decisão de um órgão jurisdicional seja reexaminada e revista), o agravo regimental seria aquele recurso apenas previsto no regimento interno do respectivo Tribunal, o que não é o caso.

26. Rodolfo de Camargo Mancuso, *Recurso Extraordinário e Recurso Especial*, 10ª ed., p. 183; Pedro Miranda de Oliveira, *Recurso Extraordinário e o Requisito da Repercussão Geral*, p. 340; Luiz Guilherme Marinoni e Daniel Mitidiero, *Repercussão Geral no Recurso Extraordinário*, 2ª ed., p. 62.

PROCEDIMENTO DA REPERCUSSÃO GERAL   197

propriamente dita, mas sim de juízo de admissibilidade com fundamento em precedente da Corte.

Por isso, caberá à Turma julgar o recurso, decidindo não a respeito da repercussão geral, mas se a questão levantada no recurso extraordinário realmente é idêntica àquela objeto do precedente em que se decidiu pela inexistência de repercussão geral e fora utilizada como fundamento para indeferir o recurso monocraticamente.[27] Nesse sentido é a jurisprudência do STF, conforme ARE 738.927 AgR/SP, 1ª Turma, rel. Min. Rosa Weber, *DJe* 198, 7.10.2013; ARE 759.937 AgR/RS, 1ª Turma, rel. Min. Marco Aurélio, *DJe* 198, 7.10.2013; ARE 766.886 AgR/DF, 2ª Turma, rel. Min. Ricardo Lewandowski, *DJe* 198, 7.10.2013; ARE 688.279 AgR-AgR/SC, 2ª Turma, rel. Min. Gilmar Mendes, *DJe* 202, 10.10.2013, dentre muitos outros julgamentos.

Isso porque a competência para julgamento dos recursos extraordinários, bem como dos correlatos juízos de admissibilidade, é de cada uma das Turmas do Supremo. Assim, o agravo interno interposto contra decisões monocráticas deverá ser mesmo julgado por tal órgão colegiado. É excepcional a competência do Pleno, como na hipótese de julgamento da repercussão geral, mas que nunca poderá ser decidida monocraticamente, uma vez que o constituinte reformador atribuiu competência exclusiva ao Pleno para deliberar sobre a existência ou não de repercussão sobre determinada questão constitucional. Distinta, no entanto, é a hipótese de aplicação correta ou não dos precedentes do Pleno, cuja competência caberá à Turma.

Equivocado, desse modo, o entendimento de parte da doutrina,[28] confundindo a competência para julgamento da repercussão geral com a competência para julgamento do recurso extraordinário.

No agravo, se a maioria dos Ministros votar pela reforma da decisão monocrática, o recurso deverá voltar para o relator, para que então apresente voto sobre a repercussão geral, submetendo a questão ao Plenário, para deliberação eletrônica, conforme determina o RISTF.[29]

27. Eduardo Talamini, *Novos Aspectos da Jurisdição Constitucional Brasileira: Repercussão Geral, Força Vinculante, Modulação dos Efeitos do Controle de Constitucionalidade e Alargamento do Objeto do Controle Direto*, p. 52.

28. "Havendo decisão monocrática (do Presidente da Corte Constitucional ou do relator) acerca da repercussão geral, caberá agravo interno, pois o órgão competente para dar a última palavra sobre o assunto é o Pleno do STF" (Pedro Miranda de Oliveira, *Recurso Extraordinário e o Requisito da Repercussão Geral*, p. 341).

29. "Na hipótese de provimento, continuará a tramitar, de acordo com as regras pertinentes, aquele recurso, que se submeterá oportunamente ao exame do órgão *ad*

4.4 Deliberação eletrônica

Como a finalidade da repercussão geral é justamente desafogar o STF, não seria tão producente exigir que o Plenário também se reunisse para deliberar sobre tal pressuposto de admissibilidade, pois nessa hipótese haveria inequívoca duplicidade das pautas, ao menos em relação a todos os recursos extraordinários que chegassem à Corte.[30]

Para contornar tamanho inconveniente, nos termos do art. 323 do RISTF, a Emenda Regimental 21 introduziu a possibilidade de deliberação eletrônica dos Ministros, quanto à verificação da existência ou não de repercussão geral.

De acordo com o procedimento previsto, apenas a repercussão geral poderá ser objeto de deliberação eletrônica, de modo que qualquer outro fundamento para a inadmissibilidade do recurso extraordinário obrigatoriamente submeterá a sua apreciação em sessão plenária regular, fisicamente.

Não sendo o caso de inadmissibilidade do recurso por outra razão, o Ministro relator então "submeterá, por meio eletrônico, aos demais ministros, cópia de sua manifestação sobre a existência, ou não, de repercussão geral". Em seguida, diz o art. 324 do RISTF, após o recebimento do voto do relator, os demais ministros terão prazo comum de 20 dias para também apresentarem suas manifestações. Se, passado o prazo, não houver manifestação de algum ou alguns ministros, o silêncio será interpretado favoravelmente ao reconhecimento da existência de repercussão geral (art. 324, § 1º, do RISTF).

Isso em regra, havendo exceção na hipótese de o relator se manifestar contrariamente ao reconhecimento da repercussão geral, sob fundamento de que a matéria é infraconstitucional, isto é, de que inexiste questão constitucional. Nesse caso, o § 2º do mencionado art. 324 determina que o eventual silêncio dos Ministros será entendido como manifestação contrária à existência de repercussão geral (ou seja, favorável à manifestação do relator).

---

quem" (José Carlos Barbosa Moreira, *Comentários ao Código de Processo Civil. Arts. 476 a 565*, 14ª ed., vol. V, p. 686).
30. "Com o processamento eletrônico da repercussão geral, afastam-se os inconvenientes que seriam decorrentes do julgamento feito em sessão convencional do Pleno, permitindo-se, assim, que o novo instituto desempenhe, de modo eficaz, a sua função de diminuir o excessivo volume de feitos perante o STF" (Gláucia Mara Coelho, *Repercussão Geral da Questão Constitucional no Processo Civil Brasileiro*, p. 127).

PROCEDIMENTO DA REPERCUSSÃO GERAL 199

Após a deliberação, o relator providenciará a juntada de todas as manifestações ministeriais, quando se tratar de autos físicos (pois na hipótese de autos informatizados, os respectivos pronunciamentos automaticamente farão parte dos autos). E se reconhecida a repercussão geral, em seguida o relator deverá providenciar o julgamento monocrático do recurso, quando for o caso (art. 557 do CPC-1973), ou então solicitar data para julgamento colegiado, após vista ao Procurador-Geral da República (art. 325 do RISTF). Se negada a repercussão geral, apenas "formalizará e subscreverá a decisão de recusa do recurso".

Além disso, o § 1º do art. 323 do RISTF afasta tal procedimento caso a Corte já tenha se manifestado pela existência de repercussão geral em questão idêntica ou quando impugnar decisão contrária a súmula ou a jurisprudência dominante do STF, "casos em que se presume a existência de repercussão geral".

4.4.1 Questionamentos sobre a deliberação eletrônica

A primeira dúvida se refere à legitimidade da decisão tácita por parte do Supremo. Contrariamente, o art. 93, IX, da Constituição exige a fundamentação de todas as decisões judiciais.

No entanto, parece que fundamentação sempre haverá. Isso porque o RISTF é expresso ao prever que o relator deverá preparar manifestação para ser encaminhada aos demais Ministros. Manifestação essa que terá os necessários fundamentos para justificativa de seu posicionamento, sejam favoráveis ou contrários ao reconhecimento da repercussão geral.

Ademais, as manifestações tácitas permitidas pela Emenda Regimental 21 são entendidas como favoráveis à repercussão geral, sendo tal solução em conformidade com a presunção de repercussão geral das questões constitucionais prevista pela EC 45/2004. Sendo que as manifestações, no sentido da inexistência de repercussão geral, deverão ser fundamentadas e expressas.[31]

Eduardo Talamini também responde favoravelmente sobre a viabilidade de se impor prazo próprio aos Ministros do Supremo, sob o fun-

---

31. "Afigura-se legítimo o sistema adotado pela Emenda Regimental 21. A premissa é de que a Constituição estabelece o princípio da presença da repercussão geral no recurso extraordinário (CF, art. 102, § 3º: 'somente podendo recusá-lo pela manifestação de dois terços de seus membros')" (Eduardo Talamini, *Novos Aspectos da Jurisdição Constitucional Brasileira: Repercussão Geral, Força Vinculante, Modulação dos Efeitos do Controle de Constitucionalidade e Alargamento do Objeto do Controle Direto*, p. 54).

200 REPERCUSSÃO GERAL DAS QUESTÕES CONSTITUCIONAIS

damento de que a presunção de repercussão geral justifica essa exceção (em regra, os prazos para os juízes são impróprios).

A terceira pergunta por ele respondida se refere à constitucionalidade do processamento eletrônico:

> ponderando-se os valores contrapostos (razoabilidade e celeridade do procedimento *versus* plenitude do contraditório, compreendido inclusive como dever de debate do juiz com as partes), a resposta é positiva, desde que se confira plena publicidade a cada passo do processamento eletrônico (...). O fundamental é garantir a publicidade plena do incidente em exame.[32]

Contudo, em seguida conclui que a deliberação eletrônica não pode ser estendida à generalidade dos demais julgamentos colegiados. Apenas a presunção de repercussão geral é que autorizaria tal procedimento mais célere, com a imposição de preclusão temporal aos Ministros do Supremo. De acordo com Talamini, "abolir a deliberação em sessão do colegiado era um imperativo de razoabilidade", tendo em vista que seria um contrassenso prever procedimento mais complexo e moroso que aquele previsto para o julgamento do próprio recurso extraordinário. Ao se determinar que as questões constitucionais devem passar por prévio exame quanto à sua repercussão geral, a EC pretendeu agilizar o julgamento desses recursos, e não o contrário.

4.5 Publicidade do julgamento

De forma bastante distinta da anterior regulamentação sobre a arguição de relevância, nos anos 1980, o procedimento previsto para o julgamento da repercussão geral se reveste de todas as garantias constitucionais, incluindo a publicidade.

Com efeito, a apreciação da repercussão geral deverá ser realizada em sessão pública, no tocante à deliberação plenária do STF. Como o julgamento ocorre de modo eletrônico, a solução foi permitir o acesso amplo e irrestrito às questões em fase de deliberação, permitindo-se aos Ministros, inclusive, a apresentação de memoriais por parte dos advogados e interessados:

---

32. Eduardo Talamini, *Novos Aspectos da Jurisdição Constitucional Brasileira: Repercussão Geral, Força Vinculante, Modulação dos Efeitos do Controle de Constitucionalidade e Alargamento do Objeto do Controle Direto*, p. 55.

PROCEDIMENTO DA REPERCUSSÃO GERAL	201

em se tratando de "Plenário Virtual", como muito mais razão e rigor, deve ser possível às partes e aos terceiros terem amplo e irrestrito acesso (i) ao estágio em que se encontra o recurso extraordinário, constando, para tanto, todos os atos e pronunciamentos no relatório eletrônico de andamentos do recurso; (ii) à manifestação apresentada pelo Relator, acerca da presença ou não da repercussão geral, tão logo ela seja encaminhada aos demais Ministros, por meio da imediata disponibilização no *site* do STF na internet; bem como (iii) a todas as demais manifestações que venham a ser eventualmente apresentadas pelos demais Ministros, com a disponibilização de seu inteiro teor.[33]

No entanto, após decidido sobre a repercussão geral de determinado tema, as decisões monocráticas a serem proferidas pela Presidência do Supremo ou pelo Tribunal *a quo* não demandarão sessões públicas, continuando a serem proferidas como antes, gozando da publicidade regular das decisões judiciais.

Ademais, determina o art. 543-A, § 7º, do CPC-1973 que, após o julgamento, será publicada uma ata na qual conste súmula da decisão sobre a repercussão geral. E o art. 325 do RISTF prevê que, além disso, o teor da decisão preliminar sobre a existência da repercussão geral deverá integrar a decisão monocrática ou o acórdão e constará sempre nas publicações dos julgamentos no *Diário Oficial*, "com menção clara à matéria do recurso".

Outrossim, no art. 329 do RISTF consta a obrigação da Presidência do Supremo em promover ampla e específica divulgação do teor das decisões sobre repercussão geral, bem como formação e atualização de banco eletrônico de dados a respeito. Tal determinação vem sendo cumprida, principalmente mediante a disponibilização de diversos dados, informações estatísticas e menção clara aos temas já decididos e também àqueles pendentes de julgamento, no sítio eletrônico do Supremo Tribunal Federal, em portal especificamente destinado a tal instituto.[34]

Não se olvide que, para atender à finalidade principal da repercussão geral, qual seja tentar racionalizar os trabalhos do Supremo, a ampla publicidade dos temas já decididos pela Corte consistirá em importante instrumento de desestímulo a litígios envolvendo temas idênticos e também facilitador da aplicação dos precedentes pelas instâncias inferiores.

33. Gláucia Mara Coelho, *Repercussão Geral da Questão Constitucional no Processo Civil Brasileiro*, pp. 130-131.
34. Disponível em <http://www.stf.jus.br/portal/jurisprudenciaRepercussao/listarRepercussaoGeral.asp>, acesso em 17.11.2013.

202 REPERCUSSÃO GERAL DAS QUESTÕES CONSTITUCIONAIS

4.6 Irrecorribilidade da decisão do Plenário do STF, embargos de declaração e mandado de segurança

Já no *caput*, diz o art. 543-A do CPC-1973, que a decisão do Supremo Tribunal Federal que não conhecer o recurso extraordinário, por ausência de repercussão geral, será irrecorrível.

Quanto à decisão do Plenário, é razoável a previsão, uma vez que realmente não haveria a quem recorrer. Trata-se do último órgão dentro do tribunal de cúpula de nosso sistema processual. Nesse sentido, como bem lembra Eduardo Talamini, "não apenas a recusa da repercussão, mas também seu reconhecimento, quando proveniente do Plenário do STF, é irrecorrível".[35]

De todo modo, é possível a oposição de embargos de declaração,[36] com a finalidade de corrigir eventuais contradições, omissões ou obscuridades na decisão do Plenário. Tal recurso[37] sempre foi admitido pelo Supremo contra outras decisões reputadas pela legislação como irrecorríveis.[38]

Além dos embargos de declaração, alguns autores também mencionam a possibilidade, em tese, de impetração de mandado de segurança. Com efeito, a Constituição prevê tal possibilidade no art. 102, I, sendo que não incide o impedimento previsto no art. 5º, III, da Lei 12.016/2009 e na Súmula 267 do STF, no sentido de ser incabível mandado de segurança contra decisão contra à qual caiba recurso. Ora, uma vez que a Lei expressamente afirma ser a decisão do Supremo irrecorrível, passa a ficar a aberta a possibilidade do *writ*.

Nesse passo, é inegável que "a falta de perspectiva concreta de sucesso da medida não afasta a configuração do interesse processual".[39]

---

35. Eduardo Talamini, *Novos Aspectos da Jurisdição Constitucional Brasileira: Repercussão Geral, Força Vinculante, Modulação dos Efeitos do Controle de Constitucionalidade e Alargamento do Objeto do Controle Direto*, p. 56.

36. Defendem tal possibilidade Eduardo Talamini (*Novos Aspectos da Jurisdição Constitucional Brasileira: Repercussão Geral, Força Vinculante, Modulação dos Efeitos do Controle de Constitucionalidade e Alargamento do Objeto do Controle Direto*, p. 56), Gláucia Mara Coelho (*Repercussão Geral da Questão Constitucional no Processo Civil Brasileiro*, p. 130).

37. José Carlos Barbosa Moreira, *Comentários ao Código de Processo Civil. Arts. 476 a 565.* 14ª ed., vol. V, p. 547.

38. Como exemplo, vide art. 26 da Lei 9.868/1999.

39. Eduardo Talamini, *Novos Aspectos da Jurisdição Constitucional Brasileira: Repercussão Geral, Força Vinculante, Modulação dos Efeitos do Controle de Constitucionalidade e Alargamento do Objeto do Controle Direto*, p. 57.

PROCEDIMENTO DA REPERCUSSÃO GERAL   203

4.7 Efeitos da decisão

Como já se adiantou em alguns pontos anteriores, diversos poderão ser os efeitos da decisão que vier a ser proferida a respeito da existência, ou não, de repercussão geral das questões constitucionais.

De acordo com o § 5º do art. 543-A do CPC-1973, "negada a existência da repercussão geral, a decisão valerá para todos os recursos sobre matéria idêntica, que serão indeferidos liminarmente, salvo revisão da tese, tudo nos termos do Regimento Interno do Supremo Tribunal Federal". No mesmo sentido, o art. 543-B, § 2º, ao prever que, "negada a existência de repercussão geral, os recursos sobrestados considerar-se-ão automaticamente não admitidos".

Portanto, em linhas gerais, na hipótese de negativa de existência de repercussão geral sobre determinado tema, todos os demais recursos extraordinários já interpostos ou que vieram a ser interpostos terão seu destino afetado em razão do precedente, sendo de rigor a negativa de seu seguimento.

Por outro lado, conforme o art. 325-A do RISTF, "reconhecida a repercussão geral, serão distribuídos ou redistribuídos ao relator do recurso paradigma, por prevenção, os processos relacionados ao mesmo tema".

Logo, nessa hipótese, diversamente, os demais recursos sobre idêntica controvérsia constitucional, em regra, dispensarão novo julgamento a respeito da existência de repercussão geral. E, ao serem recebidos no Supremo Tribunal Federal, serão distribuídos ao relator do recurso paradigma, por prevenção.

Maiores detalhes sobre os efeitos das decisões do STF sobre a repercussão geral serão abordados nos tópicos a seguir.

4.8 Juízo de admissibilidade pelo órgão "a quo"

De início, cabe esclarecer que se procedeu a uma pequena inversão de ordem nesta obra. Embora o juízo de admissibilidade do recurso extraordinário inicialmente passe pelo crivo do órgão *a quo* (normalmente pelo Presidente do Tribunal de origem), o presente capítulo se iniciou com a apresentação do julgamento da repercussão geral pelo Supremo Tribunal Federal, tendo em vista que as diferentes possibilidades de apreciação da repercussão geral na fase de admissibilidade perante o órgão *a quo* dependem da existência, ou não, de pronunciamento anterior do STF sobre o tema (em razão dos possíveis efeitos decorrentes dos precedentes deste último).

204   REPERCUSSÃO GERAL DAS QUESTÕES CONSTITUCIONAIS

4.8.1 Previamente à manifestação do STF sobre a repercussão geral

Diante da competência exclusiva do Supremo para deliberar sobre a presença ou não de repercussão geral sobre as questões constitucionais do recurso extraordinário, não poderia, em hipótese alguma, haver tal decisão por parte do Presidente do Tribunal *a quo* ou do magistrado responsável pelo juízo de admissibilidade (no caso dos juizados especiais), sob pena de usurpação da competência do STF.

No entanto, caberá ao órgão jurisdicional *a quo* verificar, juntamente com os demais pressupostos formais de admissibilidade do recurso extraordinário, se o recorrente arguiu preliminar demonstrando a repercussão geral.

Como é evidente, tal juízo de mera verificação formal não se confunde com o julgamento do mérito da repercussão geral sobre dado tema. "Em outros termos, estará o Presidente ou Vice-Presidente apenas controlando um requisito de admissibilidade do recurso extraordinário (formalidade), da mesma maneira que o faz em face dos demais pressupostos (tempestividade, preparo, etc.)."[40]

E assim vem decidindo o Supremo Tribunal Federal, desde o julgamento da Questão de Ordem no AI 664.567, de relatoria do Min. Sepúlveda Pertence, em 18 de junho de 2007:[41]

> inclui-se no âmbito do juízo de admissibilidade – seja na origem, seja no Supremo Tribunal – verificar se o recorrente, em preliminar do recurso extraordinário, desenvolveu fundamentação especificamente voltada para a demonstração, no caso concreto, da existência de repercussão geral (C.Pr.Civil, art. 543-A, § 2º; RISTF, art. 327). 2. Cuida-se de requisito formal, ônus do recorrente, que, se dele não se desincumbir, impede a análise da efetiva existência da repercussão geral, esta sim sujeita "à apreciação exclusiva do Supremo Tribunal Federal" (art. 543-A, § 2º).

4.8.2 Após a manifestação do STF sobre a repercussão geral

Além do juízo de admissibilidade do recurso extraordinário nos termos do que foi dito acima, se já houver precedente do Pleno do Supremo a respeito da repercussão geral de determinado tema constitucional,

---

40. Pedro Miranda de Oliveira, *Recurso Extraordinário e o Requisito da Repercussão Geral*, p. 329.

41. A decisão foi reiterada em diversos outros precedentes, dentre os quais: STF, 1ª Turma, ARE 677.042 AgR/SP, rel. Min. Luiz Fux, *DJe* 19.12.2012.

PROCEDIMENTO DA REPERCUSSÃO GERAL 205

o órgão *a quo* poderá deixar de admitir um recurso extraordinário por ausência de repercussão geral das questões debatidas, caso nesse sentido seja o precedente.

Contudo, como se percebe, trata-se de mera repetição do quanto já decidido pelo STF, não se podendo dizer, nesse caso, que o órgão *a quo* estaria usurpando competência constitucional reservada à Corte Constitucional. "Nesse caso, o tribunal *a quo* não estará propriamente apreciando a existência ou não da repercussão geral, mas sim reproduzindo o pensamento da Corte."[42]

A norma do § 5º do art. 543-A do CPC-1973 não se aplica apenas ao Presidente e Ministros do Supremo, mas também aos órgãos *a quo*, quando do juízo de admissibilidade: "negada a existência da repercussão geral, a decisão valerá para todos os recursos sobre matéria idêntica, que serão indeferidos liminarmente, salvo revisão da tese, tudo nos termos do Regimento Interno do Supremo Tribunal Federal".

4.8.3 Recorribilidade da decisão do órgão "a quo"

Da decisão que inadmitir o recurso extraordinário, caberá recurso de agravo, dirigido ao próprio Supremo Tribunal Federal. Alterado pela Lei 12.322/2010, tal recurso, que antes da reforma era interposto na forma de instrumento, passou a ser apresentado nos próprios autos e doutrinariamente denominado "agravo de admissão". Será dirigido à presidência do tribunal de origem e continua isento de custas. O prazo é de dez dias, cujo termo inicial é a intimação do *decisum* impugnado.

Dessa forma, parte da doutrina defendeu a possibilidade de interposição do agravo do art. 544 do CPC-1973 contra a decisão do órgão *a quo* que nega seguimento ao recurso extraordinário com fundamento na ausência de repercussão geral sobre o tema debatido.[43]

Eduardo Talamini entende que, se o órgão *a quo* negar seguimento a recurso extraordinário usurpando a competência exclusiva do Supremo Tribunal Federal, ou seja, sob o fundamento de que a questão constitucional não apresenta repercussão geral, nas hipóteses em que isso não é permitido (o órgão *a quo* poderá negar seguimento apenas em razão da

42. Pedro Miranda de Oliveira, *Recurso Extraordinário e o Requisito da Repercussão Geral*, p. 330.
43. Nesse sentido, Eduardo Talamini, *Novos Aspectos da Jurisdição Constitucional Brasileira: Repercussão Geral, Força Vinculante, Modulação dos Efeitos do Controle de Constitucionalidade e Alargamento do Objeto do Controle Direto*, p. 58.

206 REPERCUSSÃO GERAL DAS QUESTÕES CONSTITUCIONAIS

ausência de preliminar formal ou se já houver precedente do STF sobre o mesmo tema reconhecendo a inexistência de repercussão geral), poderá a parte interpor agravo (art. 544 do CPC-1973) ou então ajuizar reclamação (art. 102, I, da Constituição e art. 13 da Lei 8.038/1990).[44] Entretanto, na Questão de Ordem no AI 760.358, o Supremo Tribunal Federal decidiu que apenas cabe eventual recurso para o próprio órgão *a quo*, sendo incabível eventual recurso ao STF para discutir a decisão do Presidente do Tribunal *a quo* que negou seguimento a recurso extraordinário com fundamento em decisão anterior da Corte sobre o tema: "não é cabível agravo do art. 544 do CPC-1973 ou reclamação da decisão do tribunal de origem que, em cumprimento ao disposto no § 3º do art. 543-B do CPC-1973, aplica ao caso concreto a sistemática da repercussão geral".

4.9 Revisão do entendimento a respeito da repercussão geral reconhecida ou negada

Como medida para evitar o engessamento dos posicionamentos da Corte, previu-se, no art. 543-A, § 5º, do CPC-1973, parte final, a possibilidade de revisão do entendimento sobre a ausência de repercussão geral, com relação a recursos subsequentes.

O quórum para revisão será o mesmo previsto no art. 102, § 3º, da Constituição, ou seja, o entendimento anterior será alterado se, dessa vez, ao menos quatro ministros forem favoráveis à existência de repercussão geral sobre o tema em questão. Por outro lado, se a decisão anterior tiver sido pela existência de repercussão geral, será a partir de então revisada a tese se ao menos oito ministros votarem contrariamente ao seu reconhecimento.

A questão colocada se refere aos mecanismos para se permitir a revisão de tese por parte do Supremo Tribunal Federal.

Nas hipóteses de revisão de entendimentos favoráveis, o procedimento será relativamente simples, bastando que a Corte assim decida em qualquer recurso extraordinário, tendo em vista que, em razão do precedente, os recursos sobre o mesmo tema tenderão a ser admitidos pelo Tribunal de origem e também pela Presidência.

Contudo, difícil imaginar como o STF poderá alterar entendimentos a respeito de questões cuja repercussão geral tenha sido negada. É que, nessa hipótese, tanto os Tribunais de origem quanto a Presidência certa-

44. Idem, ibidem, p. 50.

PROCEDIMENTO DA REPERCUSSÃO GERAL 207

mente obstarão os novos recursos, monocraticamente, conforme autoriza o art. 543-A, § 5º, do CPC-1973.

Nesse contexto, entendeu Eduardo Talamini que seria "provável que cheguem ao STF apenas agravos de instrumento contra a negativa de seguimento emitida pelo órgão *a quo*".[45] Contudo, como visto, o STF já decidiu ser incabível a interposição de recurso contra tais decisões, de modo que tais agravos não serão apreciados pela Corte.

4.9.1 Necessidade de instituição de um procedimento específico

A EC 45/2004 introduziu a repercussão geral e também as súmulas vinculantes em nosso sistema processual, sendo que ambos os institutos possuem como objetivo central a racionalização dos trabalhos do Supremo Tribunal Federal, notadamente por meio do estabelecimento de enunciados que impeçam o julgamento de teses repetidas pela Corte.

No tocante às súmulas vinculantes, agiu bem o constituinte reformador ao prever mecanismos de oxigenação dos precedentes da Corte, tendo em vista que, a rigor, ações e recursos sobre temas já decididos sequer continuarão a ser distribuídos. Nos termos do § 2º do art. 103-A da Constituição, "sem prejuízo do que vier a ser estabelecido em lei, a aprovação, revisão ou cancelamento de súmula poderá ser provocada por aqueles que podem propor a ação direta de inconstitucionalidade".

Como se vê, todos os legitimados para a propositura de ação direta de inconstitucionalidade (art. 103, I a VIII, da Constituição) poderão iniciar pedidos de revisão ou cancelamento das súmulas, sendo que a Lei 11.417/2006, aproveitando-se do permissivo constitucional ("sem prejuízo do que vier a ser estabelecido em lei"), ainda estendeu esse rol, prevendo em seu art. 3º que são legitimados para tanto: o Presidente da República; a Mesa do Senado Federal; a Mesa da Câmara dos Deputados; o Procurador-Geral da República; o Conselho Federal da Ordem dos Advogados do Brasil; Defensor Público Geral da União; partido político com representação no Congresso Nacional; confederação sindical ou entidade de classe de âmbito nacional; a Mesa de Assembleia Legislativa ou da Câmara Legislativa do Distrito Federal; o Governador de Estado ou do Distrito Federal; os Tribunais Superiores, os Tribunais de Justiça de Estados ou do Distrito Federal e Territórios, os Tribunais Regionais Federais, os Tribunais Regionais do Trabalho, os Tribunais Regionais Eleitorais e os Tribunais Militares.

45. Idem, ibidem, p. 59.

208 REPERCUSSÃO GERAL DAS QUESTÕES CONSTITUCIONAIS

Além disso, também se autorizou que os Municípios possam requerer a revisão ou cancelamento das súmulas vinculantes, mas incidentalmente ao curso de processo em que seja parte (art. 3º, § 1º, da Lei 11.417/2006).

Quanto ao procedimento, será basicamente o mesmo previsto para a edição das súmulas, sendo necessário o quórum de 2/3 dos Ministros do Supremo, em sessão plenária, e podendo admitir a figura do *amicus curiae*.

Entretanto, apesar das semelhanças das súmulas vinculantes com os enunciados fixados no julgamento da repercussão geral, tanto o constituinte reformador quanto o legislador regulamentar deixaram de prever procedimento para revisão das decisões proferidas em sede de repercussão geral.

Dessa forma, o caminho possível corresponde à questão de ordem (arts. 13, VII, e 21, III, do RISTF), que poderá ser invocada tanto pelo Presidente quanto pelos demais Ministros do Supremo Tribunal Federal, sempre que entenderem necessário iniciar novo debate a respeito de determinada tese decidida em anterior julgamento de repercussão geral.[46]

Mas, se o sistema já contava com dificuldades para encontrar formas de revisão das teses, a jurisprudência do STF restringiu ainda mais as poucas possibilidades em que isso poderia ocorrer, tendo em vista que a inadmissibilidade de qualquer meio de impugnação das decisões dos órgãos *a quo* que aplicarem os enunciados de repercussão geral para negarem seguimento aos recursos extraordinários versando sobre idêntica controvérsia constitucional (art. 543-A, § 5º, do CPC-1973):

> o Plenário desta Corte firmou o entendimento de que não cabe recurso ou reclamação ao Supremo Tribunal Federal para rever decisão do Tribunal de origem que aplica a sistemática da repercussão geral, a menos que haja negativa motivada do juiz em se retratar para seguir a decisão da Suprema Corte. Precedentes.[47]

Assim, embora seja possível, em tese, que os próprios Ministros suscitem incidentes tendentes à revisão de teses sobre a existência ou inexistência de repercussão geral sobre determinada questão constitucional, é inegável que as chances se mostram remotas, visto que, após firmado algum enunciado, a controvérsia dificilmente retornará à Corte,

---

46. Nesse sentido, Pedro Miranda de Oliveira, *Recurso Extraordinário e o Requisito da Repercussão Geral*, p. 360.
47. STF, Rcl 16.353/DF, rel. Min. Ricardo Lewandowski, j. 16.10.2013.

PROCEDIMENTO DA REPERCUSSÃO GERAL 209

tendo em vista que todos os demais recursos sobre aquele tema não serão encaminhados ao STF.

Imperioso, portanto, que haja reforma legislativa ou constitucional para inserção de um procedimento de revisão das decisões proferidas em sede de repercussão geral, nos moldes já existentes para a revisão ou o cancelamento das súmulas vinculantes.

4.10 A participação do "amicus curiae"

Consta no § 6º do art. 543-A do CPC-1973 que "o relator poderá admitir, na análise da repercussão geral, a manifestação de terceiros, subscrita por procurador habilitado", o que foi mais detalhado no art. 323 do RISTF, prevendo-se que, "mediante decisão irrecorrível, poderá o relator admitir de ofício ou a requerimento, em prazo que fixar, a manifestação de terceiros".

Tendo em vista os efeitos da decisão acerca da repercussão geral das questões constitucionais, salutar a previsão legal expressa de possibilidade de intervenção do *amicus curiae*, ou seja, o amigo da Corte, permitindo que todos os setores da sociedade eventualmente envolvidos com tais questões (cuja repercussão lhes atingirá, ainda que indiretamente) participem do julgamento e, assim, possam interferir na formação do convencimento dos Ministros do Supremo.

Corresponde a um instituto típico dos sistemas judiciais da *common law*, possuindo fundamento no interesse institucional, isto é, na ordem constitucional vigente e na apuração de valores maiores que envolvam as questões debatidas na lide, diferente do interesse da parte. Aliás, no Direito norte-americano, a figura do *amicus curiae* é muito utilizada no controle de constitucionalidade (que é sempre concreto).

As intervenções se dão, basicamente, por meio da participação de associações classistas, como a de funcionários públicos, advogados e outros profissionais liberais, assim como de entidades voltadas à proteção de consumidores, direitos humanos, meio ambiente, idosos, entre outros.

Abrindo-se as possibilidades de participação no julgamento, inegavelmente é conferido um maior caráter democrático e, portanto, maior legitimidade às decisões que serão proferidas pelo STF.[48] Dessa forma,

---

48. Nesse sentido, André de Albuquerque Cavalcanti Abbud, "O Anteprojeto da Lei sobre repercussão geral dos recursos extraordinários", *Revista de Processo*, n. 129, p. 120; Pedro Miranda de Oliveira, *Recurso Extraordinário e o Requisito da Repercussão Geral*, p. 345.

210 REPERCUSSÃO GERAL DAS QUESTÕES CONSTITUCIONAIS

apesar de as decisões em repercussão geral projetarem graves efeitos a todos os processos e recursos sobre o mesmo tema, há legitimidade na eventual restrição ao acesso à Corte, uma vez que a possibilidade de intervenção de *amicus curiae* permite um conhecimento mais amplo acerca dos desdobramentos da decisão que será proferida.

Nesse sentido, esclarece Cassio Scarpinella Bueno que as decisões com efeitos extra partes do Supremo Tribunal Federal, como é o caso da repercussão geral, apenas podem ser reputadas legítimas ao, previamente, dar-se

> ouvidos a pessoas ou entidades representativas da sociedade civil – e, até mesmo, a pessoas de direito público que desempenhem, de alguma forma, esse mesmo papel, capturando os próprios valores dispersos do Estado, suas diversas opiniões e visões de políticas públicas a serem perseguidas também em juízo –, verificando em que medida estão configurados adequadamente os interesses, os direitos e os valores em jogo de lado a lado.[49]

No mais, importante ressaltar que, diferentemente da regulamentação das ações diretas pela Lei 9.868/1999, a Lei 11.418/2006, ao permitir a intervenção de *amicus curiae* no julgamento da repercussão geral das questões constitucionais, não exigiu a demonstração de "representatividade dos postulantes". A única[50] exigência legal é de que a representação do *amicus curiae* deverá ser realizada mediante atuação de advogado devidamente habilitado, o qual poderá apresentar manifestações escritas em qualquer fase da deliberação acerca da repercussão geral.

Contudo, como se nota, tal exigência, por si só, não parece ser suficiente para configurar a legitimidade de um terceiro a se manifestar como *amicus curiae*. Corresponde apenas a uma exigência formal quanto à sua capacidade postulatória.

Como a lei e o RISTF são omissos a respeito desse tema, pode-se dizer que, não havendo restrição pela lei, qualquer entidade será legítima a interceder e defender a presença de repercussão geral sobre algum tema. Outra linha de raciocínio seria entender pela existência implícita de requisito de legitimação: a pertinência entre as finalidades da entidade autora

---

49. Cassio Scarpinella Bueno, Amicus curiae *no Processo Civil Brasileiro. Um Terceiro enigmático*, 3ª ed., pp. 626-627.

50. Gláucia Mara Coelho, *Repercussão Geral da Questão Constitucional no Processo Civil Brasileiro*, p. 128.

PROCEDIMENTO DA REPERCUSSÃO GERAL 211

e as normas questionadas,[51] isto é, a legitimidade não seria automática, dependendo de chancela do relator.

Em diversos precedentes,[52] os Ministros do STF referem-se ao julgamento da ADI 3.045/DF, quando se decidiu que

a intervenção do *amicus curiae*, para legitimar-se, deve apoiar-se em razões que tornem desejável e útil a sua atuação processual na causa, em ordem a proporcionar meios que viabilizem uma adequada resolução do litígio constitucional.

Decidindo a respeito do tema, o Ministro Teori Zavascki foi ainda mais incisivo ao reiterar a orientação da Corte:[53]

a jurisprudência do Supremo Tribunal Federal consolidou entendimento de que, a exemplo do que acontece com a intervenção de *amicus curiae* nas ações de controle concentrado, a admissão de terceiros nos processos submetidos à sistemática da repercussão geral há de ser aferida, pelo Ministro Relator, de maneira concreta e em consonância com os fatos e argumentos apresentados pelo órgão ou entidade, a partir de 2 (duas) pré-condições cumulativas, a saber: (a) a relevância da matéria e (b) a representatividade do postulante.

Isso se deve ao fato de que, por envolver questões constitucionais relevantes tanto do ponto de vista objetivo – "econômico, político, social ou jurídico" – quanto subjetivo – "que ultrapassem os interesses subjetivos da causa", o julgamento dos processos selecionados como paradigmas para fins de repercussão geral adquire eficácia persuasiva qualificada (arts. 543-B, § 3º, do CPC) próxima daquela das ações de controle concentrado (art. 102, III, § 2º, da CF), o que torna conveniente que a participação de terceiros nesses casos fique condicionada à sua aptidão para captar as expectativas jurídicas de segmentos representativos da sociedade, nos termos do que preconizado pelo art. 7º, § 2º, da Lei 9.868/99.

Bem por isso é que a simples invocação de interesse no deslinde do debate constitucional travado no julgamento de casos com repercussão geral não é fundamento apto a ensejar, por si só, a habilitação automática de pessoas físicas ou jurídicas. Fosse isso possível, ficaria inviabilizado o processamento racional dos casos com repercussão

51. Pedro Miranda de Oliveira, *Recurso Extraordinário e o Requisito da Repercussão Geral*, p. 347.

52. RE 718.874/RS, rel. Min. Ricardo Lewandowski, *DJe* 203, 11.10.2013; ARE 654.432/GO, rel. Min. Ricardo Lewandowski, *DJe* 203, 11.10.2013.

53. STF, RE 606.199/PR, rel. Min. Teori Zavascki, *DJe* 188, 24.9.2013.

212 REPERCUSSÃO GERAL DAS QUESTÕES CONSTITUCIONAIS

geral reconhecida, ante a proliferação de pedidos de habilitação dessa natureza. Essa é a compreensão que ficou consagrada nas seguintes decisões monocráticas: RE 566.349, Min. Cármen Lúcia, *DJe* 7.6.2013; RE 590.415, Min. Joaquim Barbosa, *DJe* 4.10.2012; RE 591.797 ED, Min. Dias Toffoli, *DJe* 8.4.2011; e RE 576.155, Min. Ricardo Lewandowski, *DJe* 12.3.2009.

Assim, não bastará ao terceiro demonstrar que é parte em recurso extraordinário onde se debate questão idêntica, pois então teríamos centenas ou talvez milhares de *amici curiae* em cada julgamento de repercussão geral. No entanto, parece válida a crítica de Eduardo Talamini, no sentido de que a interpretação também não poderia ser a mesma aplicada nos processos e incidentes de controle abstrato de constitucionalidade. A melhor solução seria pela posição intermediária, na qual caberia ao relator verificar, caso a caso, se o pretendente a *amicus curiae* possui "representatividade adequada", ou, nos dizeres do autor, "contributividade adequada (adequada aptidão em colaborar)".[54]

Diante da restrita regulamentação sobre o *amicus curiae*, outro ponto de divergência se refere às possíveis manifestações deste terceiro. Para alguns, apenas faz sentido a possibilidade de manifestação a favor do reconhecimento da repercussão geral, pois "a intervenção do *amicus curiae*, por si só, já seria suficiente para demonstrar a transcendência da causa".[55]

Porém, entendemos que a razão está com aqueles favoráveis à livre manifestação do *amicus curiae*,[56] podendo se manifestar tanto a favor quanto contrariamente ao reconhecimento da repercussão geral sobre o tema debatido. Ora, a lei não restringe suas possibilidades de atuação. Além disso, apesar de revelar alguma transcendência, a intervenção, por si só, não indica que tal transcendência seria suficiente para justificar a repercussão geral e não guarda qualquer relação com a relevância do tema debatido (requisito esse que deve ser somado à transcendência, como já visto, para fins de reconhecimento da existência de tal pressuposto de admissibilidade).

Quanto às formas de atuação, poderá ofertar razões por escrito, com o objetivo de convencer o STF sobre seu posicionamento, sustentar oralmen-

---

54. Eduardo Talamini, *Novos Aspectos da Jurisdição Constitucional Brasileira: Repercussão Geral, Força Vinculante, Modulação dos Efeitos do Controle de Constitucionalidade e Alargamento do Objeto do Controle Direto*, p. 63.

55. Idem, ibidem, p. 61; Pedro Miranda de Oliveira, *Recurso Extraordinário e o Requisito da Repercussão Geral*, p. 348.

56. Defendem tal posicionamento: Luiz Guilherme Marinoni e Daniel Mitidiero, *Repercussão Geral no Recurso Extraordinário*, 2ª ed., p. 47.

PROCEDIMENTO DA REPERCUSSÃO GERAL 213

te por tempo igual àquele concedido às partes e também poderá apresentar memoriais a cada um dos Ministros, assim como dirigir-se pessoalmente a eventuais Ministros.[57] Mas, com a regulamentação do plenário virtual pelo RISTF, rara será a hipótese de sustentação oral por parte do *amicus curiae*. As manifestações escritas e os memoriais consistem na principal forma de intervenção e tentativa de convencimento dos Ministros.

De qualquer modo, o *amicus curiae* não se confunde com as partes e, nem mesmo intervindo na demanda, passa a tal condição.[58] Na verdade, apenas poderá atuar nas formas acima elencadas. Uma vez que não se trata de parte na demanda que está sendo julgada, não poderá, por exemplo, interpor recursos contra as decisões do STF.[59]

Quanto à decisão sobre a admissibilidade ou inadmissibilidade do *amicus curiae*, prevê o RISTF que será irrecorrível. Apesar de a Lei 11.418/2006 nada mencionar sobre a recorribilidade dessa decisão, é verdade que tal solução foi adotada pelas Leis 9.868/1999 e 11.417/2006, a respeito da decisão sobre intervenção de *amicus curiae* em outros procedimentos de jurisdição constitucional.

Por fim, o art. 323, § 2º, do RISTF também estabeleceu que a atuação de *amicus curiae* poderá ser determinada "de ofício ou a requerimento", sendo que, de ofício, o relator poderá tanto convidar quanto requisitar a participação de alguma entidade.

4.11 Distinção do "amicus curiae" com relação ao terceiro prejudicado

Entendendo por terceiros as pessoas que não forem parte no processo e que não tiveram a oportunidade de ali exercer o contraditório, é

57. Idem, ibidem, p. 48.

58. "*Amicus curiae*: alguém que é admitido no processo para fornecer subsídios para a solução da questão, sem, no entanto, passar a titularizar posições subjetivas relativas às partes (nem mesmo limitada e subsidiariamente, como o assistente simples)" (Eduardo Talamini, *Novos Aspectos da Jurisdição Constitucional Brasileira: Repercussão Geral, Força Vinculante, Modulação dos Efeitos do Controle de Constitucionalidade e Alargamento do Objeto do Controle Direto*, p. 61).

59. "Agravo regimental no recurso extraordinário – Insurgência oposta pelos *amici curiae* admitidos nos autos – Inadmissibilidade – Posição processual que não lhes permite interpor recursos contra as decisões proferidas nos processos em que admitidos. 1. Não se conhece de recurso interposto por *amici curiae* regularmente admitidos nos autos, pois sua posição processual não lhes confere legitimidade para a interposição desse tipo de insurgência" (STF, RE 632.238 AgR/PA, rel. Min. Dias Toffoli, *DJe* 155, divulg. 8.8.2013).

214 REPERCUSSÃO GERAL DAS QUESTÕES CONSTITUCIONAIS

certo que poderão interpor recurso, intervindo em demanda na qual não são partes, após comprovarem "o nexo de interdependência entre o seu interesse de intervir e a relação jurídica submetida à apreciação judicial", conforme previsto no § 1º do art. 499 do CPC-1973.

Desse modo, conforme já pudemos defender em outra oportunidade, o interesse recursal do terceiro "relaciona-se com o interesse necessário ao terceiro interveniente (para atuar em demanda onde não figura como parte) e com o interesse recursal ordinariamente previsto para as partes".[60] De acordo com Fredie Didier, a legitimidade do terceiro recorrente é de composição complexa, pois exige (i) a condição de terceiro e (ii) a interdependência de relações jurídicas.[61]

Ou seja, apenas serão admitidos como recorrentes os terceiros titulares de relação jurídica diretamente afetada pela decisão judicial ou, ao menos, conexa com a relação jurídica objeto da lide.

Desse modo, bastante distinta é a condição do *amicus curiae*.

Realmente, como visto, ao *amicus curiae* se atribui o papel de defender interesses institucionais, razão pela qual sua intervenção no processo depende da comprovação de "aptidão para captar as expectativas jurídicas de segmentos representativos da sociedade".[62] Não se exige qualquer vínculo de "interdependência" ou conexão entre relações jurídicas. Basta que o *amicus curiae* tenha condições suficientes para representar determinados interesses de setores da sociedade, os quais poderão ser afetados pela decisão no julgamento da repercussão geral, visto que seus efeitos extrapolam os limites do respectivo recurso extraordinário e inclusive provocam alguma vinculação no juízo de admissibilidade de recursos extraordinários sobre o mesmo tema constitucional.

E, sendo assim, nada mais razoável que haja distinções entre as formas de atuação. Justamente em razão dessa menor identidade com o objeto do julgamento é que ao *amicus curiae* não se permite interpor recursos.

Claro que, configurados os pressupostos e requisitos do art. 499 do CPC-1973, poderá eventual entidade representativa intervir nos autos como terceiro, inclusive mediante a interposição de recurso como terceiro

60. Horival Marques de Freitas Jr., "Recurso de terceiro no processo civil brasileiro: limites da intervenção do terceiro e extensão da coisa julgada material", *Revista de Processo*, n. 210, p. 106.

61. Fredie Didier, *Recurso de Terceiro: Juízo de Admissibilidade*, 2ª ed., p. 119.

62. STF, RE 606.199/PR, rel. Min. Teori Zavascki, *DJe* 188, 24.9.2013, mencionado no item acima.

PROCEDIMENTO DA REPERCUSSÃO GERAL

prejudicado (*e.g.*, apresentado agravo interno contra eventual decisão monocrática ou até mesmo opondo embargos de declaração contra a decisão a respeito da existência ou não de repercussão geral).

Capítulo 5

JULGAMENTO DE RECURSOS MÚLTIPLOS (OU REPETITIVOS) – ART. 543-B DO CPC-1973 (ARTS. 1.036 A 1.041 DO NOVO CPC)

5.1 Início do procedimento: sobrestamento pelo órgão "a quo" e seleção de recursos paradigmas – 5.2 Momento de sobrestamento dos recursos – 5.3 Sobrestamento pelo Presidente do STF ou Ministro relator – 5.4 Pedido das partes – 5.5 Sobrestamento de recursos em que há mais de uma controvérsia constitucional – 5.6 Meios de impugnação ao sobrestamento – 5.7 Medidas de urgência – 5.8 Participação do "amicus curiae" no julgamento de mérito dos recursos por amostragem – 5.9 Competência para o julgamento de mérito – 5.10 Consequências das decisões do STF proferidas no julgamento por amostragem: 5.10.1 Repercussão geral negada – 5.10.2 Repercussão geral reconhecida – 5.10.3 Recurso prejudicado – 5.10.4 Juízo de retratação pelo Tribunal de origem – 5.10.5 Manutenção da decisão recorrida – 5.11 Efeito vinculante da decisão do STF no julgamento por amostragem? – 5.12 O problema dos recursos extraordinários sobrestados a princípio inadmissíveis: coisa julgada inconstitucional?

No presente capítulo, serão analisadas as diversas questões decorrentes do procedimento previsto no art. 543-B do CPC-1973, acrescentado pela Lei 11.418/2006 (arts. 1.036 a 1.041 do novo CPC) e relativo a uma interessante técnica de julgamento conjunto e único de idêntica controvérsia verificada em múltiplos recursos extraordinários. Ou seja, além de disciplinar o procedimento dos recursos extraordinários individuais, o mencionado diploma legislativo previu um sistema de julgamento por amostragem de recursos repetitivos, isto é, recursos cujas teses debatidas envolvam a mesma questão constitucional.

Dessa forma, como a repercussão geral das questões constitucionais também corresponde a um requisito de admissibilidade dos recursos em

JULGAMENTO DE RECURSOS MÚLTIPLOS (OU REPETITIVOS)   217

multiplicidade, sendo que as decisões proferidas possuem efeitos distintos daqueles verificados nos procedimentos individuais, quando proferidas diante desse procedimento por amostragem, considera-se necessária a abordagem desse assunto.

Em síntese, autoriza-se o Tribunal *a quo* a selecionar um ou mais recursos representativos da controvérsia e encaminhá-los ao STF, sendo que os demais recursos ficarão sobrestados até o pronunciamento definitivo do Supremo (art. 543-B, *caput* e § 1º, do CPC-1973; art. 1.036, *caput* e § 1º, do novo CPC):

> Art. 543-B. Quando houver multiplicidade de recursos com fundamento em idêntica controvérsia, a análise da repercussão geral será processada nos termos do Regimento Interno do Supremo Tribunal Federal, observado o disposto neste artigo.
>
> § 1º. Caberá ao Tribunal de origem selecionar um ou mais recursos representativos da controvérsia e encaminhá-los ao Supremo Tribunal Federal, sobrestando os demais até o pronunciamento definitivo da Corte.
>
> § 2º. Negada a existência de repercussão geral, os recursos sobrestados considerar-se-ão automaticamente não admitidos.
>
> § 3º. Julgado o mérito do recurso extraordinário, os recursos sobrestados serão apreciados pelos Tribunais, Turmas de Uniformização ou Turmas Recursais, que poderão declará-los prejudicados ou retratar-se.
>
> § 4º. Mantida a decisão e admitido o recurso, poderá o Supremo Tribunal Federal, nos termos do Regimento Interno, cassar ou reformar, liminarmente, o acórdão contrário à orientação firmada.
>
> § 5º. O Regimento Interno do Supremo Tribunal Federal disporá sobre as atribuições dos Ministros, das Turmas e de outros órgãos, na análise da repercussão geral.

Trata-se, como se poderá perceber, da principal inovação trazida pelo instituto da repercussão geral,[1] permitindo que o Supremo Tribunal Federal realize um único julgamento a respeito de um determinado tema, a partir de então considerando inadmissíveis ou prejudicados, dependendo da hipótese, todos os demais recursos extraordinários versando sobre as questões já decididas:

1. "Julgar caso a caso todas as arguições de repercussão geral feitas pelos inúmeros recorrentes não produz efeito algum na política de limitação de acesso de recursos ao STF. O maior significado de referido requisito reside justamente no impedimento do acesso seriado de recursos sobre a mesma matéria à referida Corte" (Pedro Miranda de Oliveira, *Recurso Extraordinário e o Requisito da Repercussão Geral*, p. 362).

218   REPERCUSSÃO GERAL DAS QUESTÕES CONSTITUCIONAIS

quis-se evitar que o Supremo Tribunal Federal precisasse apreciar repetidas vezes a repercussão geral das mesmas questões suscitadas pelos recorrentes. Adotou-se, então, procedimento a que não soa mal a denominação "recursos extraordinários por amostragem".[2]

Sendo que

a maior parte dos feitos submetidos ao Supremo Tribunal Federal tem, em um dos polos processuais, entes da Administração Pública ou grandes grupos empresariais, como empresa de telefonia e instituições bancárias. Subjacentes a tais processos, normalmente, encontram-se temas repetidos.[3]

5.1 Início do procedimento: sobrestamento pelo órgão "a quo" e seleção de recursos paradigmas

Diante da presença de múltiplos recursos extraordinários acerca da mesma controvérsia constitucional, o Tribunal *a quo* deverá selecionar um ou alguns desses recursos e remetê-los ao STF, para que este decida se tal controvérsia possui ou não repercussão geral. Quanto aos demais recursos interpostos, ficarão sobrestados até que haja decisão do Supremo. É exatamente o que determina o § 1º do art. 543-B do CPC-1973 (art. 1.036, § 1º, do novo CPC): "caberá ao Tribunal de origem selecionar um ou mais recursos representativos da controvérsia e encaminhá-los ao Supremo Tribunal Federal, sobrestando os demais até o pronunciamento definitivo da Corte".

Importante ressaltar que, além dos recursos extraordinários, também os agravos de instrumento e, desde 2009, os agravos de inadmissão ficarão sobrestados (art. 544 do CPC-1973).[4]

A competência para selecionar os recursos que serão remetidos ao STF e na sequência determinar o sobrestamento dos demais não é do órgão jurisdicional que proferiu a decisão recorrida, mas sim da autoridade competente para realizar o juízo de admissibilidade do recurso extraordinário da instância de origem (normalmente o Presidente ou Vice-Presidente do Tribunal), tendo em vista que tal recurso será por ela processado.

2. José Carlos Barbosa Moreira, *Comentários ao Código de Processo Civil. Arts. 476 a 565*, 14ª ed., vol. V, p. 619.

3. Guilherme Beux Nassif Azem, *Repercussão Geral*, p. 114.

4. Nesse sentido, Guilherme Beux Nassif Azem, *Repercussão Geral da Questão Constitucional no Recurso Extraordinário*, p. 115.

JULGAMENTO DE RECURSOS MÚLTIPLOS (OU REPETITIVOS)   219

Apenas a autoridade que recebe, processa e examina a admissibilidade de todos os recursos extraordinários interpostos no tribunal pode ter uma visão geral da multiplicidade dos recursos sobre a mesma questão e saber quais são mais completos e fundamentados, reunindo maior aptidão para funcionar como amostra.[5]

Entendimento este que foi expressamente acatado pelo art. 1.036, § 1º, do novo CPC:

"o presidente ou o vice-presidente de tribunal de justiça ou de tribunal regional federal selecionará 2 (dois) ou mais recursos representativos da controvérsia (...)".

Diante de tal procedimento, coloca-se a primeira questão: quais os critérios para seleção dos recursos que representarão os demais no julgamento por amostragem.

Luiz Guilherme Marinoni e Daniel Mitidiero entendem que "a representatividade do recurso extraordinário está na ótima exposição da questão constitucional, abordando-a eventualmente em tantas perspectivas argumentativas quantas forem possíveis".[6] Dessa forma,

acaso um único recurso não contemple toda argumentação possível concernente à controvérsia, é de rigor que se encaminhem ao Supremo dois ou mais recursos, a fim de que, conjugadas as razões, possa-se alcançar um panorama que represente de maneira adequada a questão constitucional debatida.[7]

5. Eduardo Talamini, *Novos Aspectos da Jurisdição Constitucional Brasileira: Repercussão Geral, Força Vinculante, Modulação dos Efeitos do Controle de Constitucionalidade e Alargamento do Objeto do Controle Direto*, p. 68.
6. Luiz Guilherme Marinoni e Daniel Mitidiero, *Repercussão Geral no Recurso Extraordinário*, p. 70. Na mesma linha, Bruno Dantas afirma que "é forçoso reconhecer que o legislador disse menos do que desejava. Para nós está claro que não existe aqui liberdade para que o presidente ou vice-presidente do tribunal *a quo* escolha o critério de seleção de causas conforme seu próprio juízo de oportunidade e conveniência. Antes, a interpretação desse dispositivo não pode ser outra que não a fixação de critério que leve em conta a robustez e a completude de argumentos na tentativa de demonstração da repercussão geral das questões constitucionais discutidas no caso" (*Repercussão Geral*, 3ª ed., p. 346). Para Gláucia Mara Coelho, "diante da falta de critério estipulado pela lei, prevalecerá a discricionariedade na escolha dos recursos paradigmas, que deverão atender ao menos a exigência de serem realmente representativos da controvérsia sobre a matéria constitucional" (*Repercussão Geral da Questão Constitucional no Processo Civil Brasileiro*, p. 140).
7. Luiz Guilherme Marinoni e Daniel Mitidiero, *Repercussão Geral no Recurso Extraordinário*, p. 71.

220 REPERCUSSÃO GERAL DAS QUESTÕES CONSTITUCIONAIS

Para tanto, defendem os autores acima citados que o STF deve ouvir entidades de classe, como, "por exemplo, OAB, MP, Defensoria Pública, etc.", para somente então proceder à escolha de quais os recursos a serem selecionados para a amostragem.[8]

Apesar de concordar que "as amostras enviadas ao STF devem revelar, de forma plena, a controvérsia que se busca dirimir", devendo ser enviados "tantos recursos quantos sejam necessários para a compreensão da questão", Guilherme Beux Azem posiciona-se contrariamente à oitiva de tais entidades, visto que, no julgamento pelo Plenário Virtual, já se admite a figura do *amicus curiae*, quando tais entidades poderão fornecer importantes elementos para a decisão. Segundo tal autor, não se poderia onerar excessivamente as instâncias inferiores.[9]

José Miguel Garcia Medina advoga pela possibilidade de que também o recorrente que teve seu recurso sobrestado possa se manifestar, "em razão da subida de recurso extraordinário 'com fundamento em idêntica controvérsia' interposto por outra pessoa".[10]

Além disso, como sugerido por Gláucia Mara Coelho,[11] entendemos salutar que, preferencialmente, devam ser selecionados recursos já admitidos no órgão *a quo*, evitando-se discussões acerca de um eventual julgamento por amostragem cujos recursos selecionados sequer tinham presentes todos os pressupostos de admissibilidade recursal.[12]

Outra observação relevante consiste na necessidade de que a seleção do grupo de processos por amostragem seja realizada com fundamento não apenas nas razões dos respectivos recursos extraordinários, mas, principalmente, também na decisão recorrida e nas razões de defesa da parte recorrida, pois são essenciais para delimitação da controvérsia e solução da questão pelo Supremo Tribunal Federal.

8. Defende essa ideia Gláucia Mara Coelho: "consideramos fundamental facultar a participação de terceiros (por meio da figura do *amicus curiae*) também nesse momento inicial de seleção dos recursos paradigmas" (*Repercussão Geral da Questão Constitucional no Processo Civil Brasileiro*, p. 141).

9. Guilherme Beux Nassif Azem, *Repercussão Geral da Questão Constitucional no Recurso Extraordinário*, p. 116.

10. José Miguel Garcia Medina, *Prequestionamento e Repercussão Geral*, p. 347.

11. Gláucia Mara Coelho, *Repercussão Geral da Questão Constitucional no Processo Civil Brasileiro*, pp. 140-141.

12. Para Guilherme José Braz de Oliveira, os recursos extraordinários paradigmas devem necessariamente passar pelo prévio juízo de admissibilidade antes de serem remetidos ao Supremo Tribunal Federal (*Repercussão Geral das Questões Constitucionais e suas Consequências para o Julgamento do Recurso Extraordinário*, p. 284).

JULGAMENTO DE RECURSOS MÚLTIPLOS (OU REPETITIVOS)   221

Neste sentido, o § 6º do artigo 1.035 do novo CPC inovou ao determinar que

"somente podem ser selecionados recursos admissíveis que contenham abrangente argumentação e discussão a respeito da questão a ser decidida".

Após a seleção do grupo de recursos que servirão ao procedimento de julgamento por amostragem, o órgão *a quo* determinará a remessa dos respectivos autos ao Supremo Tribunal Federal, em seguida determinando a suspensão do andamento de todos os demais recursos extraordinários existentes a respeito da mesma controvérsia constitucional, até que haja solução definitiva por parte do STF sobre a existência ou não de repercussão geral (art. 543-B, § 1º, do CPC-1973; art. 1.036, § 1º, do novo CPC).

5.2 Momento de sobrestamento dos recursos

Diante de mais uma omissão legislativa, a dúvida consiste em saber se o sobrestamento de recursos deve ser determinado antes ou depois do juízo de admissibilidade, isto é, se o tribunal *a quo*, antes de determinar o sobrestamento, deve se debruçar sobre os requisitos e pressupostos de admissibilidade do recurso extraordinário.

Para alguns autores,

a incidência do art. 543-B do CPC somente ocorrerá depois de exercido o juízo de admissibilidade prévio do RE, perante o tribunal *a quo*. Evidentemente, se estiverem ausentes os requisitos de admissibilidade aferíveis pelo tribunal *a quo*, não faz qualquer sentido a aplicação do art. 543-B, pois se estaria diante de caso de negativa de seguimento do RE, não havendo falar em remessas dos autos ao STF ou sobrestamento.[13]

Todavia, o juízo de admissibilidade consome bastante tempo do órgão *a quo*, de modo que não parece muito econômico realizar tal procedimento previamente ao sobrestamento, quando a decisão a ser proferida pelo Supremo poderá tornar prejudicados todos esses recursos, nos termos do § 2º do art. 543-B do CPC-1973 (art. 1.039, parágrafo único, do novo CPC), como melhor se explicará nos tópicos abaixo. Isto é, a depender do sentido da decisão da Corte, não fará diferença estarem presentes ou não os demais pressupostos de admissibilidade, pois a extensão dos efeitos aos

13. Bruno Dantas, *Repercussão Geral*, 3ª ed., p. 345.

222   REPERCUSSÃO GERAL DAS QUESTÕES CONSTITUCIONAIS

recursos sobrestados poderá acarretar que esses últimos sejam considerados prejudicados, havendo a consequente negativa de admissibilidade.

Por isso, entendemos que o sobrestamento deve ser determinado antes mesmo da decisão do órgão *a quo* quanto à admissibilidade dos recursos extraordinários repetitivos.[14] Aliás, trata-se da mesma solução aplicada quanto à retenção dos recursos interpostos contra as decisões interlocutórias, segundo previsto no art. 542, § 3º, da Lei Processual Civil.[15]

Ademais, parece-nos que nem mesmo os recursos por amostragem devem ter sido necessariamente admitidos. Como mencionado no tópico anterior, evidentemente, é preferível que assim seja. Contudo, não há exigência legal nesse sentido, e, em razão da prática viciada de alguns Tribunais – que sistematicamente negam seguimento a todo e qualquer recurso extraordinário, inclusive sob o fundamento de negativa de violação à Constituição, adentrando no mérito das controvérsias constitucionais ali recebidas –, entender desse modo implicaria a inviabilidade do julgamento por amostragem, pois restaria somente ao Supremo, praticamente de modo exclusivo, selecionar recursos por amostragem, quando do julgamento dos agravos interpostos pelos recorrentes.

E como se trata de um julgamento objetivo, entendemos que a questão constitucional debatida poderá ser decidida pelo Supremo Tribunal Federal mesmo que, eventualmente, todos os recursos selecionados não guardem condições de admissibilidade, no tocante aos demais pressupostos recursais. O que realmente se mostra imprescindível, segundo nosso pensamento, é que a controvérsia constitucional esteja bem posta e amplamente esmiuçada nas razões do recorrente, nas contrarrazões do recorrido e nos fundamentos da decisão (na maioria das vezes, o acórdão do Tribunal *a quo*) que se pretende reformar.

Sendo que foi este o procedimento determinado no art. 328-A do RISTF, introduzido pela Emenda Regimental 23/2008:

> nos casos previstos no art. 543-B, *caput*, do Código de Processo Civil, o Tribunal de origem não emitirá juízo de admissibilidade sobre os recursos extraordinários já sobrestados, nem sobre os que venham a ser interpostos, até que o Supremo Tribunal Federal decida os que tenham sido selecionados nos termos do § 1º daquele artigo.

14. Nesse sentido, Guilherme José Braz de Oliveira, *Repercussão Geral das Questões Constitucionais e suas Consequências para o Julgamento do Recurso Extraordinário*, p. 284.

15. Sem correspondência no novo CPC, que aboliu a sistemática de retenção de recursos extraordinário e especial interposto contra decisão interlocutória.

JULGAMENTO DE RECURSOS MÚLTIPLOS (OU REPETITIVOS)   223

E no § 1º ficou expresso que a eventual decisão do STF a respeito da repercussão geral, no julgamento por amostragem, implicará que os recursos sobrestados sejam julgados prejudicados, inclusive os agravos, confirmando que realmente se trata de medida de economia, evitando-se que recursos que inevitavelmente virão a ser considerados prejudicados e, portanto, inadmitidos por ausência de repercussão geral passem por um inútil juízo de admissibilidade perante o órgão *a quo*:

> nos casos anteriores, o Tribunal de origem sobrestará os agravos de instrumento contra decisões que não tenham admitido os recursos extraordinários, julgando-os prejudicados nas hipóteses do art. 543-B, § 2º, e, quando coincidente o teor dos julgamentos, § 3º.

Entretanto, não parece ter sido essa a opção do legislador, ao inserir o § 6º do art. 1.036 do novo CPC, com a determinação de que "somente podem ser selecionados recursos admissíveis".

5.3 Sobrestamento pelo Presidente do STF ou Ministro relator

Mas, além do Presidente do Tribunal *a quo*, também o Presidente do STF, ou o relator do recurso extraordinário, poderá dar início ao procedimento de julgamento de recursos extraordinários múltiplos. Essa possibilidade foi regulamentada no art. 328 do RISTF, estabelecendo que o Presidente do STF (ou o relator), quando constatar a *possibilidade* de a questão debatida no recurso protocolado, ou distribuído, reproduzir-se em outros recursos extraordinários, comunicará ao órgão *a quo*, para que seja observado o art. 543-B do CPC-1973 (art. 1.036, § 5º, do novo CPC):

> Art. 328. Protocolado ou distribuído recurso cuja questão for suscetível de reproduzir-se em múltiplos feitos, a Presidência do Tribunal ou o(a) Relator(a), de ofício ou a requerimento da parte interessada, comunicará o fato aos tribunais ou turmas de juizado especial, a fim de que observem o disposto no art. 543-B do Código de Processo Civil, podendo pedir-lhes informações, que deverão ser prestadas em 5 (cinco) dias, e sobrestar todas as demais causas com questão idêntica.

Ademais, também poderá o Presidente do STF, ou o relator do recurso extraordinário, determinar, diretamente, o sobrestamento de múltiplos recursos, quando já se encontrarem protocolados ou distribuídos diversos recursos extraordinários no Supremo, a respeito da mesma controvérsia constitucional.

224   REPERCUSSÃO GERAL DAS QUESTÕES CONSTITUCIONAIS

No caso do Presidente da Corte, determinará à Secretaria Judiciária que proceda à seleção de alguns e devolva os demais à origem, os quais nem mesmo deverão ser distribuídos. Quanto aos eventuais relatores, na hipótese de já ter havido distribuição, deverão submeter um único recurso de cada matéria ao Plenário Virtual, para decisão acerca da repercussão geral, devolvendo todos os demais, inclusive agravos, aos órgãos de origem, para que lá fiquem sobrestados, nos termos do art. 543-B do CPC-1973 (art. 1.036, §§ 1º e 5º, do novo CPC).

De acordo com o parágrafo único do art. 328 do RISTF:

quando se verificar subida ou distribuição de múltiplos recursos com fundamento em idêntica controvérsia, a Presidência do Tribunal ou o(a) Relator(a) selecionará um ou mais representativos da questão e determinará a devolução dos demais aos tribunais ou turmas de juizado especial de origem, para aplicação dos parágrafos do art. 543-B do Código de Processo Civil.

Cabe lembrar que todas as decisões a respeito do reconhecimento ou não de repercussão geral devem ser comunicadas pelo relator à Presidência do Supremo, para que em seguida seja dada a devida publicidade, "bem como formação e atualização de banco eletrônico de dados a respeito" (arts. 326 e 329 do RISTF).

5.4 Pedido das partes

O art. 328 do RISTF permite que o sobrestamento seja determinado não apenas de ofício pelo Presidente do STF ou do Ministro relator, mas também a requerimento da *parte interessada*.

Inicialmente, ao mencionar a parte interessada, ficam afastados os terceiros, ainda que interessados, visto que, por exclusão, não são partes. Dessa forma, entendemos que tal interesse será do próprio recorrente.[16]

Para tanto, deverá apresentar pedido de sobrestamento dos demais recursos, após demonstrar que o seu recurso possui condições de ser selecionado para julgamento por amostragem, pois ali está bem exposta a relevância e transcendência das questões constitucionais debatidas.

Caso verifique se tratar de controvérsia presente em múltiplos recursos extraordinários ou com possibilidade de assim vir a ser, caberá

16. Assim também, Guilherme José Braz de Oliveira, *Repercussão Geral das Questões Constitucionais e suas Consequências para o Julgamento do Recurso Extraordinário*, p. 285.

JULGAMENTO DE RECURSOS MÚLTIPLOS (OU REPETITIVOS)   225

ao Presidente do Supremo, ou ao Ministro relator, acatar o pedido do recorrente. Nesse caso, pode-se determinar que outros recursos também sejam selecionados, ou mesmo solicitar aos tribunais inferiores o envio de recursos sobre o mesmo tema.[17]

No entanto, não há um direito subjetivo dos recorrentes de que os seus próprios recursos sejam aqueles a serem selecionados para o julgamento por amostragem.[18] Compete exclusivamente ao órgão jurisdicional *a quo*, ao Presidente do STF ou ao Ministro relator selecionar quais os recursos serão selecionados, por meio de decisão irrecorrível[19] e segundo critérios a serem discricionariamente eleitos.[20]

O novo CPC previu a possibilidade de que o interessado possa requerer, ao presidente ou vice-presidente, que exclua da decisão de sobrestamento e inadmita o recurso especial ou o recurso extraordinário que tenha sido interposto intempestivamente (art. 1.036, § 2º).

A partir desse dispositivo, entendemos que a regulamentação trazida pelo novo CPC não implica qualquer óbice a que os interessados eventualmente requeiram o início do procedimento de julgamento de recursos repetitivos. Todavia, continuará a inexistir direito subjetivo a tanto, de modo que apenas a decisão proferida a respeito do pedido de exclusão de determinado recurso, por ser intempestivo, é que se sujeitará à interposição de agravo, conforme consta do § 3º do art. 1.036 do novo CPC.

5.5 Sobrestamento de recursos em que há mais de uma controvérsia constitucional

Outra questão tormentosa se refere ao possível sobrestamento de recursos extraordinários que versem sobre outras controvérsias constitu-

---

17. Eduardo Talamini, *Novos Aspectos da Jurisdição Constitucional Brasileira: Repercussão Geral, Força Vinculante, Modulação dos Efeitos do Controle de Constitucionalidade e Alargamento do Objeto do Controle Direto*, p. 70.

18. "Inexiste direito da parte à escolha de seu recurso para remessa ao Supremo Tribunal Federal para aferição, a partir dele, da existência ou da inexistência de repercussão geral. O ato de seleção procedido pelo Tribunal de origem, de conseguinte, não desafia qualquer recurso" (Luiz Guilherme Marinoni e Daniel Mitidiero, *Repercussão Geral no Recurso Extraordinário*, 2ª ed., p. 70).

19. Pedro Miranda de Oliveira, *Recurso Extraordinário e o Requisito da Repercussão Geral*, p. 363.

20. Trata-se, de acordo com nossa visão, de atividade administrativa praticada por órgãos jurisdicionais. Portanto, diferentemente da decisão acerca da existência, ou não, de repercussão geral (que sem dúvida alguma se refere ao exercício da jurisdição), entende-se que a seleção dos recursos-amostra deverá ocorrer por meio de critérios de conveniência e oportunidade do órgão incumbido dessa atividade.

226 REPERCUSSÃO GERAL DAS QUESTÕES CONSTITUCIONAIS

cionais, além daquela objeto de seleção para julgamento pelo STF, sob o procedimento do art. 543-B do CPC-1973 (art. 1.036 do novo CPC).

A princípio, a melhor solução seria entender que esse recurso não deverá ficar sobrestado na origem, pois o julgamento isolado da controvérsia jurídica selecionada pode não ser suficiente para definir a pretensão recursal. Melhor dizendo, pode haver multiplicidade de pretensões que não guardem entre si relação direta. Isso ocorrerá, por exemplo, se a controvérsia objeto do julgamento múltiplo guardar relação com algum pedido subsidiário ou acessório do recorrente. Nesse caso, eventual suspensão do recurso extraordinário apenas teria o condão de retardar a solução da lide.

Por outro lado, pode ocorrer o inverso, ou seja, a existência de diversas questões subordinadas a uma questão principal, a qual guarda identidade com o tema selecionado pelo STF para decisão em sede de repercussão geral. Diferentemente, nessa situação, o sobrestamento deverá ser acolhido.

Em resumo, se o recurso extraordinário versar sobre diversas questões constitucionais, havendo a determinação de sobrestamento a respeito de determinado tema pelo STF, tal recurso apenas deverá ser sobrestado na hipótese de se referir à questão principal levantada pelo recorrente. Por outro lado, não deverá haver sobrestamento se todas as questões forem autônomas ou se o tema selecionado pela Corte fizer referência a questões constitucionais subsidiárias, de acordo com a ordem de relevância das teses invocadas no recurso extraordinário.

De acordo com o art. 1.037, § 5º, do novo CPC, o sobrestamento terá a duração máxima de 1 ano, sendo que, findo o prazo, os processos e recursos sobrestados retomarão seu curso normal.

5.6 Meios de impugnação ao sobrestamento

A legislação processual e regulamentar a respeito do julgamento por amostragem não previu qualquer remédio contra a decisão que incorretamente determinar o sobrestamento de algum recurso.

Apesar disso, segundo José Miguel Garcia Medina, "havendo sobrestamento indevido da tramitação de algum recurso extraordinário pela presidência do tribunal *a quo*, deverá ser admitido agravo de instrumento para o STF (cf. artigo 544 do CPC)".[21] Posição seguida por Luiz

_____
21. José Miguel Garcia Medina, *Prequestionamento e Repercussão Geral*, p. 347.

JULGAMENTO DE RECURSOS MÚLTIPLOS (OU REPETITIVOS) 227

Rodrigues Wambier, Teresa Arruda Alvim Wambier,[22] Pedro Miranda de Oliveira,[23] Bruno Dantas[24] e Carolina Brambila Bega.[25]

Aliás, Bruno Dantas considera que, se houver sobrestamento indevido de agravo, então será cabível um novo agravo, dessa vez com a finalidade de dar prosseguimento ao primeiro agravo, e não ao recurso extraordinário inadmitido.[26]

Distintamente, Luiz Guilherme Marinoni e Daniel Mitidiero mencionam que, antes da interposição de agravo, "acaso determinado recurso seja sobrestado de maneira equivocada, a solução está em requerer-se, diretamente ao Tribunal de origem, demonstrando-se a diferença entre as controvérsias, via agravo regimental".[27]

Adotando um terceiro posicionamento, Fredie Didier Jr. e Leonardo José Carneiro concluíram que, "ao determinar o sobrestamento, o Presidente do Tribunal de origem restou por impedir o encaminhamento do caso para o STF. Cabível, então, a reclamação constitucional".[28] No entanto, ressalvam, "em homenagem ao princípio da instrumentalidade das formas", a possibilidade de se admitir "o agravo de instrumento (CPC, art. 544), ou, até mesmo, a medida cautelar, da mesma forma que sucede com a retenção ordenada indevidamente (CPC, art. 542, § 3º)".[29]

Por fim, considerando válidos todos os posicionamentos acima, Guilherme Beux Nassif Azem opina pela admissibilidade de medida cautelar, de reclamação, de agravo e também de simples petição, dirigidos ao STF. Para chegar a tal conclusão, recorre a "uma interpretação sistemática", buscando, "por similitude, a solução encontrada para os casos de retenção do recurso extraordinário, prevista no artigo 542, § 3º, do CPC". Solução também apontada como correta por Eduardo Talamini, o qual salienta que "a parte apenas tem o direito de atacar a indevida suspensão

---

22. Luiz Rodrigues Wambier, Teresa Arruda Alvim Wambier e José Miguel Garcia Medina, *Breves Comentários à Nova Sistemática Processual Civil 3*, p. 251.

23. Pedro Miranda de Oliveira, *Recurso Extraordinário e o Requisito da Repercussão Geral*, p. 366.

24. Bruno Dantas, *Repercussão Geral*, 3ª ed., p. 347.

25. Carolina Brambila Bega, *Repercussão Geral das Questões Constitucionais: Aspectos Processuais*, p. 136.

26. Bruno Dantas, *Repercussão Geral*, 3ª ed., p. 347.

27. Luiz Guilherme Marinoni e Daniel Mitidiero, *Repercussão Geral no Recurso Extraordinário*, p. 71.

28. Fredie Didier Junior e Leonardo José Carneiro, *Curso de Direito Processual Civil*, 7ª ed., vol. 3, p. 339.

29. Idem, ibidem.

228 REPERCUSSÃO GERAL DAS QUESTÕES CONSTITUCIONAIS

do andamento recursal, amparada na diversidade entre a questão versada no recurso-amostra e aquela veiculada no seu recurso".[30]

O Supremo, todavia, não tem admitido qualquer meio de impugnação judicial de tal decisão que seja direcionado à Corte, remetendo as partes sempre ao próprio órgão que proferiu a decisão de sobrestamento. De acordo com a fundamentação desses precedentes, não há previsão legal de recurso nesses casos, sendo que o sobrestamento e a inadmissão são provimentos distintos, com consequências também distintas, de modo que incabível a interposição do agravo previsto no art. 544 do CPC-1973. Ademais, a jurisdição da Corte apenas se iniciaria com a manutenção de decisão contrária ao entendimento firmado no julgamento de repercussão geral, conforme art. 543-B, § 4º, do CPC-1973 (art. 1.039, parágrafo único, do novo CPC). Assim, o simples sobrestamento de um recurso extraordinário seria medida estranha ao conhecimento do STF.[31]

30. Eduardo Talamini, *Novos Aspectos da Jurisdição Constitucional Brasileira: Repercussão Geral, Força Vinculante, Modulação dos Efeitos do Controle de Constitucionalidade e Alargamento do Objeto do Controle Direto*, p. 69.

31. "Bem examinados os autos, verifico a manifesta inadmissibilidade desta ação reclamatória. Consigno, inicialmente, que o sobrestamento do recurso extraordinário na origem é medida regularmente instituída pela sistemática da repercussão geral. A remessa do RE sobrestado ao Supremo Tribunal Federal somente encontra cabimento caso, após julgado o mérito do recurso paradigma, o tribunal de origem não venha a se retratar, conforme dispõem o art. 543-B do Código de Processo Civil e o art. 328-A do Regimento Interno desta Corte. Nesse mesmo sentido, confira-se a Rcl 12.127/SP, de minha relatoria. Ademais, o Supremo Tribunal Federal já se pronunciou, em mais de uma oportunidade, pelo não cabimento da reclamação ajuizada com o específico propósito de corrigir eventuais equívocos na aplicação, pelos Tribunais, do instituto da repercussão geral. Asseverou o Plenário, no julgamento da Rcl 7.569/SP, Rel. Min. Ellen Gracie, e do AI 760.358-QO/SE, Rel. Min. Gilmar Mendes, que a correção de possíveis desacertos deve ser realizada pelo próprio Tribunal de origem, 'seja em juízo de retratação, seja por decisão colegiada', já que 'não está exercendo competência do STF, mas atribuição própria' (grifei). Esse posicionamento foi posteriormente ratificado pelo Plenário desta Casa no julgamento de diversos feitos, dos quais aponto os seguintes: Rcl 9.471-AgR/MG, Rel. Min. Gilmar Mendes; Rcl 9.155-AgR/SP, Rel. Min. Ayres Britto; Rcl 11.250-AgR/RS, de minha relatoria; Rcl 12.124-AgR/PR, Rel. Min. Rosa Weber; Rcl 10.090-AgR/MA, Rel. Min. Dias Toffoli; Rcl 7.578-AgR/SP, Rel. Min. Joaquim Barbosa; Rcl 12.701-AgR/RJ, Rel. Min. Celso de Mello; e Rcl 15.165-AgR/MT, Rel. Min. Teori Zavascki. Os dois últimos precedentes citados possuem as seguintes ementas: 'Reclamação – Decisão que nega trânsito ao Recurso Extraordinário porque não reconhecida a existência de repercussão geral da matéria constitucional nele suscitada – Alegada usurpação da competência desta Suprema Corte – Inocorrência – Inadmissibilidade do uso da reclamação como

JULGAMENTO DE RECURSOS MÚLTIPLOS (OU REPETITIVOS)   229

Todavia, tais decisões parecem estar fundadas muito mais em razões de ordem prática do Tribunal do que na técnica processual. Ora, instituído um procedimento para amenizar a enorme quantidade de recursos julgada pela Corte, mediante a possibilidade de julgamentos por amostragem, realmente seria infrutífero se admitir recursos em cada um desses processos, apenas substituindo a causa de pedir recursal: em vez da reforma do acórdão, por contrariedade a dispositivos constitucionais, a reforma das decisões sobre a aplicação do próprio instituto. Tanto que é essa a *ratio decidendi* em diversos outros precedentes.[32]

Por outro lado, de forma coerente, o STF admite a interposição de embargos de declaração ou mesmo agravo regimental contra as decisões monocráticas de seus próprios Ministros, a respeito do sobrestamento de agravos e recursos extraordinários.[33]

instrumento destinado a questionar a aplicação, pelo tribunal de origem, do sistema de repercussão geral – Precedentes firmados pelo Plenário do Supremo Tribunal Federal (Rcl 7.547/SP, Rel. Min. Ellen Gracie – RCL 7.569/SP, Rel. Min. Ellen Gracie – AI 760.358-QO/SE, Rel. Min. Gilmar Mendes) – Incognoscibilidade da reclamação reconhecida pela decisão agravada – Legitimidade – Consequente extinção anômala do processo de reclamação – Recurso de Agravo improvido' (grifos meus). 'Constitucional e Processual Civil. Recurso Extraordinário. Decisão denegatória de seguimento. Ausência de repercussão geral da matéria reconhecida. não cabimento de recurso ou reclamação para o STF. 1. O Plenário desta Corte firmou o entendimento de que não cabe recurso ou reclamação ao Supremo Tribunal Federal para rever decisão do Tribunal de origem que aplica a sistemática da repercussão geral, a menos que haja negativa motivada do juiz em se retratar para seguir a decisão da Suprema Corte. Precedentes. 2. Agravo regimental a que se nega provimento' (grifos meus). No presente caso, prevalece, com maior razão ainda, a orientação já consolidada nesta Casa quanto à inadmissibilidade da via reclamatória, tendo em vista a inexistência, na origem, de qualquer decisão colegiada sobre a questão deduzida nestes autos. Veja-se que o reclamante, para esse fim específico, sequer provocou o Conselho Especial do TJDFT mediante a eventual interposição de agravo interno. Isso posto, nego seguimento a esta reclamação, nos termos do art. 21, § 1º, do RISTF, ficando prejudicada, por conseguinte, a apreciação do pedido de medida liminar" (Rcl 16.353/DF, rel. Min. Ricardo Lewandowski, j. 16.10.2013).

32. "Interposição para o Supremo Tribunal Federal de recurso contra aplicação da sistemática da repercussão geral. Inadmissibilidade. Agravo Regimental improvido. Não se conhece de agravo de instrumento, perante o Supremo Tribunal Federal, contra decisão que aplica sistemática da repercussão geral" (STF, AgR no AI 775.144/RS, rel. Min. Cezar Peluso, *DJe* 163, divulg. 24.8.2011).

33. A título exemplificativo: AgR no RE 540.257/SP, rel. Min. Marco Aurélio, *DJe* 20.6.2013; ED no RE 566.819/RS, rel. Min. Marco Aurélio, *DJe* 15.10.2013; AgR no RE 729.157/RS, rel. Min. Ricardo Lewandowski, *DJe* 10.9.2013.

230   REPERCUSSÃO GERAL DAS QUESTÕES CONSTITUCIONAIS

Todavia, esse panorama foi alterado pelo novo CPC, conforme já adiantado no capítulo 1.13.4.2.

Em um primeiro passo, foram ampliadas as hipóteses de cabimento de reclamação, que a partir da entrada em vigor da novel legislação processual poderá ser ajuizada para garantir a observância de precedente proferido em julgamento de casos repetitivos, assim como para, inversamente, garantir a não aplicação da tese aos casos que a ela não correspondam (*distinguishing*), conforme art. 988, inciso IV, e § 4º.

Ou seja, a parte irresignada poderá se insurgir diretamente ao STF ou ao STJ, conforme o caso, para requerer que sejam devidamente aplicados os precedentes firmados pelas Cortes em sede de julgamento de recursos repetitivos. E isso tanto para aplicação ou afastamento da aplicação dos precedentes.

Além disso, também será cabível a interposição de agravo, dirigido ao STF ou STJ, contra a decisão da presidência do Tribunal *a quo* que inadmitir recurso extraordinário ou recurso especial, respectivamente, sob fundamento de que o acórdão atacado coincide com a orientação do tribunal superior ou que reconheça a inexistência de repercussão geral da questão constitucional debatida (art. 1.042, incisos II e III)

A respeito do assunto, diversos ministros do Supremo Tribunal Federal estão preocupados com os arts. 988, inciso IV, e 1.042, incisos II e III, do novo CPC, justamente aqueles que permitem reclamação e agravos para discutir a boa aplicação, ou não, dos precedentes decorrentes do julgamento de recursos repetitivos, e já cogitam propor mudanças no novo CPC antes mesmo de sua entrada em vigor, em março de 2016.[34]

5.7 Medidas de urgência

No procedimento de julgamento por amostragem, é possível apontar a seguinte classificação de recursos: (i) recursos extraordinários selecionados para o julgamento como amostras; (ii) recursos extraordinários sobrestados por decisão do Presidente ou Ministro relator do Supremo e, em seguida, devolvidos às instâncias de origem, para aguardar decisão da Corte; (iii) recursos extraordinários sobrestados por decisão do Presidente ou Vice-Presidente do Tribunal de origem; (iv) agravos sobrestados por decisão do Presidente ou Ministro relator do Supremo; e (v) agravos

---

34 Notícia disponível em <http://jota.info/stf-discute-mudar-novo-cpc-antes-de-entrada-em-vigor>, acessado em 3.5.2015.

JULGAMENTO DE RECURSOS MÚLTIPLOS (OU REPETITIVOS)   231

sobrestados por decisão do Presidente ou Vice-Presidente do Tribunal de origem.

Com relação à tutela de urgência recursal, está garantida no art. 5º, XXXV, da Constituição, quando determina a inafastabilidade do Poder Judiciário para afastar também a *ameaça* a direitos, e no art. 800, parágrafo único, do CPC. De modo que entendemos desnecessários maiores comentários sobre a sua admissibilidade no Direito brasileiro.

No entanto, no que tange aos recursos dirigidos às Cortes Superiores, há muita divergência quanto à competência para apreciação de medidas urgentes, no interesse do recorrente. Basicamente, trata-se de pedidos de atribuição de efeito suspensivo a tais recursos, visto que, em regra, são recebidos apenas no efeito devolutivo, permitindo-se a execução (provisória) da decisão recorrida. Ou, então, de antecipação de efeitos da futura decisão reformadora a ser proferida pelos Tribunais *ad quem* (por alguns autores denominado de *efeito ativo*).

De acordo com a redação do parágrafo único do art. 800 do CPC-1973 (art. 299 do novo CPC), "interposto o recurso, a medida cautelar será requerida diretamente ao tribunal".

Assim, pela sua redação literal, a conclusão seria de que a competência para decidir a respeito de medidas de urgência nos recursos extraordinários e agravos já interpostos sempre pertenceria ao Supremo Tribunal Federal.

Porém, *defensivamente*, e sob o fundamento de que a eventual concessão de medidas de urgência poderia interferir no futuro juízo de admissibilidade pelo órgão *a quo*, o STF firmou jurisprudência (Enunciados 634 e 635[35]) no sentido de que somente adquire competência para tanto após a admissibilidade positiva do recurso extraordinário pelo Tribunal local ou o provimento do agravo contra decisão que não o admitiu na origem.[36]

---

35. Súmula 634. "Não compete ao supremo tribunal federal conceder medida cautelar para dar efeito suspensivo a recurso extraordinário que ainda não foi objeto de juízo de admissibilidade na origem."

Súmula 635. "Cabe ao presidente do tribunal de origem decidir o pedido de medida cautelar em recurso extraordinário ainda pendente do seu juízo de admissibilidade."

36. "Recurso. Extraordinário – Pretensão de atribuição de efeito suspensivo – Inadmissibilidade – Recurso ainda pendente de juízo local de admissibilidade – Súmulas 634 e 635 – Ação cautelar não conhecida – Agravo improvido – Precedentes – O Supremo adquire competência para apreciar pedido de tutela cautelar tendente a atribuir efeito suspensivo a recurso extraordinário, apenas desde quando seja este admitido pelo tribunal local ou por provimento a agravo contra decisão que o não

232   REPERCUSSÃO GERAL DAS QUESTÕES CONSTITUCIONAIS

Nesse contexto, parece correto afirmar que, no tocante aos recursos *selecionados* para amostragem, a competência será do STF logo após a decisão que determinar a seleção e sobrestamento dos demais.

As dificuldades surgem realmente quanto aos recursos sobrestados, notadamente quando a decisão determinando a sua suspensão advém do próprio Supremo.

Para Eduardo Talamini, nesses casos, "a competência para a tutela recursal urgente deve ser do órgão *a quo* onde os recursos encontram-se sobrestados".[37] Para tanto, considera que o mecanismo visa justamente dispensar o Supremo do exame direto e formal de uma multiplicidade de recursos, de forma que não haveria coerência se então tivesse de examinar essa mesma multiplicidade sob forma de pedidos cautelares incidentais.

Por outro lado, se o entendimento firmado pelo próprio Supremo é no sentido de que, após o juízo de admissibilidade positivo do recurso extraordinário ou provimento do agravo, a competência para exame de questões urgentes deixa de ser do órgão *a quo*, parece difícil justificar tecnicamente que recursos nessas circunstâncias, mas tão somente sobrestados e aguardando julgamento, voltem a ficar sujeitos à competência do órgão *a quo*.

Ora, se antes o argumento se justificava pela necessidade de não se interferir no juízo de admissibilidade, agora o problema pode ser justamente inverso: em razão do juízo de admissibilidade negativo, caso tenha ocorrido provimento do agravo pelo Supremo, é razoável se entender que eventuais medidas cautelares teriam menos chances de sucesso se decididas pela mesma autoridade que entendeu que o recurso interposto sequer deveria ter sido admitido.

Assim, em que pese a ausência de regulamentação legal específica sobre o tema, entendemos que a competência para a tutela cautelar não deve ser alterada apenas em razão do sobrestamento dos recursos. Aliás, como se verá, o andamento posterior dos recursos sobrestados não será necessariamente influenciado pela decisão que vier a ser proferida pelo STF, pois nem sempre haverá vinculatividade. Isto é, pode ser que o recurso seja novamente remetido do tribunal de origem, onde se encon-

admitiu na origem" (STF, 2ª Turma, AC 1.682 MC-AgR/SP, rel. Min. Cezar Peluso, *DJe* 9.9.2010).

37. Eduardo Talamini, *Novos Aspectos da Jurisdição Constitucional Brasileira: Repercussão Geral, Força Vinculante, Modulação dos Efeitos do Controle de Constitucionalidade e Alargamento do Objeto do Controle Direto*, p. 72.

JULGAMENTO DE RECURSOS MÚLTIPLOS (OU REPETITIVOS)   233

tra sobrestado, para o Supremo Tribunal Federal, para que haja regular prosseguimento.

O novo CPC visa a colocar um ponto final em tais discussões, regulando a competência para apreciação de pedidos de concessão de efeito suspensivo a recursos extraordinário ou especial nos seguintes termos:

> Art. 1.029. (...). § 5º. O pedido de concessão de efeito suspensivo a recurso extraordinário ou a recurso especial poderá ser formulado por requerimento dirigido:
>
> I – ao tribunal superior respectivo, no período compreendido entre a interposição do recurso e sua distribuição, ficando o relator designado para seu exame prevento para julgá-lo;
>
> II – ao relator, se já distribuído o recurso;
>
> III – ao presidente ou vice-presidente do tribunal local, no caso de o recurso ter sido sobrestado, nos termos do art. 1.037.

Sendo que o art. 1.037 trata justamente do sobrestamento de recursos em razão do julgamento dos recursos extraordinário e especial repetitivos.

5.8 Participação do "amicus curiae" no julgamento de mérito dos recursos por amostragem

Quando autorizou a intervenção do *amicus curiae*, a Lei 11.418 apenas mencionou o momento de julgamento da repercussão geral, nada dizendo a respeito de sua possível intervenção no julgamento do mérito dos recursos, no procedimento por amostragem.

No entanto, diante da expansão dos efeitos do referido julgamento também no que tange aos recursos sobrestados, poderá haver situação de vinculação do resultado, de forma que é razoável se admitir a presença do *amicus curiae* também nessa fase do procedimento, garantindo a maior amplitude possível de argumentos e pontos de vista. Aliás, salutar que diversos setores da sociedade possam expor suas opiniões aos Ministros do Supremo, não apenas quanto à repercussão geral, mas também quanto ao mérito das questões sob julgamento por amostragem.

Verificadas as razões para admissibilidade do *amicus curiae* na repercussão geral – ou seja, necessidade de que o resultado seja fruto da maior participação possível, garantindo ares democráticos aos efeitos do precedente sobre a existência ou não de repercussão geral sobre todos os demais recursos extraordinários a respeito da mesma controvérsia (art. 543-A, § 6º, do CPC-1973; art. 1.035, § 4º, do novo CPC) –, não haveria

234 REPERCUSSÃO GERAL DAS QUESTÕES CONSTITUCIONAIS

sequer sentido em se vedar a participação no procedimento do julgamento por amostragem.

De fato, o intuito do legislador foi praticamente idêntico: evitar que a mesma questão constitucional seja julgada mais de uma vez, seja em sede de repercussão geral, seja quando tiver sido submetida ao julgamento de mérito por amostragem. Por isso, ambos os precedentes sempre terão alguma vinculação em relação aos demais recursos extraordinários, razão pela qual se justifica a necessidade de autorizar a participação de pessoas e entidades além das próprias partes envolvidas no *recurso-amostra*.

Por isso, mesmo se já estiver superada a fase de aferição de repercussão, tendo ali sido emitido juízo positivo, permanece cabível a intervenção de *amicus curiae* para participar da discussão relativa ao mérito do recurso. Concebe-se que ele venha a apresentar razões tanto em prol do provimento quanto do desprovimento recursal.[38]

O novo CPC, mais uma vez, foi além das disposições previstas pela Lei 11.418 e, especificamente a respeito do julgamento de recursos extraordinários repetitivos, permitiu tanto a possibilidade de *amicus curiae* quanto de realização de audiências públicas convocadas pelo ministro relator:

Art. 1.038. O relator poderá:

I – solicitar ou admitir manifestação de pessoas, órgãos ou entidades com interesse na controvérsia, considerando a relevância da matéria e consoante dispuser o regimento interno;

II – fixar data para, em audiência pública, ouvir depoimentos de pessoas com experiência e conhecimento na matéria, com a finalidade de instruir o procedimento.

5.9 Competência para o julgamento de mérito

Para parte da doutrina,[39] após reconhecida a repercussão geral no julgamento de recursos extraordinários por amostragem, será do Pleno do STF a competência para o julgar do mérito da causa. "Afinal, é necessário que o julgamento reflita, da forma mais fiel possível, a posição firme do STF."[40] Nesse contexto, entende-se que seria esdrúxula a possibilidade de que o relator, monocraticamente, pudesse julgar o mérito dos recursos,

38. Idem, ibidem, p. 72.

39. Idem, ibidem, p. 75; Pedro Miranda de Oliveira, *Recurso Extraordinário e o Requisito da Repercussão Geral*, p. 372.

40. Pedro Miranda de Oliveira, *Recurso Extraordinário e o Requisito da Repercussão Geral*, p. 372.

JULGAMENTO DE RECURSOS MÚLTIPLOS (OU REPETITIVOS)   235

em decisão com projeção de efeitos a todos os demais recursos extraordinários a respeito da mesma controvérsia.

Contudo, trata-se de entendimento divergente, pois há quem defenda que as normas a respeito da repercussão geral não introduziram quórum específico para julgamento do mérito dos recursos extraordinários, seja em relação ao julgamento isolado ou ao julgamento por amostragem.

Dessa forma, uma vez vencida a etapa do reconhecimento da repercussão geral, deverá o recurso ser submetido ao Ministro relator, a quem cumprirá relatá-lo, em regra, mas podendo, nas hipóteses previstas no art. 557 do CPC-1973 (art. 932 do novo CPC), julgá-lo monocraticamente. Não sendo caso de julgamento monocrático, o relator enviará os autos para julgamento colegiado – pela respectiva Turma – conforme orientação do RISTF.[41]

Todavia, assim sendo, verifica-se injustificável distinção de quóruns: são exigidos três quartos dos votos (oito Ministros) para o reconhecimento da inexistência de repercussão geral e, eventualmente, apenas a posição de um único Ministro para o julgamento do mérito, sendo que ambas as decisões possuem efeitos *erga omnes*: a primeira, que decide sobre a repercussão geral, e a segunda, que decidirá a respeito do mérito e influenciará diretamente todos os demais recursos extraordinários sobrestados a respeito da mesma controvérsia.

O Supremo Tribunal Federal tem acolhido o primeiro entendimento, de modo que, após reconhecida a repercussão geral no procedimento de recursos múltiplos, cabe ao relator enviar o recurso para julgamento *em Plenário*.[42]

5.10 Consequências das decisões do STF proferidas no julgamento por amostragem

5.10.1 Repercussão geral negada

De acordo com o art. 543-B, § 2º, do CPC-1973 (art. 1.039, parágrafo único, do novo CPC), "negada a existência de repercussão geral, os recursos sobrestados considerar-se-ão automaticamente não admitidos".

41. Luiz Guilherme Marinoni e Daniel Mitidiero, *Repercussão Geral no Recurso Extraordinário*, 3ª ed., p. 61; Gláucia Mara Coelho, *Repercussão Geral da Questão Constitucional no Processo Civil Brasileiro*, p. 142.

42. Cf. roteiro de "questões práticas" do sítio eletrônico do Supremo Tribunal Federal, disponível em <http:// www.stf.jus.br/portal/cms/verTexto.asp?servico=jurisprudenciaRepercussaoGeral&pagina=processamentoMultiplo>, acesso em 1º.12.2013. Como exemplo, citam-se os seguintes precedentes: RE 559.937/RS, Tribunal Pleno, rel. Min. Ellen Gracie, j. 20.3.2013; RE 560.626, Tribunal Pleno, rel. Min. Gilmar Mendes, j. 12.6.2008; e RE 566.621/RS, Tribunal Pleno, rel. Min. Ellen Gracie, j. 4.8.2011.

236 REPERCUSSÃO GERAL DAS QUESTÕES CONSTITUCIONAIS

Isto é, se ao menos oito ministros entenderem que a controvérsia constitucional debatida nos recursos-amostras é desprovida de repercussão geral, negarão seguimento a tais recursos, sendo que tal decisão se estenderá também a todos os recursos sobrestados nos tribunais de origem. Assim sendo, serão reputados inadmitidos pela legislação processual, de modo que sequer serão encaminhados ao STF.

E tendo em vista que a lei expressamente prevê que os recursos sobrestados serão considerados "automaticamente não admitidos", o Supremo Tribunal Federal estará autorizado a negar seguimento de plano a tais recursos (art. 543-A, § 5º, do CPC-1973; art. 1.035, § 8º, do novo CPC), inclusive monocraticamente, tanto pela Presidência quanto pelos Ministros relatores, caso haja distribuição. A respeito dessa questão, parte da doutrina menciona que a decisão do STF sobre a inexistência de repercussão geral, no julgamento por amostragem, é vinculante.[43]

Contudo, conforme verificado no tópico 1.11, cuida-se de efeitos *erga omnes*, mas não vinculantes, pois contra tal *decisum* não caberá a propositura de reclamação constitucional, característica essencial das decisões que possuem efeitos vinculantes.[44]

Outra consequência, bem apontada por Luiz Guilherme Marinoni, consiste na dispensa do recorrente, "em sendo o caso, de interpor simultaneamente recurso extraordinário e recurso especial do acórdão local que se assenta em fundamento constitucional e infraconstitucional" (Súmula 126 do STJ).

Com efeito, uma vez existente precedente vinculante do STF no sentido de ser incabível o recurso extraordinário, não poderia o Superior Tribunal de Justiça negar seguimento a recurso especial sob fundamento de que o recorrente não interpôs ambos os recursos.

Ademais, vale ressaltar que, embora o dispositivo legal mencione que o precedente valerá para "todos os recursos sobre matéria idêntica"

---

43. "Há evidente vinculação horizontal na espécie" (Luiz Guilherme Marinoni e Daniel Mitidiero, *Repercussão Geral no Recurso Extraordinário*, p. 62). Além desses autores, assim entendem Pedro Miranda de Oliveira (*Recurso Extraordinário e o Requisito da Repercussão Geral*, p. 367) e Carolina Brambila Bega (*Repercussão Geral das Questões Constitucionais: Aspectos Processuais*, p. 143).

44. Com relação ao sistema introduzido pelo novo CPC, embora ainda não tenha entrado em vigor, já existe muita controvérsia sobre a vinculatividade, ou não, da decisão que aplica ou afasta precedentes proferidos em julgamento de recursos extraordinário e especial repetitivos, visto que se trata de hipótese de cabimento de reclamação constitucional, nos termos do artigo 988, inciso IV, do novo CPC. Vide capítulo 1.13.

JULGAMENTO DE RECURSOS MÚLTIPLOS (OU REPETITIVOS)   237

(art. 543-A, § 5º, do CPC-1973; art. 1.035, § 8º, do novo CPC), não é exatamente a *matéria idêntica* que precisa ser observada, mas sim a *controvérsia idêntica*, pois "a matéria pode ser a mesma, embora a controvérsia exposta no recurso extraordinário assuma contornos diferentes a partir desse ou daquele caso. O termo 'matéria' é evidentemente mais largo que 'controvérsia'".[45]

5.10.2 Repercussão geral reconhecida

Por outro lado, na hipótese de reconhecimento da repercussão geral, a resposta do legislador foi sensivelmente distinta, pois foi preciso tratar das diversas situações possíveis após a questão ser decidida pela Corte. Isso porque o reconhecimento de tal pressuposto de admissibilidade poderá levar ao julgamento de mérito, cujos efeitos também se pretenderam estender aos demais recursos sobre a mesma controvérsia, no tocante ao julgamento por amostragem, evitando-se que questões idênticas continuem sendo repetidamente julgadas pelo STF.

Os §§ 3º e 4º do art. 543-B do CPC-1973 (arts. 1.039 e 1.041 do novo CPC) regulamentam os efeitos das decisões do STF após eventual reconhecimento da existência de repercussão geral, no julgamento de recursos extraordinários múltiplos. Em síntese, introduziu-se uma solução *sui generis* no direito processual brasileiro, prevendo-se a possibilidade de retratação por parte do órgão que prolatou a decisão recorrida.

Após reconhecida a repercussão geral sobre a questão constitucional, a Corte prosseguirá o julgamento por amostragem, em seguida devolvendo-se os autos dos recursos-amostra para o Ministro relator, quando se iniciará o julgamento de mérito. Com o julgamento, o Supremo terá constituído o *leading case*, cuja solução deverá ser observada quanto aos recursos sobrestados.

Dessa forma, em síntese: (i) se a decisão proferida pelo STF tiver confirmado a tese encampada pelo acórdão recorrido, o tribunal local (ou turma recursal, conforme o caso) julgará prejudicado o recurso extraordinário sobrestado; (ii) se a decisão do Supremo tiver adotado tese contrária àquela veiculada na decisão impugnada, o tribunal local (ou turma recursal) poderá se retratar, quando então atenderá à pretensão da parte que interpôs o recurso que ficara sobrestado; ou (iii) ainda diante da hipótese de tais decisões serem conflitantes, se o tribunal local deixar de

---

45. Luiz Guilherme Marinoni e Daniel Mitidiero, *Repercussão Geral no Recurso Extraordinário*, p. 63.

238   REPERCUSSÃO GERAL DAS QUESTÕES CONSTITUCIONAIS

se retratar, mantendo a decisão recorrida, deverá em seguida determinar a remessa dos recursos até então sobrestados para julgamento pelo STF, quando o Presidente ou Ministro relator poderá liminarmente cassar ou reformar o acórdão contrário à orientação firmada pela Corte no julgamento dos recursos representativos da controvérsia.

Quanto à extensão dos efeitos de tais possíveis decisões, para Luiz Guilherme Marinoni,

se houver clara identificação da *ratio decidendi* utilizada pelo Supremo Tribunal Federal para o julgamento de mérito da questão a ele apresentada, há mesmo vinculação jurídica, em sentido vertical, dos Tribunais de origem, à decisão do Supremo.[46]

Nesse passo, Pedro Miranda inclusive considera que "também as decisões que afirmem a existência de repercussão geral deverão ter efeito vinculante",[47] justamente para que a Corte não precise se pronunciar diversas vezes a respeito da mesma controvérsia.

5.10.3 Recurso prejudicado

Como mencionado acima, o § 3º do art. 543-B do CPC-1973 (art. 1.039 do novo CPC) prevê que, "julgado o mérito do recurso extraordinário, os recursos sobrestados serão apreciados pelos Tribunais, Turmas de Uniformização ou Turmas Recursais, que poderão declará-los prejudicados ou retratar-se".

Por recurso prejudicado entende-se aquele cujo interesse recursal que existia no momento de interposição não mais se faz presente, como na hipótese de juízo de retratação no agravo de instrumento (art. 529 do CPC-1973; art. 1.018, § 1º, do novo CPC) ou superveniente causa de inutilidade do provimento jurisdicional que se busca.

Diante disso, alguns autores criticam a terminologia utilizada pelo referido dispositivo legal, visto que, a princípio, tal hipótese de inadmissibilidade do recurso está condicionada a razões de mérito, e não ao interesse processual:

---

46. Luiz Guilherme Marinoni e Daniel Mitidiero, *Repercussão Geral no Recurso Extraordinário*, p. 74.

47. Pedro Miranda de Oliveira, *Recurso Extraordinário e o Requisito da Repercussão Geral*, p. 368.

JULGAMENTO DE RECURSOS MÚLTIPLOS (OU REPETITIVOS)   239

a rigor, o Presidente ou Vice-Presidente do tribunal de origem deveria declarar o recurso inadmissível e não prejudicado. O recurso ficará prejudicado apenas na outra hipótese prevista no referido dispositivo: na hipótese de *retratação*. Daí, sim, o recurso restará prejudicado ante a evidente perda de objeto.[48]

No entanto, há quem aponte a correção do termo utilizado, pois, como a tese contida na decisão recorrida foi a mesma acolhida pelo STF, a lei estaria afirmando que não há interesse recursal.[49]

Ademais, cabe salientar que a referida norma é dirigida ao Presidente ou Vice-Presidente do órgão *a quo*, a quem compete realizar o juízo de admissibilidade e também verificar a situação dos recursos sobrestados após o julgamento dos recursos-amostra pelo Supremo, quando a tese tiver sido a mesma encampada pela decisão recorrida.

Trata-se de evidente extensão dos limites subjetivos da decisão proferida no julgamento por amostragem, pois, além das partes envolvidas nos recursos-amostra, aqueles que litigam nos processos sobrestados e os que no futuro vierem a interpor recursos extraordinários a respeito da mesma controvérsia estarão sujeitos aos efeitos desse precedente do Supremo.

5.10.4 *Juízo de retratação pelo Tribunal de origem*

No caso de a solução dada ao *leading case* pelo STF ser distinta da tese adotada pela decisão recorrida e objeto do recurso sobrestado, previu-se a possibilidade de o órgão *a quo* retratar-se.

Inicialmente, cuidando-se de *retratação*, parece que apenas o órgão responsável pelo anterior julgamento é que terá competência para tanto, não podendo, assim, o Presidente ou Vice-Presidente do tribunal de origem realizar tal análise; deve, na realidade, determinar a devolução do recurso ao respectivo órgão (geralmente alguma câmara ou turma recursal).

Quanto à possibilidade de retratação, corresponde a uma inovação de nosso sistema processual, pois não há instituto similar, no qual o julgamento de mérito pelo tribunal *ad quem* acarrete a possibilidade de retratação do órgão *a quo*, quando inclusive já existe recurso pendente de julgamento. E até mesmo quando o recurso extraordinário interposto não

48. Idem, ibidem, p. 370.
49. Guilherme Beux Nassif Azem, *Repercussão Geral da Questão Constitucional no Recurso Extraordinário*, p. 118.

240 REPERCUSSÃO GERAL DAS QUESTÕES CONSTITUCIONAIS

foi admitido, havendo agravo de inadmissão sobrestado, ou seja, espécie de recurso que sequer foi interposta perante o juízo prolator da decisão que poderá ser retratada.

Estudando o assunto, Pedro Miranda de Oliveira concluiu que "foi conferido ao recurso extraordinário um efeito regressivo".[50] Vanice Lírio do Valle menciona que tal sistemática "inovou profundamente", "revertendo o efeito preclusivo que decorreria da entrega da prestação jurisdicional pelo Tribunal *a quo*".[51]

5.10.5 Manutenção da decisão recorrida

Conforme o § 4º do art. 543-B do CPC-1973 (art. 1.041 do novo CPC), "mantida a decisão e admitido o recurso, poderá o Supremo Tribunal Federal, nos termos do Regimento Interno, cassar ou reformar, liminarmente, o acórdão contrário à orientação firmada".

O que pretendeu o legislador foi impor a admissibilidade do recurso extraordinário na hipótese de não haver juízo de retratação, apesar da decisão decorrente do julgamento por amostragem ter acolhido tese diversa daquela exposta na decisão objeto do recurso sobrestado.

E assim ocorrendo, após ser recebido no STF, tanto o Presidente da Corte quanto os Ministros poderão proferir decisão monocrática e liminar, cassando ou reformando o acórdão contrário à orientação do precedente firmado.

5.11 Efeito vinculante da decisão do STF no julgamento por amostragem?

Como analisado, após o envio dos recursos representativos, duas situações poderão ocorrer: o STF negará ou admitirá a repercussão geral quanto à controvérsia identificada. Se negar a repercussão geral, prevê o § 2º do art. 543-B (art. 1.039 do novo CPC) que automaticamente todos os recursos sobrestados também serão considerados não admitidos. Por outro lado, se admitida a existência da repercussão geral, seja pela Turma ou pelo Plenário, conforme o caso, e julgado o mérito, essa decisão também se aplicará aos recursos sobrestados.

---

50. Pedro Miranda de Oliveira, *Recurso Extraordinário e o Requisito da Repercussão Geral*, p. 369.
51. Vanice Lírio do Valle, "Repercussão geral: um passo a mais na difícil trilha de construção da vinculatividade das decisões judiciais", *Revista EMERJ*, n. 1, p. 151.

JULGAMENTO DE RECURSOS MÚLTIPLOS (OU REPETITIVOS)   241

É o que está previsto no § 3º do mencionado dispositivo legal (art. 1.039 do novo CPC). Após o julgamento do mérito dos recursos representativos (que, portanto, poderão ter sido providos ou não), os recursos sobrestados serão (re)apreciados pelos Tribunais, Turmas de Uniformização ou Turmas Recursais, as quais poderão declará-los prejudicados, se a decisão do STF estiver conforme as razões do acórdão recorrido, ou se retratar, se a decisão do STF estiver conforme as razões do recurso.

Ou seja, diante dessa hipótese de entendimento diverso do STF com relação ao posicionamento do Tribunal *a quo*, é certo que a decisão quanto ao mérito dos recursos representativos implicará a revisão do acórdão objeto dos recursos extraordinários, esses últimos dirigidos ao STF. Podendo essa revisão ser realizada pelo próprio órgão julgador *a quo* ou liminarmente pelo Ministro relator, ou mesmo pelo Presidente do Supremo, após o recebimento do recurso pela Corte.

De fato, segundo previsto no § 4º, se mantida a decisão e admitido o recurso extraordinário então sobrestado, o Ministro relator do STF poderá cassar ou reformar liminarmente a decisão contrária à orientação firmada quando do julgamento dos recursos extraordinários representativos (arts. 932 e 1.041 do novo CPC).

Contudo, diante da complexidade do procedimento e das questões que porventura podem surgir no dia a dia do Supremo, nota-se que a Lei 11.418 poderia ter sido mais minuciosa. Discute-se, principalmente, se de fato há uma vinculação quanto ao mérito dos recursos extraordinários sobrestados.

Vanice Lírio do Valle,[52] chamando essa vinculação de "insinuada", pois tende a subordinar a revisão dos acórdãos objeto dos recursos sobrestados pelos próprios Tribunais prolatores, concluiu que tal previsão seria inconstitucional, por falta de previsão expressa em nossa Carta Magna. Ademais, segundo entende a autora, poderiam ocorrer situações em que o quórum de dois terços, constitucionalmente eleito para a vinculação das decisões do STF (súmulas vinculantes e repercussão geral, conforme arts. 102, § 3º, e 103-A da Constituição), não seria observado no julgamento do mérito, que pode ocorrer mediante maioria simples da Turma julgadora.

Por outro lado, sem tecer maiores críticas, Barbosa Moreira[53] parece interpretar a aludida norma no sentido de que, se houver desconformidade entre o pronunciamento de mérito do STF e o pronunciamento

52. Idem, ibidem, pp. 129-157.
53. José Carlos Barbosa Moreira, *Comentários ao Código de Processo Civil. Arts. 476 a 565*, 14ª ed., vol. V, p. 620.

242 REPERCUSSÃO GERAL DAS QUESTÕES CONSTITUCIONAIS

do acórdão objeto do recurso sobrestado, será aberta ao órgão *a quo* a alternativa entre se retratar ou manter a decisão recorrida, nessa última hipótese admitindo o recurso então sobrestado. E, uma vez admitido o recurso, poderá ocorrer a eventual cassação ou reforma monocrática pelo Ministro relator.

Mas a verdade é que a doutrina ainda não se pacificou quanto à extensão dos efeitos da decisão que, após reconhecida a repercussão geral, analisa e julga o mérito das razões postas nos recursos extraordinários múltiplos. Questiona-se se essa decisão apenas terá influência sobre os recursos sobrestados ou se também vinculará os futuros recursos que vierem a ser interpostos.

Para Eduardo Talamini,[54] essa vinculação estaria limitada apenas aos recursos sobrestados. Contudo, outros autores, entre os quais Guilherme José Braz,[55] propõem que os acórdãos da Corte Constitucional se tornem verdadeiros precedentes, de modo a realmente balizarem os julgamentos de outros processos, com isso aliviando a carga de recursos que são remetidos ao STF. Analisando a questão, Elaine Harzheim Macedo[56] concluiu que as decisões com repercussão geral ultrapassam a carga subjetiva do caso concreto, carregando em si uma espécie de cláusula geral.

De nossa parte, entendemos que, na realidade, não se trata realmente de efeito vinculante dos enunciados de repercussão geral ou mesmo dos julgamentos de mérito no procedimento por amostragem.

Em primeiro lugar, não houve tal previsão por parte do constituinte reformador, o que nos parece ser elemento necessário para a eficácia vinculante, visto que corresponde a situação atípica em nosso sistema e, portanto, apenas poderia ser admitida mediante disposição expressa. Aliás, a EC 3/1993 parece ter deixado clara essa interpretação, visto que expressamente atribuiu efeitos "contra todos e vinculantes" às decisões proferidas nas ações diretas de constitucionalidade. Ora, não se admitindo que o legislador se valha de termos inúteis, a adoção de ambas as expressões "eficácia contra todos" e "eficácia vinculante" demonstra que se trata de institutos distintos, ainda que, como já nos posicionamos, sejam efeitos afins.

---

54. Eduardo Talamini, *Novos Aspectos da Jurisdição Constitucional Brasileira: Repercussão Geral, Força Vinculante, Modulação dos Efeitos do Controle de Constitucionalidade e Alargamento do Objeto do Controle Direto.*

55. Guilherme José Braz, *Repercussão Geral das Questões Constitucionais e suas Consequências para o Julgamento do Recurso Extraordinário.*

56. Elaine Harzheim Macedo, "Os tribunais superiores e os novos óbices recursais".

JULGAMENTO DE RECURSOS MÚLTIPLOS (OU REPETITIVOS)   243

A outra razão, que nos levou à conclusão acima, refere-se à impossibilidade de ajuizamento de reclamação contra eventual decisão que desrespeitar precedente do STF quanto à existência ou inexistência de repercussão geral, bem como a decisão de mérito prolatada no julgamento por amostragem do art. 543-B do CPC-1973.[57] Ao contrário, a Lei 11.418/2006 previu que o órgão *a quo* poderá se retratar ou manter a decisão anterior, na hipótese de precedente em sentido distinto por parte do Supremo Tribunal Federal, no que tange ao julgamento por amostragem. Ora, caso tal decisão fosse dotada de efeitos vinculantes, tal solução seria absurda, visto que o órgão *a quo* necessariamente teria que seguir o precedente. E, caso assim não agisse, estaria sujeito à propositura de reclamação constitucional, tal como ocorre no tocante às súmulas vinculantes.

Dessa forma, afastada a eficácia vinculante das decisões do STF proferida no julgamento da repercussão geral, é possível concluir que tais decisões, na verdade, são dotadas de efeitos *erga omnes*, isto é, contra todos, na medida em que as decisões proferidas sempre repercutirão no julgamento dos demais recursos extraordinários a respeito da mesma controvérsia constitucional. Assim, em razão da evidente abstrativização do julgamento de tais recursos, as decisões do STF passam a ser proferidas "com força de lei", devendo ser observadas por todos, e não apenas pelas partes litigantes nos recursos que originaram tais precedentes de nossa mais alta Corte.

E, aliada a tais efeitos, a regulamentação da repercussão geral desde o início permitiu que os órgãos jurisdicionais envolvidos com o processamento de recursos extraordinários pudessem proferir decisões monocráticas com a finalidade de aplicação de decisões anteriores do Supremo. Há, na realidade, uma somatória de institutos: a eficácia *erga omnes* e uma espécie de súmula impeditiva de recursos.

Contudo, distintamente do procedimento das ações coletivas, não há restrição quanto à legitimidade nem ressalvas quanto à eficácia desses eventuais precedentes, visto que tanto as decisões que reconhecem quanto aquelas que negam a repercussão geral sobre determinada questão constitucional serão aplicadas a todos os outros casos sobre a mesma controvérsia.

57· Questão essa que, repise-se, ganhará relevância a partir da entrada em vigor do novo CPC, prevista para 18 de março de 2016, em razão da previsão de reclamação constitucional contra as decisões que aplicarem os precedentes decorrentes do julgamento de recursos extraordinários repetitivos (art. 988, inciso IV, do novo CPC). Vide capítulo 1.13.

244   REPERCUSSÃO GERAL DAS QUESTÕES CONSTITUCIONAIS

Portanto, entendemos que as decisões proferidas no julgamento de repercussão geral geram efeitos *erga omnes*, mas com certas especificidades que os distinguem sutilmente dos efeitos das decisões proferidas contra todos em outras espécies de procedimentos. A determinação de formação de enunciados (art. 543-A, § 7º, do CPC; art. 1.035, § 11, do novo CPC) também se refere a mais uma dessas especificidades, visto que se assemelham aos enunciados sumulares, mas com efeitos mais fortes que as meras súmulas de persuasão e sem a vinculatividade que caracteriza as súmulas vinculantes.

5.12   O problema dos recursos extraordinários sobrestados a princípio inadmissíveis: coisa julgada inconstitucional?

A par dessas discussões, também não está claro na legislação se a vinculação prevista no art. 543-B, §§ 3º e 4º, do CPC-1973 (arts. 1.039 e 1.041 do novo CPC) prescinde da admissibilidade do recurso extraordinário quanto aos demais pressupostos e requisitos, tais como tempestividade, prequestionamento, capacidade postulatória, entre outros.

O sobrestamento do recurso extraordinário interposto poderá ocorrer antes ou depois de eventual juízo de admissibilidade pelo Presidente do Tribunal *a quo*, ou mesmo diante da pendência de agravo de instrumento contra a decisão que porventura tiver negado seguimento ao recurso.

Nessas hipóteses, após o pronunciamento quanto ao mérito dos recursos extraordinários representativos, verificando eventual prejudicialidade do recurso extraordinário sobrestado, indaga-se se deverá o Tribunal *a quo* rever o acórdão recorrido, possivelmente se retratando, ou declarando prejudicada tal possibilidade, perante eventual trânsito em julgado.

Ou seja, surgem dúvidas sobre em que medida as decisões referentes à repercussão geral quantitativa são vinculativas, inclusive quando diante de eventual inadmissibilidade (por requisitos e pressupostos diversos da repercussão geral, já reconhecida pelo STF) dos recursos sobrestados, bem como qual a extensão de seus efeitos quanto aos processos futuros.

No Direito argentino, a teoria da *gravedad institucional* autoriza à Corte Suprema conhecer recursos extraordinários, apesar da ausência de requisitos comuns ou próprios, quando as questões debatidas excederem o mero interesse individual das partes e se projetarem sobre a comunidade. Dessa forma, a Corte poderia, por exemplo, superar deficiências formais na interposição do recurso, eventual ilegitimidade recursal ou mesmo a insubsistência das questões federais afirmadas.

JULGAMENTO DE RECURSOS MÚLTIPLOS (OU REPETITIVOS)   245

E o recurso extraordinário com fundamento na *gravedad institucional* tem sido admitido pela Corte Suprema justamente com relação a temas *institucionais*, de suma relevância para o Estado argentino: (i) preservação dos princípios constitucionais fundamentais (ampla defesa, propriedade, liberdade de imprensa, entre outros); (ii) inconstitucionalidade de normas; (iii) prestação de serviços públicos; (iv) divergência jurisprudencial; e (v) assuntos que afetam o bom funcionamento das instituições.[58]

No Direito brasileiro, não há regulamentação específica, pois nem a EC 45/2004, a Lei 11.418/2006 ou as emendas ao RISTF trataram do assunto.

Segundo Rodrigo Barioni, em opinião corroborada por Pedro Miranda de Oliveira,[59] se o recurso sobrestado não reunir condições de admissibilidade, será impossível o juízo de retratação, visto que "o recurso inadmissível não obsta a formação do trânsito em julgado da decisão".[60]

A respeito dessa questão, a 2ª Turma do Superior Tribunal de Justiça, nos autos do AI 1.230.236,[61] de relatoria do Ministro Campbell Marques, decidiu que:

> por mais que o objetivo da repercussão geral seja consolidar o exame da matéria num único julgamento considerando todas as premissas relacionadas ao tema; por mais que se defenda a objetivação do controle difuso, com a extensão dos efeitos do julgamento do recurso extraordinário para além dos litigantes, deve-se recordar que, mesmo as ações objetivas, guardadas as devidas adaptações, sujeitam-se às condições da ação e aos pressupostos processuais e, pois, qualquer recurso, inclusive aqueles sobrestados na origem devem se sujeitar ao juízo de admissibilidade.
>
> 3. Se a pretensão do recorrente estiver maculada no plano da existência ou da validade, o órgão responsável pelo julgamento não poderá apreciar o conteúdo da postulação, seja porque, pela lógica formal, o que juridicamente não existe não é elemento nem óbice de nada; seja porque, como regra, ato nulo não pode surtir efeitos jurídicos (como o efeito regressivo) e, mesmo que se reconheça que estes podem ser

58. Mirta Beatriz Valdez e Nelson Omar Monza, "Recurso extraordinario federal", pp. 475-476.

59. Pedro Miranda de Oliveira, *Recurso Extraordinário e o Requisito da Repercussão Geral*, p. 371.

60. Rodrigo Barioni, "Repercussão geral das questões constitucionais: observações sobre a Lei 11.418/2006", p. 227.

61. *DJ* 12.11.2012.

246   REPERCUSSÃO GERAL DAS QUESTÕES CONSTITUCIONAIS

gerados, não exsurgem justificativas válidas no ordenamento para a proteção deles no presente caso. Pelo contrário!

4. Não se pode, a pretexto de atingir uma igualdade formal simplista, a qual não mais encontra guarida no nosso sistema jurídico, dispensar os requisitos de admissibilidade dos extraordinários sobrestados na origem e desconsiderar que entre os jurisdicionados há aquele mais diligente, que se preocupou com esgotar previamente as instâncias ordinárias e fazer-se compreender em sua petição, prequestionou as questões suscitadas nas razões do recurso, resguardou-se contra os prazos extintivos, constituiu advogado e este, por sua vez, firmou a petição... Enfim, há o litigante que cumpriu essas e outras condições que, de uma forma ou de outra, encontram arrimo no texto constitucional, cujas normas não só asseguram a razoável duração do processo, mas amparam o devido processo legal, traçam as hipóteses do apelo extremo, protegem a segurança jurídica, o direito adquirido, o ato jurídico perfeito, a coisa julgada e a igualdade – esta em seu sentido material –, reconhecem o advogado como indispensável à administração da justiça, etc.

Tais posicionamentos decorrem do entendimento de que a norma do § 3º do art. 543-B do CPC-1973 (arts. 1.039 e 1.040, inciso II, do novo CPC) instituiu uma espécie de *efeito regressivo* aos recursos sobrestados, diante do julgamento de mérito por amostragem.

Por outro lado, seria possível entender que, salvo nas hipóteses de intempestividade motivada por erro grosseiro ou má-fé, caberia tal possibilidade de retratação a todos os recursos extraordinários sobrestados, pois o intuito do legislador é justamente permitir a aplicação do precedente do Supremo a cada um dos processos individuais ainda em trâmite.

Somam-se a tal argumento as constatações de que admitir a obrigatoriedade de juízo prévio de admissibilidade implicaria: (i) desperdício de tempo pela Presidência do Tribunal *a quo*, que seria obrigada a declarar a admissibilidade de um recurso natimorto, cujo próximo andar do procedimento destina-se à sua provável retratação; e (ii) contrariedade ao art. 5º, *caput* e inciso LXXVIII, da Constituição, impondo ao recorrente o trânsito em julgado de uma decisão inconstitucional, de forma não isonômica e levando-o à necessidade de propor ação rescisória, com a finalidade de alterar o acórdão objeto de seu recurso extraordinário reconhecido como sendo inadmissível.

Ressalta-se que apenas estarão sujeitos ao crivo da retratação recursos extraordinários debatendo questões constitucionais relevantes (uma vez reconhecida a repercussão geral), mostrando-se a primeira solução

JULGAMENTO DE RECURSOS MÚLTIPLOS (OU REPETITIVOS)   247

apontada exageradamente *formalista*, no sentido negativo do termo. A abstrativização do procedimento impõe que sejam relevadas questões processuais relacionadas à admissibilidade dos recursos sobrestados,[62] pois os valores relacionados com a isonomia e a segurança jurídica são preponderantes no julgamento da repercussão geral, instituto que veio a valorizar – e muito – a função paradigmática do Supremo Tribunal Federal.

O novo CPC procurou resolver a aludida questão da forma mais acertada. De acordo com o procedimento de "julgamento dos recursos extraordinário e especial repetitivos" entre os arts. 1.036 a 1.041, "decididos os recursos afetados, os órgãos colegiados declararão prejudicados os demais recursos versando sobre idêntica controvérsia ou os decidirão aplicando a tese" (art. 1.039). Cuida-se de disposição semelhante ao atual art. 543-B, § 3º, com a ressalva de não mais se valer do verbo "retratar", mas sim "decidir", na hipótese de a decisão do Supremo divergir daquela objeto do recurso sobrestado. Tanto é assim que, na sequência, diz o art. 1.040, inciso II, que, nessa hipótese,

> "o órgão que proferiu o acórdão recorrido, na origem, reexaminará o processo de competência originária, a remessa necessária ou o recurso anteriormente julgado, se o acórdão recorrido contrariar a orientação do tribunal superior".

Portanto, é possível concluir que o novo CPC estabeleceu verdadeira *condição resolutiva* dos acórdãos e decisões judiciais sujeitos à interposição de recurso especial ou extraordinário. De fato, até a decisão transitar em julgado, será provisoriamente reputada válida e eficaz, possibilitando inclusive a sua execução provisória. Mas, enquanto pendente mero juízo de admissibilidade de recurso especial ou extraordinário, ficará a todo momento sujeita a uma verdadeira condição resolutiva de existência, pois, em caso de se iniciar julgamento repetitivo a respeito das questões ali controvertidas perante o STF ou STJ, se a tese firmada pelos Tribunais Superiores divergir da decisão recorrida, será como se essa decisão nunca tivesse existido, cabendo ao órgão fracionário *reapreciar*, isto é, novamente decidir o meio de impugnação que deu origem à decisão objeto do recurso extraordinário ou especial.

Pela redação e intenção dos dispositivos, percebe-se que nem mesmo a intempestividade seria óbice para tal efeito, caso interposto recurso extraordinário ou especial (ainda que fora do prazo). Com efeito, como

---

62. Com exceção da intempestividade gritante ou eivada de má-fé.

248 REPERCUSSÃO GERAL DAS QUESTÕES CONSTITUCIONAIS

não há mais juízo de admissibilidade de recursos extraordinário e especial perante o tribunal *a quo,* sequer parece haver espaço no procedimento para que eventuais causas de inadmissibilidade sejam reconhecidas. A rigor, tais situações deveriam ser analisadas pelo Supremo Tribunal Federal, a quem exclusivamente compete, no rito do novo CPC, realizar o juízo de admissibilidade de recursos extraordinário (art. 1.030, parágrafo único, do novo CPC).

Contudo, o dispositivo deve ser interpretado de modo coerente com o sistema processual. Entendemos que o recurso extraordinário ou especial não possui natureza de ação rescisória, mantendo a sua vocação recursal. Assim, se transitada em julgado a decisão objeto do intempestivo recurso extraordinário, não se aplicará o efeito resolutivo da futura decisão da Corte Suprema, na hipótese de divergência de teses com relação à instância inferior.

A exceção ficaria por conta das hipóteses de erro justificável e/ou ausência de má-fé na interposição do recurso intempestivo, tal como se vem entendendo nos atuais precedentes do Superior Tribunal de Justiça[63] a respeito da contagem de prazo para a propositura de ação rescisória.

---

63. "O prazo para o ajuizamento da ação rescisória conta-se a partir da última decisão transitada em julgado, ainda que essa seja proferida quanto à inadmissibilidade ou intempestividade do recurso interposto, a não ser que haja erro grosseiro ou má-fé do recorrente" (STJ, 5ª Turma, AgRg no Ag 1.147.332/BA, rel. Min. Laurita Vaz, *DJe* 25.6.2012).

CONSIDERAÇÕES FINAIS

"Os efeitos da Emenda 45 se concentram de maneira muito forte no STF. Não há nada que indique que haja, de fato, uma redução da morosidade nos processos que beneficie os usuários do sistema de justiça como um todo."[1]

A partir da exposição realizada, apresenta-se a síntese de algumas das conclusões alcançadas:

1. Instituído pela Constituição de 1891, o Supremo Tribunal Federal corresponde ao órgão de cúpula do Poder Judiciário brasileiro, exercendo, assim, a imprescindível função de *guardião* da Constituição. Entretanto, no final do século passado, em razão do acréscimo de novas competências à Corte e das diversas mudanças sociais verificadas após o término da Segunda Guerra Mundial, o constituinte de 1988 se deparou com um Tribunal moroso, assolado de ações e recursos que há anos, e até mesmo há décadas, aguardam julgamento. Tendo em vista que as reformas legislativas anteriores não surtiram todos os efeitos desejados, entendeu-se necessária a criação do Superior Tribunal de Justiça, absorvendo boa parte das competências do STF.

Porém, nem mesmo o desmembramento da Corte foi suficiente para solucionar ou mesmo atenuar a crítica situação do Supremo Tribunal Federal. Assim, novas reformas processuais e estruturais do Poder Judiciário foram implementadas, culminando-se com a EC 45/2004, que introduziu a possibilidade de edição de súmulas vinculantes e a repercussão geral das questões constitucionais como técnicas visando ao descongestionamento do Supremo, por meio da valorização de seus precedentes.

1. *II Relatório Supremo em Números*, p. 16.

250 REPERCUSSÃO GERAL DAS QUESTÕES CONSTITUCIONAIS

Após quase dez anos de vigência da Lei 11.418/2006, estatuto regulamentador da repercussão geral, houve redução de aproximadamente 80% do número de recursos extraordinários anualmente distribuídos perante o Supremo Tribunal Federal.

2. O instituto da repercussão geral tem como origem, ou ao menos institutos de referência histórico-jurídica, o *writ of certiorari* do Direito norte-americano; o denominado *certiorari* argentino, decorrente da Lei 23.774/1990, que modificou os pressupostos de admissibilidade do *recurso extraordinario federal* do Direito argentino e determinou que a questão federal deve ser reputada, a juízo da Corte Suprema, *suficiente, substancial e transcendente*; a arguição de relevância aplicada no Brasil durante a vigência da Constituição de 1969; a relevância do fundamento da controvérsia constitucional como pressuposto de admissibilidade da arguição de descumprimento de preceito fundamental (Lei 9.882/1999); e a transcendência do recurso de revista, no direito processual do trabalho, conforme a MP 2.226/2001, introdutora do art. 896-A da CLT.

3. A repercussão geral corresponde a um requisito de admissibilidade do recurso extraordinário, sendo que não deve ser entendido como prévio ou prioritário em relação aos demais. Nessa linha, o art. 323 do RISTF determina que o Presidente deve submeter a repercussão geral aos demais Ministros somente quando não for o caso de inadmissibilidade do recurso por outra razão.

4. Quanto à sua natureza, corresponde a atividade jurisdicional do Supremo Tribunal Federal, não podendo ser entendida como discricionária, muito embora tenha o legislador se valido de conceitos jurídicos indeterminados para a sua conceituação. Há inegável amplitude de interpretação, mas o seu exercício será vinculado, fundamentado e sujeito a controle, não se podendo denominar tal atividade de discricionária.

5. Para configuração de repercussão geral é preciso que a controvérsia constitucional objeto do recurso extraordinário seja reputada relevante sob ao menos um dos seguintes aspectos: econômico, político, social ou jurídico. Além disso, a controvérsia necessita ultrapassar os interesses subjetivos da causa, caracterizando a sua transcendência. Ou seja, haverá repercussão geral diante de "relevância + transcendência". Nesse contexto, o principal aspecto que vem sendo reconhecido pelo STF corresponde ao econômico, visto que relativo às questões tributárias e administrativas, matérias essas que preponderam, no Supremo, sobre todos os demais ramos do Direito.

O STF tende a reconhecer a relevância de questões envolvendo direito tributário, regime de precatórios, condições de elegibilidade elei-

CONSIDERAÇÕES FINAIS 251

toral, direitos e garantias fundamentais, direitos dos servidores públicos federais, competência jurisdicional e legitimidade para propositura de ações constitucionais. Além disso, de forma pouco técnica, o Supremo historicamente se mostra propenso ao julgamento de temas relativos ao direito penal e processual penal. Nesse sentido, são diversos os temas cuja repercussão geral foi reconhecida, muito embora seja flagrante a infraconstitucionalidade da matéria debatida.

No que tange à transcendência, estará presente em razão da potencial projeção extraprocessual da matéria recursal. Mas não há um entendimento claro sobre seus parâmetros, não sendo rigorosamente necessário que a decisão possa atingir a todos os brasileiros nem que existam diversos recursos sobre o mesmo tema. Aliás, o fato de existir um único recurso extraordinário não justifica, por si só, o não reconhecimento da repercussão geral. O Supremo vem admitindo a transcendência das questões envolvendo temas tributários, discussões sobre regime dos precatórios, direitos fundamentais, enfim, temas que possam atingir qualquer cidadão brasileiro.

No entanto, em decisões criticáveis, a Corte vem reconhecendo a relevância e transcendência de controvérsias relativas a direitos de servidores federais, ao mesmo tempo em que dificilmente reconhece tal pressuposto nos recursos extraordinários debatendo a inconstitucionalidade de legislação estadual, a respeito de seus respectivos servidores. A justificativa de tais decisões consiste na afirmação de ausência de transcendência. Ora, a solução é criticável porque não há mais nem menos transcendência somente porque determinada controvérsia envolve servidores federais ao invés de servidores estaduais. Tais decisões parecem ter um viés político acentuado, na medida em que o Supremo estaria deixando de se imiscuir nas políticas (e, consequentemente, nos orçamentos) estaduais.

Outro aspecto a ser mencionado refere-se ao critério negativo utilizado pelos Ministros: a violação reflexa. Para se valer dos efeitos *erga omnes* previstos no art. 102, § 3º, da Constituição, o Supremo vem decidindo pela ausência de repercussão geral, quando a questão apresentada não corresponde a uma *questão constitucional* propriamente dita, pois envolve, na realidade, a interpretação do direito infraconstitucional. Nesses casos, sequer poderia haver julgamento em sede de repercussão geral, em razão da nítida inadmissibilidade do recurso por ausência de *questão constitucional.* Mas não é como se julgam tais casos. Com a finalidade de obstar recursos sobre os mesmos temas, as decisões acabam por ser proferidas no procedimento da repercussão geral. O art. 324, § 2º, do RISTF transformou tal situação em uma hipótese de presunção de inexistência de repercussão geral, formalizando a distorção do instituto.

252 REPERCUSSÃO GERAL DAS QUESTÕES CONSTITUCIONAIS

No mais, haverá presunção de repercussão geral nos casos de divergência com súmula ou jurisprudência do Supremo Tribunal Federal (art. 543-A, § 3º, do CPC-1973; art. 1.035, § 3º, inciso I, do novo CPC). Se verificada a hipótese, os Ministros não decidirão a respeito da existência ou inexistência de repercussão geral, mas se a jurisprudência dominante ou súmula invocadas pelo recorrente deve ser mantida ou alterada. Por se tratar de exceção, entendemos que apenas a lei pode determinar quais as situações de presunção, de forma que a situação acima atualmente é a única hipótese de presunção de repercussão geral.

Por outro lado, pode-se dizer que haverá *maior probabilidade* de reconhecimento da repercussão geral quando: (i) a controvérsia constitucional for idêntica ao objeto de alguma ação direta; (ii) houver divergência constitucional entre as instâncias inferiores; (iii) tratar-se de recurso extraordinário decorrente de ações coletivas; e (iv) estiver o recurso extraordinário fundado na hipótese do art. 102, III, "b", da Constituição, isto é, declaração de inconstitucionalidade de tratado ou lei federal.

Com o novo CPC, as hipóteses de presunção de repercussão geral foram ampliadas (art. 1.035, incisos II e III), de modo que, além da hipótese de recurso interposto contra decisão que contraria súmula ou jurisprudência dominante do STF, também haverá repercussão geral presumida nas hipóteses de recursos contra acórdão que (i) tenha sido proferido em julgamento de casos repetitivos ou (ii) tenha reconhecido a inconstitucionalidade de tratado ou de lei federal (art. 102, III, "b", da Constituição).

6. O Supremo Tribunal Federal vem decidindo pela irrecorribilidade das decisões proferidas no julgamento da repercussão geral, salvo eventual agravo regimental ou embargos de declaração dirigidos ao mesmo Tribunal prolator da decisão que se quer impugnar.

No entanto, a partir da entrada em vigor do novo CPC, serão cabíveis reclamação constitucional e agravo para discutir a aplicação dos precedentes do STF e STJ decorrentes do julgamento de recursos repetitivos (arts. 988, inciso IV e § 4º, e 1.042, incisos II e III, do novo CPC).

7. No julgamento por amostragem de recursos extraordinários repetitivos, determinado o sobrestamento dos recursos não selecionados como recursos-amostra, a competência para decisão a respeito de medidas de urgência deve ser mantida. Isto é, na hipótese de não haver juízo de admissibilidade pelo Tribunal de origem, permanecerá sendo desse último. Entretanto, se já existente o juízo positivo ou se interposto agravo contra a decisão negatória de seguimento, a competência pertencerá ao

CONSIDERAÇÕES FINAIS 253

Supremo Tribunal Federal, embora os autos estejam sobrestados junto aos Tribunais de origem.

O novo CPC, ao tratar do assunto no artigo 1.029, dispõe que o pedido de concessão de efeito suspensivo a recurso extraordinário poderá ser dirigido (i) ao tribunal superior respectivo, no período compreendido entre a interposição do recurso e sua distribuição, ficando o relator designado para seu exame prevento para julgá-lo; (ii) ao relator, se já distribuído o recurso; e (iii) ao presidente ou vice-presidente do tribunal local, no caso de o recurso ter sido sobrestado, em decorrência do procedimento de julgamento de recursos repetitivos.

8. Após reconhecida a repercussão geral no julgamento de recursos extraordinários múltiplos, a competência para decisão a respeito do mérito pertencerá ao Pleno do Supremo Tribunal Federal.

9. Decididos os recursos-amostra, poderão decorrer diferentes efeitos aos recursos sobrestados e que futuramente vierem a ser interpostos, a depender da decisão proferida. Se os Ministros entenderem que a questão não possui repercussão geral, todos os recursos sobrestados serão reputados inadmitidos.

Se reconhecida a repercussão geral, o tribunal local poderá: (i) julgar prejudicados os recursos sobrestados, quando houver identidade de teses; (ii) retratar-se, quando o STF tiver acolhido tese contrária, quando então se atenderá à tese exposta no recurso extraordinário; ou (iii) deixar de retratar-se, mantendo a decisão recorrida, quando em seguida deverá remeter os recursos sobrestados ao Supremo. O Presidente do STF ou o Ministro relator poderão, nesses casos, liminarmente cassar ou reformar o acórdão recorrido.

10. As decisões proferidas no julgamento da repercussão geral possuem efeitos *erga omnes.* Assim, as decisões são proferidas "com força de lei", devendo ser observadas por todos, e não apenas pelas partes. Nesse sentido, há evidente objetivação do recurso extraordinário.

Mas não são providas de efeitos vinculantes. Em primeiro lugar, porque não houve expressa previsão constitucional ou legal nesse sentido, de modo a justificar esse excepcional entendimento. Ademais, não é admissível a propositura de reclamação constitucional contra as decisões que desrespeitarem os precedentes do STF a respeito da repercussão geral ou decorrentes do julgamento por amostragem de recursos múltiplos. Sendo que a possibilidade de reclamação constitucional constitui característica indelével das decisões vinculantes.

254 REPERCUSSÃO GERAL DAS QUESTÕES CONSTITUCIONAIS

Em relação à pretendida *vinculação* por parte do art. 927 do novo CPC, tendo o legislador processual inclusive introduzido o cabimento de reclamação constitucional para observância de precedente proferido em julgamento de recursos extraordinários repetitivos (art. 988, inciso IV, do novo CPC), entendemos que não poderia mera lei ordinária atribuir força vinculante a determinadas decisões judiciais, tendo em vista o princípio da separação de poderes estampado no art. 2º da Constituição da República de 1988. Portanto, somente emenda constitucional poderia assim determinar, conforme se deu em relação às súmulas vinculantes introduzidas pela EC 45/2004 (art. 103-A da Constituição), de modo a se afastar a possibilidade de que o art. 927 do novo CPC implique a atribuição de força vinculante a todas as decisões judiciais ali elencadas.

Na realidade, apenas serão (quer dizer, continuarão sendo) vinculantes as decisões do Supremo Tribunal Federal decorrentes do controle concentrado de constitucionalidade e os enunciados de súmulas vinculantes, mas por expressa determinação constitucional (arts. 102, § 2º, e 103-A), e não porque enumerados nos incisos I e II do art. 927 do novo CPC.

11. A abstrativização do procedimento implica a possibilidade de retratação das decisões inferiores mesmo na hipótese de o recurso extraordinário sobrestado se verificar inadmissível, por questões outras que não a ausência de repercussão geral. Tendo em vista os princípios constitucionais da isonomia e da segurança jurídica, valorizados pelo instituto do art. 102, § 3º, da Constituição, não seria razoável se admitir a coisa julgada inconstitucional apenas porque determinado recurso sobrestado não demonstrava o prequestionamento ou não houve recolhimento integral de custas. A função paradigmática do STF, ressaltada pela repercussão geral, deve sobrepor-se a tais questões processuais menores. No entanto, esse entendimento não pode ser aplicado aos casos de má-fé ou erro grosseiro quanto à intempestividade do recurso extraordinário.

12. Grosso modo, tanto as súmulas vinculantes quanto as decisões no julgamento da repercussão geral possuem como principal característica a possibilidade de se obstar novas ações ou recursos sobre o mesmo tema já decidido, ou seja, ambos os institutos valorizaram a função paradigmática do Supremo Tribunal Federal. Todavia, diante das peculiaridades do procedimento da repercussão geral, não sendo cabível a propositura de reclamação constitucional nem de qualquer outro meio de impugnação diretamente ao STF, constata-se nítido desinteresse da Corte pela edição de súmulas vinculantes.

Com efeito, até julho de 2015, foram editadas 53 súmulas vinculantes. Por outro lado, os temas referentes à repercussão geral já alcançam

CONSIDERAÇÕES FINAIS 255

número superior de 830. Aliás, até mesmo a quantidade de precedentes decorrentes do julgamento de mérito por amostragem já corresponde a um número maior do que o de súmulas vinculantes, sendo de aproximadamente 250 decisões.[2] Diante disso, entende-se que tal constatação decorre da irrecorribilidade das decisões proferidas no contexto da repercussão geral. Realmente, o STF firmou jurisprudência no sentido de ser incabível qualquer recurso contra as decisões dos órgãos *a quo* na aplicação do instituto. Apenas contra as decisões de seus próprios ministros é que se admite agravo regimental ou embargos de declaração.

Diferentemente, cada decisão ou ato descumpridor de súmula vinculante poderá gerar uma reclamação diretamente no STF. Ou seja, ao contrário de todo o sistema recursal, que em regra passa por cada uma das instâncias do Judiciário brasileiro até a possibilidade de alcançar o Supremo Tribunal Federal, as reclamações ajuizadas contra o descumprimento das súmulas vinculantes são diretamente propostas na Corte, gerando, evidentemente, um absurdo assoberbamento de nosso Tribunal de cúpula.

Além disso, por exigência constitucional, a edição de súmulas vinculantes está condicionada à existência de reiteradas decisões sobre a matéria constitucional debatida. O que não está previsto no procedimento da repercussão geral, cujo primeiro precedente que chegar ao Supremo já poderá gerar uma decisão com efeitos *erga omnes* e capaz de obstar a distribuição de todos os demais recursos extraordinários já existentes e também que vierem a ser interpostos sobre a mesma questão constitucional.

Isto é, aos olhos de quem se pretende ver livre da enorme quantidade de recursos e ações atualmente pendentes de julgamento no STF, o procedimento da repercussão geral se mostra muito mais efetivo e célere, antecipando discussões que apenas no futuro viriam a começar a se repetir naquela Corte.

Diante das características dos dois institutos, Roger Stiefelmann Leal aponta que o interesse na edição de súmulas vinculantes estaria ligado a apenas duas funcionalidades desse sistema:

> estender a aplicação da orientação decidida em controle concreto exercido em ações ou recursos diversos do extraordinário, bem como (b) vincular órgãos e autoridades judiciais e administrativos

2. Dados informados na página: <http://www.stf.jus.br/portal/cms/verTexto. asp?servico=jurisprudenciaRepercussaoGeral&pagina=numeroRepercussao>, acesso em 12.7.2015.

256   REPERCUSSÃO GERAL DAS QUESTÕES CONSTITUCIONAIS

não mencionados no art. 543-B, § 3º, do CPC, no caso de algum dos precedentes que fundamentam o verbete sumular ter sido proferido em sede de repercussão geral.[3]

E, ao final de seu estudo, também conclui que o regime normativo da repercussão geral acaba, "em boa medida, por tornar inoperante o instituto da súmula vinculante", chegando inclusive a afirmar que:

> na prática, sua real finalidade, a exemplo do que já ocorre com a Súmula Vinculante n. 2, será colocar em destaque o entendimento da Corte sobre determinada matéria, retomando o caráter persuasivo das tradicionais Súmulas da Jurisprudência Predominante do STF.[4]

Infelizmente, em razão da irracional diferença de procedimentos e mecanismos previstos para cada um desses institutos, essa parece realmente ser a realidade. Tanto que, voltando aos números, é possível construir a seguinte tabela, apontando a relação de quantidade de súmulas vinculantes editadas por ano, desde 2007:

Número de Súmulas Vinculantes editadas

Ano	2007	2008	2009	2010	2011	2012	2013	2014	2015*
	3	10	14	4	1	0	0	5	16

* Até 23.6.2015.

13. Antes da EC 45/2004, havia preponderância das tradicionais funções nomofilática e uniformizadora. A primeira se relaciona com a busca da interpretação mais correta, única e verdadeira da norma discutida, garantindo estabilidade ao sistema. Privilegia o *Direito* sobre o *interesse das partes*. A função uniformizadora, por sua vez, garante a igualdade e propicia segurança jurídica, pois visa a assegurar a unidade do Direito.

Mas o mecanismo de filtragem e valorização dos precedentes do STF previsto pela repercussão geral acabou por promover notáveis alterações nas funções do recurso extraordinário. Inicialmente, é possível constatar inegável reforço da função nomofilática, na medida em que apenas

---

3. Roger Stiefelmann Leal, "A incorporação das súmulas vinculantes à jurisdição constitucional brasileira: alcance e efetividade em face do regime legal da repercussão geral e da proposta de revisão jurisprudencial sobre a interpretação do art. 52, X, da Constituição", *Revista de Direito Administrativo*, v. 261, p. 194.
4. Idem, ibidem.

CONSIDERAÇÕES FINAIS 257

questões *relevantes* serão apreciadas pelo Supremo, com desprestígio do interesse das partes, relacionado com a reduzida função *dikelógica*. Outra decorrência foi a enorme valorização da função paradigmática, em razão dos efeitos *erga omnes* atribuídos aos enunciados da repercussão geral e às decisões relativas aos julgamentos de mérito por amostragem.

No entanto, foi possível verificar que a possibilidade de seleção dos assuntos a serem decididos pelo Supremo acabou por diminuir a função uniformizadora, uma vez que diversos serão os dispositivos constitucionais que não mais contarão com a possibilidade de interpretação unitária no País. Da forma como implementada, a repercussão geral permitirá que os Tribunais sedimentem posicionamentos divergentes entre si quanto a inúmeros dispositivos constitucionais, sem que haja qualquer órgão jurisdicional competente para solucionar tais divergências.

14. Está-se passando de um período de *jurisprudência defensiva* para um de *legislação defensiva* das Cortes Superiores. A Constituição de 1988 acarretou o fenômeno da constitucionalização de direitos, com a absorção expressa de diversas questões de direito material que antes eram tratadas apenas infraconstitucionalmente, e ainda concentrou praticamente toda a competência legislativa na esfera da União. Com isso, notou-se que o STF continuou assoberbado e que a criação do STJ pouco repercutiu, tendo em vista o aumento do número de ações ajuizadas e consequentes recursos interpostos perante esses Tribunais Superiores, responsáveis pela última palavra quanto à interpretação da Constituição e da legislação federal, respectivamente.

Pois bem. Contra o aumento das ações e dos recursos, os Tribunais desenvolveram a chamada *jurisprudência defensiva*, impondo ao jurisdicionado um arriscado caminho de acesso à jurisdição superior. Mas, diante do fracasso de tais medidas e da insegurança gerada, pode-se apontar o surgimento da *legislação defensiva*, que busca basicamente valorizar os precedentes de ambas as Cortes, evitando que as mesmas questões sejam repetidamente julgadas.

Seria o reconhecimento do fracasso do modelo de tribunais de superposição? Deveriam ter sido instituídas cortes de cassação? Ou nem isso teria evitado o enorme acúmulo de processos? Fato é que, notadamente a partir da EC 45/2004, não há mais órgãos de cúpula responsáveis pela uniformização da interpretação constitucional de todo o bloco constitucional brasileiro. E, em breve, possivelmente deixará de haver um órgão de cúpula para uniformização da interpretação da legislação federal infraconstitucional (se aprovada a repercussão geral das questões federais, relativamente ao recurso especial dirigido ao STJ).

258 REPERCUSSÃO GERAL DAS QUESTÕES CONSTITUCIONAIS

Existirá, então, monopólio na produção legislativa, no Congresso Nacional, mas uma verdadeira dissipação de sua interpretação, pois as questões desprovidas de *repercussão geral* ou *transcendência* serão delegadas exclusivamente aos Tribunais Estaduais ou Regionais, no âmbito da Justiça Federal.

Assim, diante da evidente repetição de questões constitucionais e federais perante esses Tribunais, inclusive pelos órgãos e empresas costumeiramente litigantes, entendemos que seria mais razoável e conforme a estrutura constitucional desenhada em 1988 tão somente instituir mecanismos de valorização dos precedentes, sem que haja um filtro relativo à transcendência e relevância das questões debatidas. Ressalta-se que no período da arguição de relevância, e assim como ainda ocorre no sistema do *certiorari* argentino, as questões constitucionais eram reputadas, *a priori*, transcendentes.

Parece, no mínimo, paradoxal que o poder constituinte derivado possa considerar que o constituinte originário introduziu temas *irrelevantes* no texto constitucional. E mais, trata-se de pouco mais de 200 artigos, de modo que, em tese, não demandaria tanto tempo para a Corte selecionar temas e pacificar a interpretação de praticamente todas as questões constitucionais no momento divergentes.

Diante disso, sugere-se a alteração da regulamentação da repercussão geral e dos projetos extensivos do instituto ao Superior Tribunal de Justiça, para que seja excluída a possibilidade de seleção dos temas a serem decididos pelos Tribunais Superiores, pois se trata de medida desnecessariamente redutora da relevante função uniformizadora que tais Cortes exercem no Brasil. A uniformização jurisprudencial corresponde a um aspecto necessário frente à extrema centralização de competências legislativas na figura da União.

Ademais, a experiência do Supremo tem confirmado que a grande virtude da repercussão geral corresponde aos efeitos *erga omnes* das decisões proferidas pela Corte, de forma que recursos sobre questões idênticas às já decididas não mais têm sido sequer admitidos pelos Tribunais de origem nem distribuídos pela Presidência do STF. Isto é, a redução de 80% dos recursos extraordinários anualmente distribuídos naquela Corte se deve, preponderantemente, a tais efeitos extensivos a terceiros, e não à possibilidade de seleção e/ou filtragem de temas a serem decididos.

Assim, a pouca economia de esforços do STF com a solução de questões que hoje estão sendo consideradas *irrelevantes* não justifica a gravíssima consequência para os jurisdicionais, que estão sendo obrigados

CONSIDERAÇÕES FINAIS 259

a conviver com interpretações distintas sobre os mesmos dispositivos constitucionais de suposta Constituição unitária e válida para toda a República.

Salienta-se que apenas aproximadamente 30% dos temas selecionados pelo Supremo tiveram a repercussão geral negada, demonstrando que, realmente, o esforço necessário para o julgamento adicional de tais questões – que se daria por meio de uma única decisão, aplicável a todos os demais recursos sobre o mesmo tema – não seria tão excessivo.

15. Outra sugestão, de *lege ferenda*, consiste na urgente necessidade de instituição de um procedimento de revisão das decisões proferidas em sede de repercussão geral, nos moldes previstos para a revisão ou o cancelamento de súmulas vinculantes. Tal necessidade decorre, notadamente, das decisões do STF no sentido de serem incabíveis quaisquer meios de impugnação contra as decisões dos Tribunais *a quo* relacionadas com o procedimento da repercussão geral.

Isto é, uma vez negado seguimento ao recurso extraordinário em razão de anterior precedente do Supremo, por exemplo, negando tal requisito de admissibilidade ao tema ali debatido, a referida controvérsia possivelmente nunca retornará à Corte, para que essa última possa refletir sobre a manutenção ou não do enunciado existente.

Com o novo CPC, uma vez permitida a possibilidade de propositura de reclamação constitucional e agravos contra as decisões das instâncias inferiores aplicadoras de precedentes do STF firmados em sede de repercussão geral (arts. 988, inciso IV e § 4º, e 1.042, incisos II e III, do novo CPC), o sistema processual brasileiro passará a contar com meios processuais capazes de levar a Corte a repensar seus próprios precedentes.

Contudo, entendemos que seriam mais adequados mecanismos de revisão das teses firmadas em sede de julgamento de recursos repetitivos mediante técnicas mais restritas, e.g., por meio de incidentes a serem iniciados por determinadas instituições e entidades (Ministério Público, Defensoria Pública, etc.) ou pelos próprios Tribunais de segunda instância, ao verificar a necessidade de tal revisão[5].

_____

5. Contudo, em julgamento recente, no dia 29 de abril 2015, nos autos da Rcl 11.427 AgR/MG e Rcl 11.408 AgR/RS, ambos de relatoria do Min. Ricardo Lewandowski, o Ministro Roberto Barroso propôs a possibilidade de ajuizamento de reclamação em situações de aplicação teratológica da repercussão geral. No seu voto-vista, inicialmente ressaltou que, na aplicação do art. 543-B, do CPC, o que poderia haver seria a má interpretação do acórdão da Corte, quando afirmasse existência ou inexistência de repercussão geral ou quando julgasse o mérito de uma questão já submetida a esse sistema. Nessa situação, seria possível afirmar que a

260   REPERCUSSÃO GERAL DAS QUESTÕES CONSTITUCIONAIS

Isso porque há real necessidade de se conter o acesso aos Tribunais Superiores, em razão da desmensurada quantidade de recursos que ali desaguam diariamente, em sua maioria decorrentes do intuito protelatório da Fazenda Pública e dos grandes litigantes no Poder Judiciário, de modo que, a nosso ver, teria sido melhor apenas reforçar as funções uniformizadora e paradigmática de tais Cortes, aproveitando o momento de edição do novo CPC para eventualmente disciplinar as restrições de acesso a tais Tribunais (mas não simplesmente aboli-las todas).

Neste sentido, critica-se a positivação de normas contrárias a praticamente todos os posicionamentos do STF e do STJ que atualmente implicam algum óbice à admissibilidade do recurso extraordinário ou especial, respectivamente, pois tais mudanças acarretarão a valorização da função *dikelógica* desses meios de impugnação, com o consequente risco de se tornar as instâncias de superposição ainda mais morosas e engessadas:

> está mais do que na hora de nós darmos concretude a uma preocupação que vem desde da década de 30, pelo menos de conter o acesso ao Supremo Tribunal Federal. (...) O próprio instrumento da repercussão geral teve essa nítida e expressa finalidade. Agora se nós, ao mesmo tempo dizemos que só vêm aqui casos de repercussão geral, mas admitimos que venha pra cá qualquer questão para se discutir se tem ou não tem repercussão geral ou se foi corretamente aplicada a

aplicação indevida do "leading case" poderia, em certos casos, afrontar a autoridade da decisão, de forma a viabilizar a propositura de uma reclamação. Não obstante, não se poderia perder de vista que a própria "ratio" da repercussão geral seria permitir que o STF se dedicasse às questões relevantes, sem se ocupar, ordinariamente, com a aplicação de sua jurisprudência, aos milhões de processos em que ela fosse pertinente. Desse modo, para fins de cabimento de reclamação, somente caracterizaria afronta à autoridade de pronunciamento da Corte, em sede de repercussão geral, a não aplicação do precedente em casos nos quais ele seria claramente aplicável, bem como a invocação do julgado em hipótese na qual ele manifestamente não incidisse. Propôs fixação das seguintes teses, que norteariam o Tribunal nas hipóteses de mau enquadramento na instância de origem: 1) não haveria usurpação da competência do STF quando a instância de origem aplicasse precedente julgado pela Corte, sob regime de repercussão geral (regra geral); 2) para fins de cabimento de reclamação por afronta à autoridade de decisão do STF, tomada em sede de repercussão geral, seria necessária a observância dos seguintes requisitos: a) o esgotamento da instância de origem com a interposição de agravo interno da decisão monocrática que sobrestivesse o feito ou julgasse a causa; b) a caracterização de verdadeira teratologia; e c) o ajuizamento de reclamação em situação diversa deveria ser tido como manifestamente infundado, para fins de aplicação da multa prevista nos arts. 17 , VI e 18, do CPC, cuja sanção incidiria nas reclamações propostas depois do presente julgamento. Todavia, o julgamento foi suspenso em virtude do pedido de vista formulado pelo Ministro Luiz Fux na Rcl 11.408 AgR/RS (cf. *Informativo* n. 783 do STF, de 1º de maio de 2015).

CONSIDERAÇÕES FINAIS 261

repercussão geral, a finalidade da Constituição de conter a chegada de processo ao Supremo não se realizou efetivamente.[6]

6. Críticas apresentadas pelo ministro Teori Zavascki ao novo CPC, disponível em <http://jota.info/stf-discute-mudar-novo-cpc-antes-de-entrada-em-vigor>, acessado em 3.5.2015.

BIBLIOGRAFIA

ABBUD, André de Albuquerque Cavalcanti. "O Anteprojeto da Lei sobre repercussão geral dos recursos extraordinários". *Revista de Processo*. São Paulo, ano 30, n. 129, pp. 108-131, nov. 2005.

ABRAHAM, Henry J. *The Judicial Process: an Introductory Analysis of the Courts of the United States, England and France*. 7ª ed. New York, Oxford University Press, 1998.

ABRÃO, Bernardina Ferreira Furtado. *Repercussão Geral e Acesso à Justiça: Consequências do Instituto diante dos Direitos e Garantias Individuais*. Tese – Faculdade de Direito. São Paulo, Universidade de São Paulo, 2011.

ALMEIDA, Jean Alves Pereira. "Repercussão geral objetiva". *Revista Dialética de Direito Processual*. São Paulo, n. 95, pp. 33-41, fev. 2011.

ALVES, José Carlos Moreira. "A missão constitucional do STF e a arguição de relevância da questão federal". *Revista do IAB*, ano XVI, pp. 58-59, 1982.

ALVIM, Arruda. *A Arguição de Relevância no Recurso Extraordinário*. São Paulo, Ed. RT, 1988.

_____. "A EC n. 45 e o instituto da repercussão geral". In WAMBIER, Teresa Arruda Alvim *et al.* (org.). *Reforma do Judiciário. Primeiras Reflexões sobre a Emenda Constitucional n. 45/2004*. São Paulo, Ed. RT, 2005, pp. 63-99.

AMORIM, Aderbal Torres. "O recurso extraordinário e a abstrativização do controle difuso de constitucionalidade. As cláusulas gerais e os conceitos jurídicos indeterminados frente à repercussão geral". *Revista de Processo*. São Paulo, ano 36, n. 191, pp. 377-388, jan. 2011.

ARAÚJO, José Henrique Mouta. "A eficácia da decisão envolvendo a repercussão geral e os novos poderes dos relatores e dos tribunais locais". *Revista Eletrônica de Direito Processual*. Rio de Janeiro, ano 2, v. 2, pp. 163-180, 2008.

ASSIS, Araken de. *Manual dos Recursos*. 2ª ed. São Paulo, Ed. RT, 2008.

AZEM, Guilherme Beux Nassif. *Repercussão Geral da Questão Constitucional no Recurso Extraordinário*. Porto Alegre, Livraria do Advogado, 2009.

AZEVEDO, Filadelfo. "A crise do Supremo Tribunal Federal". In *Arquivos do Ministério da Justiça*. v. I, jun. 1943.

BIBLIOGRAFIA

AZZONI, Clara Moreira. *Recurso Especial e Extraordinário – Aspectos Gerais e Efeitos*. São Paulo, Atlas, 2009.

BALEEIRO, Aliomar. *O Supremo Tribunal Federal, Esse Outro Desconhecido*. Rio de Janeiro, Forense, 1968.

BANDEIRA DE MELLO, Celso Antônio. *Discricionariedade e Controle Jurisdicional*. 2ª ed., 2ª tir. São Paulo, Malheiros Editores, 2014.

BAPTISTA, N. Doreste. *Da Arguição de Relevância no Recurso Extraordinário. Comentários à Emenda Regimental n. 3, de 12.6.1975, do Supremo Tribunal Federal*. Rio de Janeiro, Forense, 1976.

BARBOSA, Ruy. *Os Atos Inconstitucionais do Congresso e do Executivo ante a Justiça Federal*. Rio de Janeiro, Companhia Impressora 7, 1893.

BARBOSA MOREIRA, José Carlos. "Ações coletivas na Constituição Federal de 1988". *Revista de Processo*. São Paulo, ano 16, n. 61, jan./mar. 1991.

_____. *Comentários ao Código de Processo Civil. Arts. 476 a 565*. 14ª ed., vol. V. Rio de Janeiro, Forense, 2008.

_____. "Regras de experiência e conceitos juridicamente indeterminados". In *Temas de Direito Processual (Segunda Série)*. 2ª ed. Rio de Janeiro, Saraiva, 1988.

BARIONI, Rodrigo. *Ação Rescisória e Recursos para os Tribunais Superiores*. 2ª ed. São Paulo, Ed. RT, 2013.

_____. "O recurso extraordinário e as questões constitucionais de repercussão geral". In WAMBIER, Teresa Arruda Alvim *et al.* (org.). *Reforma do Judiciário. Primeiras Reflexões sobre a Emenda Constitucional n. 45/2004*. São Paulo, Ed. RT, 2005, pp. 721-734.

_____. "Repercussão geral das questões constitucionais: observações sobre a Lei 11.418/2006". In MELLO, Rogerio Licastro Torres (coord.). *Recurso Especial e Extraordinário. Repercussão Geral e Atualidades*. São Paulo, Método, 2007, pp. 215-229.

BASTOS, Aline Maria Dias. *Conceitos Jurídicos Indeterminados: Discricionariedade ou Vinculação?* Tese (Dissertação) – Faculdade de Direito. São Paulo, Universidade de São Paulo, 2002.

BAUM, Lawrence. *The Supreme Court*. Trad. port. de Élcio Cerqueira. *A Suprema Corte Americana*. Rio de Janeiro, Forense, 1987.

BEDAQUE, José Roberto Santos. "Discricionariedade judicial". *Revista Forense*, ano 97, v. 354, pp. 187-195, mar./abr. 2001.

BEGA, Carolina Brambila. *Repercussão Geral das Questões Constitucionais : Aspectos Processuais*. Tese (Dissertação) – Faculdade de Direito. São Paulo, Universidade de São Paulo, 2008.

BERMAN, José Guilherme. *Repercussão Geral no Recurso Extraordinário. Origens e Perspectivas*. Curitiba, Juruá, 2009.

BERMUDES, Sergio. *Comentários ao Código de Processo Civil*. 2ª ed., vol. VII. São Paulo, Ed. RT, 1977.

264 REPERCUSSÃO GERAL DAS QUESTÕES CONSTITUCIONAIS

BLACK, Ryan C.; OWENS, Ryan J. "Join-3 votes and Supreme Court agenda setting". June, 2009. Disponível em: <http://ssrn.com/abstract=1568389>. Acesso em: 17.11.2013.

BONAVIDES, Paulo. *Curso de Direito Constitucional*. 30ª ed. São Paulo, Malheiros Editores, 2015.

BRAGHITTONI, Rogério Ives. *Recurso Extraordinário: uma Análise do Acesso ao Supremo Tribunal Federal*. São Paulo, Atlas, 2007.

BRENNER, Saul. "Granting certiorari by the United States Supreme Court: an overview of the social Science studies". *Law Library Journal*. v. 92:2, 2000-17, pp. 193-201.

BUENO, Cassio Scarpinella. *Amicus Curiae no Processo Civil Brasileiro. Um Terceiro Enigmático*. 3ª ed. São Paulo, Saraiva, 2012.

_____. *Novo Código de Processo Civil Anotado*. São Paulo, Saraiva, 2015.

_____. "Repercussão geral no projeto de novo Código de Processo Civil". In PAULSEN, Leandro (coord.). *Repercussão Geral no Recurso Extraordinário. Estudos em Homenagem à Ministra Ellen Gracie*. Porto Alegre, Livraria do Advogado, 2011, pp. 135-149.

BURNHAM, William. *Introduction to the Law and Legal System of the United States*. 5ª ed. St. Paul, MN, West, 2011.

BUZAID, Alfredo. "A crise do Supremo Tribunal Federal". In BUZAID, Alfredo. *Estudos de Direito*. São Paulo, Saraiva, 1972, pp. 121-177.

_____. "Nova conceituação do recurso extraordinário na Constituição do Brasil". *Revista da Faculdade de Direito da Universidade do Paraná*. n. 11, p. 51, 1968.

CALAMANDREI, Piero. *La Cassazione Civile*. vol. II. Torino, Fratelli Bocca, 1920.

CALDIERA, Gregory; WRIGHT, John. "Organized interests and agenda setting in the U.S. Supreme Court". *American Political Science Review*. v. 82, n. 4, pp. 1.109-1.127, December 1988.

CALMON DE PASSOS, J. J. "Da arguição de relevância no recurso extraordinário". *Revista Forense*. Rio de Janeiro, v. 259, pp. 11-22, jul./ago./set. 1977.

_____. "O recurso extraordinário e a Emenda n. 3 do regimento interno do Supremo Tribunal Federal". *Revista de Processo*. São Paulo, ano 2, n. 5, pp. 43-60, 1977.

CAMBI, Eduardo. "Critério da transcendência para admissibilidade do recurso extraordinário (art. 102, § 3º, da CF): entre a autocontenção e o ativismo do STF no contexto da legitimação democrática da jurisdição constitucional". In WAMBIER, Teresa Arruda Alvim *et al.* (org.). *Reforma do Judiciário. Primeiras Reflexões sobre a Emenda Constitucional n. 45/2004*. São Paulo, Ed. RT, 2005, pp. 153-165.

CAPPELLETTI, Mauro; GARTH, Bryant. *Acesso à Justiça*. Porto Alegre, Fabris, 1988.

BIBLIOGRAFIA 265

CARNEIRO, Athos Gusmão, "Anotações sobre o Recurso Especial". in TEIXEIRA, Salvio de Figueiredo (coord.), *Recursos no Superior Tribunal de Justiça.* São Paulo, Saraiva, 1991.

CARRIÓ, Genaro Rubén; CARRIÓ, Alejandro D. *El Recurso Extraordinario por Sentencia Arbitraria en la Jurisprudencia de la Corte Suprema.* Buenos Aires, Abeledo-Perrot, 1983.

CARVALHO FILHO, José dos Santos. *Manual de Direito Administrativo.* 23ª ed. Rio de Janeiro, Lumen Juris, 2010.

CINTRA, Antônio Carlos de Araújo; GRINOVER, Ada Pellegrini; DINAMARCO, Cândido Rangel. *Teoria Geral do Processo.* 31ª ed. São Paulo, Malheiros Editores, 2015.

COELHO, Gláucia Mara. *Repercussão Geral da Questão Constitucional no Processo Civil Brasileiro.* São Paulo, Atlas, 2009.

COÊLHO, Sacha Calmon Navarro. "A repercussão geral no Supremo Tribunal Federal do Brasil – Tema novo ou variação recorrente do papel das Supremas Cortes?" In PAULSEN, Leandro (coord.). *Repercussão Geral no Recurso Extraordinário. Estudos em Homenagem à Ministra Ellen Gracie.* Porto Alegre, Livraria do Advogado, 2011, pp. 119-134.

COMOGLIO, Luigi Paolo; FERRI, Corrado; TARUFFO, Michele. *Lezioni sul Processo Civile.* v. I. 5ª ed. Bologna, il Mulino, 2011.

CORDRAY, Margaret Meriwether; CORDRAY, Richard. "Strategy in Supreme Court case selection". *Ohio State Law Journal.* v. 69:1, 2008.

COSTA, Susana Henriques. *O Processo Coletivo na Tutela do Patrimônio Público e da Moralidade Administrativa. Ação de Improbidade Administrativa, Ação Civil Pública e Ação Popular.* São Paulo, Quartier Latin, 2009.

COUTO, Mônica Bonetti. "Objetivação do recurso extraordinário: notável tendência?" *Revista Dialética de Direito Processual.* São Paulo, n. 83, pp. 87-94, fev. 2010.

CRETELLA JR., José. "Teoria do ato político". *RT.* São Paulo, v. 77, n. 627, pp. 7-14, jan. 1988.

CUNHA JR., Dirley da. *Curso de Direito Constitucional.* 6ª ed. Salvador, JusPodivm, 2012.

DANTAS, Bruno. *Repercussão Geral.* 3ª ed. São Paulo, Ed. RT, 2012.

DECOMAIN, Pedro Roberto. "A função constitucional do recurso extraordinário". *Revista Dialética de Direito Processual.* São Paulo, v. 121, pp. 133-142, abr. 2013.

_____. "Recurso extraordinário representativo da controvérsia: eficácia da decisão nele proferida". *Revista Dialética de Direito Processual.* São Paulo, v. 125, pp. 86-108, ago. 2013.

_____. "Recurso extraordinário representativo da controvérsia e decisão com eficácia *erga omnes*: o art. 52, X, da CF". *Revista Dialética de Direito Processual.* São Paulo, v. 126, pp. 94-123, set. 2013.

266 REPERCUSSÃO GERAL DAS QUESTÕES CONSTITUCIONAIS

_____. "Recurso extraordinário e decisão com eficácia vinculante: algumas objeções e as respectivas respostas". *Revista Dialética de Direito Processual.* São Paulo, v. 127, pp. 113-133, out. 2013.

_____. "Repercussão geral: antecedentes e institutos afins". *Revista Dialética de Direito Processual.* São Paulo, v. 123, pp. 97-116, jun. 2013.

DIDIER JR., Fredie. *Recurso de Terceiro: Juízo de Admissibilidade.* 2ª ed. São Paulo, Ed. RT, 2005.

DIDIER JR., Fredie; CARNEIRO, Leonardo José. *Curso de Direito Processual Civil.* 7ª ed., vol. 3. Salvador, JusPodivm, 2009.

DINAMARCO, Cândido Rangel. *A Instrumentalidade do Processo.* 31ª ed. São Paulo, Malheiros Editores, 2015.

_____. *Fundamentos do Processo Civil Moderno.* 6ª ed. vol. I. São Paulo, Malheiros Editores, 2010.

_____. *Instituições de Direito Processual Civil.* 6ª ed. vol. III. São Paulo, Malheiros Editores, 2009.

_____. *Nova Era do Processo Civil.* 4ª ed. São Paulo, Malheiros Editores, 2013.

DI PIETRO, Maria Sylvia. *Direito Administrativo.* 25ª ed. São Paulo, Atlas, 2012.

FALCÃO, Joaquim; CERDEIRA, Pablo de Camargo; ARGUELHES, Diego Werneck. *I Relatório Supremo em Números. O Múltiplo Supremo.* Rio de Janeiro, Escola de Direito do Rio de Janeiro da Fundação Getulio Vargas, abr. 2011.

FALCÃO, Joaquim; ABRAMOVAY, Pedro; LEAL, Fernando; HARTMANN, Ivar A. *II Relatório Supremo em Números. O Supremo e a Federação.* Rio de Janeiro, Escola de Direito do Rio de Janeiro da Fundação Getulio Vargas, ago. 2013.

FARINA, Fernanda Mercier Querido. "Jurisprudência defensiva e a função dos tribunais superiores". *Revista de Processo.* São Paulo, ano 37, n. 209, pp. 105-144, jul. 2012.

FAZZALARI, Elio. *Il Giudizio Civile di Cassazione.* Milão, Dott. A. Giuffrè, 1960.

FERRAZ, Taís Schiling. "Repercussão geral – Muito mais que um pressuposto de admissibilidade". In PAULSEN, Leandro (coord.). *Repercussão Geral no Recurso Extraordinário. Estudos em Homenagem à Ministra Ellen Gracie.* Porto Alegre, Livraria do Advogado, 2011, pp. 77-107.

FREITAS JR., Horival Marques. "Recurso de terceiro no processo civil brasileiro: limites da intervenção do terceiro e extensão da coisa julgada material". *Revista de Processo.* São Paulo, ano 37, n. 210, pp. 81-125, ago. 2012.

FUCK, Luciano Felício. "O Supremo Tribunal Federal e a repercussão geral". *Revista de Processo.* São Paulo, ano 35, n. 181, pp. 9-37, mar. 2010.

GAIO JR., Antônio Pereira. "Considerações sobre a ideia da repercussão geral e a multiplicidade dos recursos repetitivos no STF e STJ". *Revista de Processo.* São Paulo, ano 34, n. 170, pp. 140-155, abr. 2009.

BIBLIOGRAFIA

GOMES JR., Luiz Manoel. "A repercussão geral da questão constitucional no recurso extraordinário". *Revista de Processo*. São Paulo, ano 30, n. 119, pp. 91-116, jan. 2005.

GRAU, Eros Roberto. *O Direito Posto e o Direito Pressuposto*. 9ª ed. São Paulo, Malheiros Editores, 2014.

JORGE, Flávio Cheim. "Requisitos de admissibilidade dos recursos: entre a relativização e as restrições indevidas (jurisprudência defensiva)". *Revista de Processo*. São Paulo, ano 38, n. 217, pp. 13-39, mar. 2013.

_____. *Teoria Geral dos Recursos Cíveis*. 6ª ed. São Paulo, Ed. RT, 2013.

KOZIKOSKI, Sandro Marcelo. "A repercussão geral das questões constitucionais e o juízo de admissibilidade do recurso extraordinário". In WAMBIER, Teresa Arruda Alvim *et al.* (org.). *Reforma do Judiciário. Primeiras Reflexões sobre a Emenda Constitucional n. 45/2004*. São Paulo, Ed. RT, 2005, pp. 743-760.

LAMY, Eduardo de Avelar. "Repercussão geral no recurso extraordinário: a volta da arguição de relevância?". In WAMBIER, Teresa Arruda Alvim *et al.* (org.). *Reforma do Judiciário. Primeiras Reflexões sobre a Emenda Constitucional n. 45/2004*. São Paulo, Ed. RT, 2005, pp. 167-180.

LEAL, Roger Stiefelmann. "A incorporação das súmulas vinculantes à jurisdição constitucional brasileira: alcance e efetividade em face do regime legal da repercussão geral e da proposta de revisão jurisprudencial sobre a interpretação do art. 52, X, da Constituição". *Revista de Direito Administrativo*. Rio de Janeiro, v. 261, pp. 179-201, set./dez. 2012.

LEONEL, Ricardo de Barros. *Reclamação Constitucional*. São Paulo, Ed. RT, 2011.

LOPES, João Batista. "Reforma do Judiciário e efetividade do processo civil". In WAMBIER, Teresa Arruda Alvim *et al.* (org.). *Reforma do Judiciário. Primeiras Reflexões sobre a Emenda Constitucional n. 45/2004*. São Paulo, Ed. RT, 2005, pp. 327-330.

LOR, Encarnacion Alfonso. *Súmula Vinculante e Repercussão Geral: Novos Institutos de Direito Processual Constitucional*. São Paulo, Ed. RT, 2009.

MACEDO, Elaine Harzheim. "Os tribunais superiores e os novos óbices recursais". In MACHADO, Fábio Cardoso; MACHADO, Rafael Bicca (orgs.). *A Reforma do Poder Judiciário*. São Paulo, Quartier Latin, 2006, pp. 162-185.

MACHADO, Antônio Carlos Marcondes. "Arguição de relevância: a competência para o seu exame – O ulterior conhecimento do recurso extraordinário". *Revista de Processo*. São Paulo, ano 11, n. 42, abr./jun. 1986.

MALTEZ, Rafael Tocantins. "Repercussão geral da questão constitucional (CF, § 3º do art. 102 – EC n. 45/2004)". In MELLO, Rogerio Licastro Torres (co-ord.). *Recurso Especial e Extraordinário. Repercussão Geral e Atualidades*. São Paulo, Método, 2007, pp. 187-201.

268 REPERCUSSÃO GERAL DAS QUESTÕES CONSTITUCIONAIS

MANCUSO, Rodolfo de Camargo. *Acesso à Justiça: Condicionantes Legítimas e Ilegítimas*. São Paulo, Ed. RT, 2011.

_____. *Recurso Extraordinário e Recurso Especial*. 10ª ed. São Paulo, Ed. RT, 2007.

MANDRIOLI, Crisanto; CARRATTA, Antonio. *Corso di Diritto Processuale Civile*. v. II. 11ª ed. Torino, G. Giappichelli Editore, 2013.

MARINONI, Luiz Guilherme. *Coisa Julgada Inconstitucional*. São Paulo, Ed. RT, 2008.

_____. *Precedentes Obrigatórios*. 2ª ed. São Paulo, Ed. RT, 2011.

MARINONI, Luiz Guilherme; MITIDIERO, Daniel. *Repercussão Geral no Recurso Extraordinário*. 3ª ed. São Paulo, Ed. RT, 2012.

MARINONI, Luiz Guilherme; ARENHART, Sérgio Cruz; MITIDIERO, Daniel. *Novo Código de Processo Civil Comentado*. São Paulo, Ed. RT, 2015.

MARQUEZINI, Paulo Roberto da Silva. *Técnicas de Julgamento de Causas Repetitivas no Direito Brasileiro*. Tese (Dissertação) – Faculdade de Direito. São Paulo, Universidade de São Paulo, 2012.

MARTINS FILHO, Ives Gandra da Silva. "Critério de transcendência no recurso de revista – Projeto de Lei 3.267/2000". *LTr*. São Paulo, v. 65, n. 8, pp. 905-918, ago. 2001.

MAZZARELLA, Ferdinando. "Cassazione. Diritto processuale civile". In *Enciclopedia Giuridica*. Roma, Fondata da Giovanni Treccani S.P.A., 2007.

MAY, Artur. *Die Revision in den zivil-und verwaltungsgerichtlichen Verfahren.* 2ª ed. Köln, Carl Heymann Verlag KG, 1997.

MEDINA, José Miguel Garcia. *Prequestionamento e Repercussão Geral.* 5ª ed. São Paulo, Ed. RT, 2009.

MEDINA, José Miguel Garcia; WAMBIER, Luiz Rodrigues; WAMBIER, Teresa Arruda Alvim. "Repercussão geral e súmula vinculante – Relevantes novidades trazidas pela EC n. 45/2004". In WAMBIER, Teresa Arruda Alvim *et al.* (org.). *Reforma do Judiciário. Primeiras Reflexões sobre a Emenda Constitucional n. 45/2004.* São Paulo, Ed. RT, 2005, pp. 373-389.

_____. *Breves Comentários à Nova Sistemática Processual Civil 3*. São Paulo, Ed. RT, 2007.

MEIRELLES, Hely Lopes; WALD, Arnoldo; MENDES, Gilmar Ferreira. *Mandado de Segurança e Ações Constitucionais.* 35ª ed. São Paulo, Malheiros Editores, 2013.

MENDES, Gilmar Ferreira. *Jurisdição Constitucional.* 5ª ed., 4ª tir. São Paulo, Saraiva, 2009.

MENDES, Gilmar Ferreira; COELHO, Inocêncio Mártires; BRANCO, Paulo Gustavo Gonet. *Curso de Direito Constitucional.* 4ª ed. São Paulo, Saraiva, 2009.

MESQUITA, José Ignacio Botelho de *et al.* "A repercussão geral e os meios repetitivos. Economia, Direito e Política". *Revista de Processo.* São Paulo, ano 38, v. 220, pp. 14-31, jun. 2013.

BIBLIOGRAFIA 269

MONTEIRO, Samuel. *Recurso Extraordinário e Arguição de Relevância*. São Paulo, Hemus, 1987.

MORAES, Alexandre de. *Direito Constitucional*. 29ª ed. São Paulo, Atlas, 2013.

MORAIS, Dalton Santos. "A abstrativização do controle difuso de constitucionalidade no Brasil e a participação do *amicus curiae* em seu processo". *Revista de Processo*. São Paulo, ano 33, n. 164, pp. 192-210, out. 2008.

MORELLO, Augusto M. *El Recurso Extraordinario*. Buenos Aires, Lexis Nexis, 2006.

_____. *La Nuova Etapa del Recurso Extraordinario: el* Certiorari. Buenos Aires, Abeledo-Perrot, 1990.

NALINI, José Renato. "A justiça local e a nova ordem constitucional". *Revista da Procuradoria-Geral do Estado de São Paulo*. jun. 1988.

NERY JR., Nelson. *Princípios Fundamentais: Teoria Geral dos Recursos*. 5ª ed. São Paulo, Ed. RT, 2000.

NEVES, Daniel Amorim Assumpção. "Agravo interno legal e regimental". Disponível em: <http://www.professordanielneves.com.br/artigos/2010111517492 80.Agravolegaleregimental.pdf>. Acesso em: 28.10.2013.

OLIVEIRA, Guilherme José Braz de. *Repercussão Geral das Questões Constitucionais e suas Consequências para o Julgamento do Recurso Extraordinário*. Tese (Dissertação) – Faculdade de Direito. São Paulo, Universidade de São Paulo, 2009, p. 1-383.

OLIVEIRA, Pedro Miranda de. "O papel do STF no novo sistema processual brasileiro". *Revista Dialética de Direito Processual*. São Paulo, v. 118, pp. 71-85, jan. 2013.

_____. *Recurso Extraordinário e o Requisito da Repercussão Geral*. São Paulo, Ed. RT, 2013.

OTEIZA, Eduardo. "El *certiorari* o el uso de la discrecionalidad por la Corte Suprema de Justicia de la Nación sin un rumbo preciso". *Revista Jurídica da Universidade de Palermo*, ano 3, n. 1, pp. 71-86, abr. 1998. Disponível em: <http://www.palermo.edu/derecho/publicaciones/pdfs/revista_juridica/ n3N1-Abril1998/031Juridica06.pdf>. Acesso em: 26.12.2012.

OTERO, Paulo. *Ensaio sobre o Caso Julgado Inconstitucional*. Lisboa, Lex, 1993.

PALACIO, Lino Enrique. *El Recurso Extraordinario Federal – Teoría y Tecnica*. 2ª ed. Buenos Aires, Abeledo-Perrot, 1997.

PEIXOTO, Ravi de Medeiros. "A posição dos tribunais superiores e a eficácia dos precedentes nas causas repetitivas". *Revista Dialética de Direito Processual*. São Paulo, v. 119, pp. 99-107, fev. 2013.

PERRY JR., H. W. *Deciding to Decide: Agenda Setting in the United States Supreme Court*. Cambridge, Harvard University, 1991.

270 REPERCUSSÃO GERAL DAS QUESTÕES CONSTITUCIONAIS

PINTO, José Guilherme Berman C. "O writ of certiorari". *Revista Jurídica*. Brasília, v. 9, n. 86, ago./set. 2007. Disponível em: <http://www.planalto. gov.br/ccivil_03/revista/revistajuridica/index.htm>. Acesso em: 3.7.2013.

PROBST, Paulo Vitor da Silva. "A objetivação do recurso extraordinário". *Revista de Processo*. São Paulo, ano 36, n. 197, pp. 67-105, jul. 2011.

PUOLI, José Carlos Baptista. *Os Poderes do Juiz e as Reformas do Processo Civil*. São Paulo, Juarez de Oliveira, 2002.

RAGONE, Alvaro J. D. Pérez. "El nuevo proceso civil alemán: principios y modificaciones al sistema recursivo". *Revista Genesis*, n. 32, abr./jun. 2004.

REALE, Miguel, *Filosofia do Direito*. 20ª ed., 9ª tir. São Paulo, Saraiva, 2011.

Revista de Direito Público e Ciência Política. v. VIII. FGV, 1965.

RIBEIRO, Flávia Pereira. "A exigência da preliminar de repercussão geral em apartado". *Revista de Processo*, ano 35, n. 187, pp. 239-248, 2010.

SAGÜES, Néstor Pedro. *Derecho Procesal Constitucional: Recurso Extraordinario*. 4ª ed., vol. 2. Buenos Aires, Astrea, 2002.

SANCHEZ, Sydney. *Arguição de Relevância da Questão Federal*. Brasília, Instituto Tancredo Neves, 1988.

SANTOS, Francisco Cláudio de Almeida. "Recurso especial – Visão geral". In TEIXEIRA, Sálvio de Figueiredo. *Recursos no Superior Tribunal de Justiça*. São Paulo, Saraiva, 1991, pp. 91-107.

SARTÓRIO, Elvio Ferreira; JORGE, Flávio Cheim. "O recurso extraordinário e a demonstração da repercussão geral". In WAMBIER, Teresa Arruda Alvim *et al.* (org.). *Reforma do Judiciário. Primeiras Reflexões sobre a Emenda Constitucional n. 45/2004*. São Paulo, Ed. RT, 2005, pp. 181-189.

SCHWARTZ, Bernard. *A History of the Supreme Court*. New York, Oxford University Press, 1993.

SILVA, José Afonso da. *Curso de Direito Constitucional Positivo*. 38ª ed. São Paulo, Malheiros Editores, 2015.

_____. *Do Recurso Extraordinário no Direito Processual Brasileiro*. São Paulo, Ed. RT, 1977.

STERN, Robert; GRESSMAN, Eugene. *Supreme Court Practice*. Washington, The Bureau of National Affairs, Inc., 1950.

TALAMINI, Eduardo. *Novos Aspectos da Jurisdição Constitucional Brasileira: Repercussão Geral, Força Vinculante, Modulação dos Efeitos do Controle de Constitucionalidade e Alargamento do Objeto do Controle Direto*. Tese (Livre-Docência) – Faculdade de Direito. São Paulo, Universidade de São Paulo, 2008.

_____. "Objetivação do controle incidental de constitucionalidade e força vinculante (ou 'devagar com o andor que o santo é de barro')". In NERY JR., Nelson; WAMBIER, Teresa Arruda Alvim (coords.). *Aspectos Polêmicos e*

BIBLIOGRAFIA

Atuais dos Recursos Cíveis e Assuntos Afins 12. São Paulo, Ed. RT, 2011, pp. 135-166.

TANIGUCHI, Yasuhei. "O código de processo civil japonês de 1996: um processo para o próximo século?" Trad. José Carlos Barbosa Moreira. *Revista Forense*, v. 350, abr./jun. 2000.

THEODORO JR., Humberto. *Curso de Direito Processual Civil.* v. I, 48ª ed. Rio de Janeiro, Forense, 2008.

THEODORO JR., Humberto; NUNES, Dierle; BAHIA, Alexandre. "Litigiosidade em massa e repercussão geral no recurso extraordinário". *Revista de Processo.* São Paulo, ano 34, n. 177, pp. 9-46, nov. 2009.

TUCCI, José Rogério Cruz e. "Anotações sobre a repercussão geral como pressuposto de admissibilidade do recurso extraordinário (Lei n. 11.418/2006)". *Revista do Advogado.* São Paulo, ano 27, n. 92, pp. 23-31, jul. 2007.

VALDER, Carlos (org.). *Coisa Julgada Inconstitucional.* 3ª ed. Rio de Janeiro, América Jurídica, 2004.

VALDEZ, Mirta Beatriz; MONZA, Nelson Omar. "Recurso extraordinario federal". In ARAZI, Roland (dir.). *Recursos Ordinarios y Extraordinarios.* Buenos Aires, Rubinzal-Culzoni, 2005, pp. 409-564.

VALLE, Vanice Lírio do. "Repercussão geral: um passo a mais na difícil trilha de construção da vinculatividade das decisões judiciais". *Revista EMERJ.* Rio de Janeiro, ano 1, n. 1, pp. 129-157, 1998.

VIEIRA, Oscar Vilhena. "Supremocracia". *Revista Direito GV.* São Paulo, v. 4, pp. 441-464, jul./dez. 2008.

YMAZ, Esteban; REY, Ricardo E. *El Recurso Extraordinario.* 3ª ed. Buenos Aires, Abeledo-Perrot, 2000.

WAMBIER, Luiz Rodrigues; VASCONCELOS, Rita de Cássia Corrêa. "Sobre a repercussão geral e os recursos especiais repetitivos, e seus reflexos nos processos coletivos". *RT* ano 98, n. 882, pp. 25-44. São Paulo, Ed. RT, abr./2009.

WAMBIER, Teresa Arruda Alvim. *Recurso Especial, Recurso Extraordinário e Ação Rescisória.* 2ª ed. São Paulo, Ed. RT, 2008.

WAMBIER, Teresa Arruda Alvim; CONCEIÇÃO, Maria Lúcia Lins; RIBEIRO, Leonardo Ferres da Silva; MELLO, Rogério Licastro Torres de. *Primeiros Comentários ao Novo Código de Processo Civil. Artigo por Artigo.* São Paulo, Ed. RT, 2015.

WAMBIER, Teresa Arruda Alvim; DIDIER JR., Fredie; TALAMINI, Eduardo; DANTAS, Bruno (coords.). *Breves Comentários ao Novo Código de Processo Civil.* São Paulo, Ed. RT, 2015.

* * *

00709

GRÁFICA PAYM
Tel. [11] 4392-3344
paym@graficapaym.com.br